广州市宣传文化出版资金

本作品受『广州市宣传文化出版资金』资助

国家社会科学基金青年项目
『徽州文书分类法与元数据标准设计研究』（12CTQ007）成果

民间历史文献整理概论

王蕾　叶湄　薛玉　等著

广西师范大学出版社
GUANGXI NORMAL UNIVERSITY PRESS
·桂林·

MINJIAN LISHIWENXIAN ZHENGLI GAILUN

项目统筹：宾长初
责任编辑：鲁朝阳
助理编辑：杨蕙瑜
责任校对：柴方召
责任技编：郭　鹏
书籍设计：杨　威

图书在版编目（CIP）数据

民间历史文献整理概论 / 王蕾等著. —桂林：广西师范大学出版社，2020.4
ISBN 978-7-5598-2648-0

Ⅰ. ①民… Ⅱ. ①王… Ⅲ. ①文书档案－档案整理－概论－徽州地区 Ⅳ. ①G279.275.42

中国版本图书馆 CIP 数据核字（2020）第 066353 号

广西师范大学出版社出版发行
（广西桂林市五里店路 9 号　邮政编码：541004
网址：http://www.bbtpress.com）
出版人：黄轩庄
全国新华书店经销
广西广大印务有限责任公司印刷
（桂林市临桂区秧塘工业园西城大道北侧广西师范大学出版社集团有限公司创意产业园内　邮政编码：541199）
开本：787 mm × 1 092 mm　1/16
印张：20.75　　　字数：320 千字
2020 年 4 月第 1 版　　2020 年 4 月第 1 次印刷
定价：128.00 元

本书撰著团队

王　蕾　叶　湄　薛　玉（中山大学图书馆）
申　斌（广东省社会科学院历史与孙中山研究所）
吴国良　韩　宇　马　振（中山大学图书馆）

前 言

近一个世纪以来，中国民间文献、民间资料的学术价值逐渐得到学界重视，并带动了公私藏机构对民间历史文献的收集、整理和研究的热潮。近 20 年来，中山大学图书馆秉承保存、保护与传承中华优秀传统文化，始终坚持和加强各类特色文献资源建设的理念，在本校程焕文、刘志伟、陈春声等教授的指导下，积极拓展特藏文献的资源类型，通过多种途径搜集了包括徽州文书、贵州水书、潮州歌册、潮汕侨批等类型的民间历史文献，同时针对不同类型的文献，科学、系统地展开了文献整理、保护、数字化和开发等工作。

当前，中国文献学、目录学、版本学等学术领域的研究对象仍以传统的四部典籍、官文书档案为主，针对民间历史文献的目录学、文献学研究尚处于实践经验的探索阶段和理论研究的起步阶段。刘志伟教授提出，“图书馆作为公藏机构，主要还是在文献学方面着力，在徽州文书整理成果的基础上逐渐地形成一套适用于民间文献学的研究方法，建立起一套体系”，在这一理念的指导下，中山大学图书馆积极学习和借鉴现有公私收藏机构、学者的整理成果，并以文献整理实践为主要研究对象，力图完善民间历史文献的整理理论体系。

本书是中山大学图书馆基于民间历史文献，尤其是以当前规模最大、内容类型最具丰富性和代表性的徽州文书为主，进行整理实践形成的理论成果。全书正文共七章：第一章梳理和分析了民间历史文献的概念、形成流传机制、存藏整理发展史、研究意义；第二至七章详尽介绍了民间历史文献整理流程的各个环节，包括收集与典藏、分类法、编目著录、文献保护、数字化、数据库建设、数字人文导向的开发利用等，分别在理论研究综述、实施步骤、要求及特殊情况处理方法等方面总结出具有科学性、普适性、应用性的整理方法。本书附录整理和提供了迄今民间历史文献出版的多数成果，以及有关此类文献整理与研究的辅助学科资料，汇为目录，供研究参考。

本书的学术特色主要具有以下几点：

1. 理论研究与实践经验相结合。各章节一方面注重梳理学术源流、借鉴和分析目前业界已有做法，另一方面则系统阐述中山大学图书馆丰富的民间历史文献整理实践经验与实务操作方法，着重问题探讨与总结，充分体现实践的经验性总结和理论化。

2. 在民间历史文献的整理流程与标准、分类体系、元数据方案、著录规则、文献保护方法、数字化流程及标准等方面，针对大量的徽州文书样本采取文献内容分析法、归纳法等，研究其分类、著录、元数据等的方法、体系和逻辑等，系统提出理论成果。以分类体系为例，在对近 12 万件徽州文书运用统计方法进行类型分析、运用内容分析法进行文本分析后确立并整理出 12 个一级类目、74 个二级类目和 143 个三级类目。在元数据设计方面，充分考虑民间历史文献特性和实际整理需求制定了 3 大模块 21 个元素，并基于著录实践不断调整与完善。

3. 在民间历史文献开发利用与技术理论研究方面，突破传统文献开发工作的视域，关注数字人文研究和技术发展趋势，结合当前热门的数字人文研究的语境和趋势，提出并实施以民间历史文献为数字人文研究与技术的研究和实践样本，致力于开展民间历史文献资源数据库建设、数字人文研究、数字人文研究中心的筹建等工作。

4. 吸收和借鉴历史学华南学派的学术研究思想。中山大学历史学系、历史人类学研究中心发扬傅衣凌、梁方仲在中国社会经济史领域的治学理论和方法，在此基础上积极吸收西方年鉴学派的史学理论，并在与海外学者长期的合作与交流中形成了共通的治学理念，形成了华南学派的治学方法和理念：一是提倡历史学、人类学等人文社会科学多学科综合研究的方法取向；二是在具体研究过程中，提倡田野调查与文献分析、历时性研究与结构性分析、上层精英研究与基层社会研究的有机结合；三是强调从中国社会历史的实际和中国人自己的意识出发，理解传统社会发展的各种现象，在理论分析中注意建立中国人文社会科学研究自己的方法体系和学术范畴①。本书得到了中山大学历史学系、历史人类学研究中心陈春声、刘志伟、谢湜、于薇等学者的指导，在理论上吸收了传世文献与田野考察结合的历史学研究方法论，其中一些重要的学术理论植根于华南学派学者的研究范式。在一定程度上，《民间历史文献整理概论》是弘扬华南学术研究特色的成果之一。

全书由王蕾设计和审定大纲，由中山大学图书馆特藏部徽州民间历史文献组的馆员团队共同编撰，依照章节顺序具体撰稿及责任分工如下：第一章：申斌、王蕾；第二章：

① 王传．华南学派史学理论溯源 [J]. 文史哲 ,2018(05):23—37+165—166.

王蕾、吴国良；第三章：薛玉；第四章：叶湄；第五章：叶湄、吴国良；第六章：韩宇、马振、叶湄；第七章：韩宇。申斌、薛玉收集并整理附录九、十参考文献的主要书目。本书每一章节的内容成果均为中山大学图书馆特藏部团队共同讨论商定，在此谨向编撰团队的所有成员表示衷心的感谢。王蕾、叶湄负责对全书初稿文字内容全面修订，最后由王蕾负责定稿的全面修订。

在此也谨向对本书给予指导的学者们致谢。其中：《序论》一文，由中山大学程焕文教授撰写，系统阐述了中山大学民间历史文献资源建设和整理、研究、发展历程，以及本书编撰的意义；《访谈：刘志伟教授谈民间历史文献整理与研究（代序）》一文，在何文平教授指导下，编撰团队对刘志伟教授以访谈形式整理；第一章《绪论》受厦门大学郑振满教授的悉心指教，部分内容是对郑教授未正式发表观点的转述；第三章分类体系的编订，参考和借鉴了谢湜教授早期提出的民间文献分类表；附录十《民间历史文献整理研究辅助学科参考文献目录》编制过程中，获得李义敏（浙江师范大学人文学院）、吴才茂（凯里学院人文学院）、彭凯翔（河南大学经济学院）、马勇虎（黄山学院马克思主义学院）、林明（中山大学图书馆）、章毅（上海交通大学历史系）、杨建庭（山西大学历史文化学院）等各位学者的指正、补充，在此向上述学者致以衷心感谢！

民间历史文献整理研究在国内外尚在完善，本书也只是一个阶段性初步成果，其中难免不足和谬误，欢迎各位专家和学者批评指正。

目 录

序 论

民间历史文献，顾名思义，是一个与官方历史文献相对的概念，既非正史、别史、杂史、野史、稗史等官方纂修或文人学士撰著的文献，亦非皇帝起居注、官府文书等官方档案材料，而是历史上民众在日常生活中自然形成和使用的文字记录和文献资料，包括记录家族历史的家谱、族谱，记录生产关系的契约文书、账本簿记，反映社会活动的碑刻文字、乡规民约、戏曲唱本，反映社会关系的诉讼文书、信函书札，反映民间信仰的宗教科仪书、经文、善书，反映个人生活的日记，以及民众日常生活所用的通书、药方、杂书等。

因为民间历史文献源自民众在日常生活中自然而然的沉淀和积累，因此民间历史文献又具有先天的俗的特性，属于地地道道的俗文献。民间历史文献之俗有四：一是记录的人员俗，记录者和记录的对象是生活在基层的士农工商，甚至是生活在社会底层的五花八门各色人等，大多是不起眼的“俗人”；二是记录的内容俗，大则买田卖地分家，小则柴米油盐酱醋茶，都是司空见惯的民众日常生活“俗事”；三是记录的文字俗，记录者不避俗名俗字，创作者亦俗语连篇，大多是民众通俗易懂或者喜闻乐见的“俗文”；四是记录的形式俗，文字有形态没章法，文本有格式没形制，纸张有大小没定制，尽其在我，随遇而安，虽世代相传，但时常随意收放，甚至任凭烟熏虫蛀鼠噬，大多是不起眼的“俗品”。因为民间历史文献很俗，所以民间历史文献具有原始性和真实性的本质特性，是十分珍贵的一手研究材料。正因为民间历史文献很俗，所以民间历史文献在古代也就难入正统鸿儒硕学的法眼，自然登不上学术的大雅之堂，被忽视是常态，被待见是稀罕。

历史进入 20 世纪以后，西学东渐的影响日益广泛与深刻。随着中国的传统学术开始向现代学术转型，特别是敦煌遗书、殷墟甲骨与秦汉简策的发现，民间历史文献逐渐开始受到学界的重视，成为学术研究的新材料、新领域和新方向。在中国传统学术向现代学术的转型中，中山大学自创办之初就举起了倡导民间历史文献调查、收集、整理和研究的大旗，由此奠定了中山大学现代中国学术的根基，开辟了现代中国学术的新天地，进而形成了中山大学的百年学术传统，影响广泛而深远。

一、20 世纪初期的开创奠基

1924 年 2 月 9 日，孙中山大元帅发布训令，将原国立广东高等师范学校、广东公立法科大学、广东公立农业专门学校三校合并，改为国立广东大学；[①]6 月 9 日任命邹鲁（1885—1954）为首任校长。1925 年 3 月 12 日，孙中山在北京逝世。1926 年初，戴季陶（1891—1949）担任中山大学校长，随即着手中山大学的改组，先是聘请从北京大学南下广州的朱家骅（1893—1963）担任国立广东大学矿物地质系教授、系主任，接着于 6 月建立国立中山大学委员会，聘朱家骅为筹备委员。8 月 17 日，国民政府发布命令，将国立广东大学改名为国立中山大学[②]，以纪念孙中山；同日，国立中山大学委员会正式成立，朱家骅任校务委员会副主任委员、代理校务委员长。其后，因戴季陶无暇顾及校务，中山大学校务由朱家骅主持，长达三年余。1927 年 6 月，中山大学改回校长制，戴季陶任校长，朱家骅任副校长；10 月国民政府大学院大学委员会成立，朱家骅以副校长身分成为大学委员会当然委员，参与大学院中央研究院的筹备工作。1930 年 9 月，朱家骅任校长，12 月转任国立中央大学校长。在 1926 年至 1930 年间，朱家骅主持中山大学校务，中山大学的现代学科建设日新月异，由此奠定了中山大学在现代中国学术转型与建设中的根基和地位。

1. 朱家骅与中山大学现代中国学术建设

朱家骅在中山大学任职期间，于 1927 年 9 月创办了享誉中国的两广地质调查所，并亲任所长，1929 年 4 月创办了中国第一个地理系，先后网罗了一大批海内外的著名地质学家和地理学家，培养了我国第一代地质学和地理学人才。与此同时，朱家骅高度重视中山大学的人文社会科学建设，通过采取一系列的措施改变了中山大学文科的

---

① 孙中山．给廖仲恺的指令(1924 年 2 月 9 日)、给邹鲁的训令(1924 年 2 月 9 日). [M]// 孙中山全集(第 9 卷）. 北京：中华书局，1986,4:452.

② 黄义祥．中山大学史稿（1924—1949）[M]. 广州：中山大学出版社 . 1999,10:109.

面貌。

（1）广泛延揽现代中国学术人才

朱家骅先后从海内外聘请傅斯年和顾颉刚来校任教。在傅斯年和顾颉刚的感召下，一时间北京大学研究院国学门，清华大学国学研究院，厦门大学国学研究院的学人纷至沓来，开启了中山大学现代中国学术人才的第一次大规模集聚，学科建设顿时生机勃勃。

1926 年冬，朱家骅聘请在德国柏林大学学习比较语言学的傅斯年（1896—1950）回国担任国立中山大学教授、文学院长，兼任中国文学系主任和史学系主任，开启了广泛延揽人才的序幕。1927 年，傅斯年在中山大学创立语言历史研究所并任所长。1928 年初，傅斯年受蔡元培先生之聘筹办中央研究院历史语言研究所；年底，中央研究院历史语言研究所成立，傅斯年任专职研究员兼所长，创办《历史语言研究所集刊》并任主编。1929 年春，历史语言研究所从广州迁往北平，傅斯年转任北京大学教授，在中山大学任教三年。

1927 年 3 月，朱家骅聘请著名图书馆学家、交通部南洋大学（今上海交通大学）图书馆主任杜定友（1898—1967）回粤担任中山大学图书馆主任。杜定友于 1929 年 9 月返回上海，复任交通大学图书馆主任，在中山大学首次任职两年余。

1927 年 4 月，经傅斯年推荐，朱家骅聘请厦门大学顾颉刚（1893—1980）教授赴粤担任中山大学历史系教授、系主任，兼图书馆古籍部主任。1928 年 9 月，傅斯年受聘中央研究院历史语言研究所主任，11 月顾颉刚代理中山大学语言历史研究所主任，主编《中山大学语言历史研究所周刊》，至 1929 年 5 月赴京担任燕京大学国学研究所研究员兼历史系教授，在中山大学任职两年余。

1927 年夏，经顾颉刚推荐，朱家骅聘请国立东南大学商承祚（1902—1991）讲师来校担任史学系和筹备中的语言历史学研究所教授。1928 年 12 月 14 日，语言历史学研究所成立考古学会，商承祚任主席。1929 年，顾颉刚教授离校后，商承祚教授继任语言历史学研究所代主任。至 1930 年 7 月离校，商承祚教授在中山大学首次任教三年。

1927 年夏，经顾颉刚推荐，朱家骅聘请厦门大学国学研究院讲师容肇祖（1897—1994）任中山大学预科国文教员兼哲学系中国哲学史讲师。容肇祖到校后，与顾颉刚、钟敬文等于 1927 年冬发起成立了中山大学民俗学会，同时创办《民间文艺》(后改为《民俗》周刊）等刊物。1928 年 10 月，容肇祖继钟敬文之后，担任《民俗》周刊的主编。1929 年，容肇祖任中山大学民俗学会主席，中山大学迅速成为全国民俗学和民间文艺学研究的中心。1930 年秋，容肇祖离开中山大学受聘到岭南大学任国文系副教授，在中山大学任教三年。

1927 年夏，经顾颉刚推荐，朱家骅聘请黄仲琴（1884—1942）任中山大学语言历史学研究所教授，兼档案整理室主任。1930 年，黄仲琴转任岭南大学教授，在中山大学任职三年。

1927 年秋，经顾颉刚推荐，朱家骅聘请钟敬文（1903—2002）任中山大学中文系助教，教授预科国文，其后协助顾颉刚成立我国第一个民俗学研究组织——民俗学会，创办民俗学讲习班，编辑《民间文艺》（《民俗》周刊）及民俗学丛书，1928 年夏因故离职，首次在中山大学任职约一年。

经过一系列的人才延揽，中山大学的人文社会科学面貌发生了显著的变化。1928 年初，朱家骅曾说：中山大学的“文科原无丝毫成绩凭借，现在几乎是个全部的新建设，聘到了几位负时誉的教员，或者可以继北大当年在此一科的趋向和贡献，一年以后，在风气和成绩上，当可以比上当年之有‘学海堂’。”[①]

中山大学语言历史学研究所从 1927 年 8 月筹备到 1930 年 11 月停办，傅斯年、顾颉刚、商承祚先后担任研究所主任，研究所下设立事务委员会、出版物审查委员会，相继成立民俗学会（组）（主任容肇祖、何思敬）、考古学会（组）（主任商承祚）、语言学会（组）（主任闻宥）、历史学会（组）（主任沈刚伯）和档案整理室（主任黄仲琴）。由此开创了中山大学现代中国学术的基本格局，奠定了中山大学现代中国学术的发展道路和学术传统。

（2）大力建设中国南方最大的图书馆

1926 年，中山大学图书馆仅有中文书 45706 册，西文书 3799 册，藏书匮乏，远不能满足教学和研究之需要。[②] 为此，朱家骅提出了“本校图书馆之最大目的，在为中国南方最大之一刊物保存所”的宏伟发展目标，并于 1927 年 3 月聘请著名图书馆学家杜定友来校担任图书馆主任，广征人才，增加经费，从事改良编制，扩大规模。[③]

1927 年 4 月，顾颉刚自厦门大学应聘来到广州，担任国立中山大学史学系教授，其时，1927 年 1 月从厦门大学来中山大学的鲁迅正担任文学系主任兼学校教务主任。鲁迅与顾颉刚在厦门大学时即非常不和，二人到中山大学以后更是水火不容，无法共事。

① 朱家骅启事 [N]. 国立中山大学日报 .1928 年 2 月 27 日：增刊 .

② 程焕文 . 中山大学图书馆馆藏碑帖的整理与保护 [J]. 中山大学学报（社会科学版）,2010(6):62—71.

③ 国立中山大学图书馆 [M]// 国立中山大学图书馆概览 . 广州：培英印务公司印刷 . 1928:1.

朱家骅乃慧眼识人和爱才惜才之人，于是请顾颉刚协同图书馆主任杜定友搜购各种书籍，以尽量避免与鲁迅发生正面冲突。1927 年 5 日，顾颉刚完成《国立广州中山大学购求图书计划书》（也即《购求中国图书计划书》），朱家骅根据顾颉刚的建议向广州政治分会提交中山大学图书馆购求图书计划，并促使该计划于 1927 年上半年获得批准施行[①]。由此开启了中山大学图书馆大规模馆藏建设和民间历史文献收集的序幕。

2. 顾颉刚的现代图书馆藏书观

1927 年 5 月，顾颉刚遵照朱家骅的嘱托完成《国立广州中山大学购求图书计划书》。其后，顾颉刚又亲自具体地实施了该计划，因此该计划书乃成为中山大学建校初期图书馆馆藏建设的指针，不仅为中山大学现代中国学术的建设奠定了基础，而且亦成为其后近百年间中山大学图书馆馆藏发展的遵循，并为全国知名学术图书馆所借鉴参考。

在应聘来中山大学任教之前，顾颉刚并未从事过图书馆工作，但是作为一位在全国颇有影响的教授，顾颉刚对新式图书馆如何满足现代中国学术建设之需要有着十分深刻的亲身体会和高度认识，并通过《购求中国图书计划书》比较全面地阐述了他的现代图书馆藏书观。正如杜定友在阅读顾颉刚的计划书后所言："顾先生虽不是专门研究图书馆学的人，但是他所说的，没有一句不合于图书馆学原理，没有一事不合于图书馆的范围。而且不尚空论，把实际的计划和各类书籍购求之必要，详述无遗，尤令人钦佩！"[②]顾颉刚的现代图书馆藏书观主要体现在以下几个方面：

（1）图书馆应该打破两千年来的正统藏书观念

在顾颉刚看来："以前人收集图书，目光所注，至为狭隘。例如西汉《七略》不收当代律令，清代《四库》不收释、道二藏及府县志等。他们只是一个'圣道'和'古文'的传统的观念，以为惟有宣传古代的道德、政治、文学的书是有价值的，于是不赅不备的'经、史、子、集'四名就笼罩了书籍的全体，大家觉得必要合于经史子集中的某一类的方有被收藏的资格（至多也只有因版本的古而收藏些小说、戏本之类）。私人的书斋是这般，公家的图书馆也是这般。学者看得见的，无论到哪里，总是这几部书，即使版本上有些不同。"因此，顾颉刚认为："这种正统正宗的观念，现在应

① 本校蒐集各种图书计划已由政治分会通过 [J]. 国立中山大学校报 . 1927（16）: 23-24.

② 杜定友 .《购求中国图书计划书》书后 [M]// 广东省立中山图书馆，中山大学图书馆 . 杜定友文集 . 广东人民出版社，第 20 册，2012:24—39.

该打破的了！”①

（2）图书馆应该改变沿袭正统藏书观念的现状

顾颉刚认为：“中国各地设立图书馆，已有二十余年的历史。但当初开办时，大都以书院改建，而书院的藏书则正统派的气息非常浓重，他们只看见圣道所在的经和羽翼圣道的子史文集，看不见一般人的知识上的需要和一般人生活的最亲切的记载。所以各地的图书馆虽则设立很多，但除了几份新书和报纸之外，差不多和民众不能发生关系，所有的经史子集，不过摆着看样而已。说经史子集足以研究古学罢，这极普通的版子，极门面的几部书，实在说不上供研究的参考。——说得上供研究古学的参考的，只有一个京师图书馆，因为这是内阁大库的藏书，而又加上敦煌发见的卷子，确有许多新材料。你想一个图书馆既以古书为主体，而所藏的书还不够研究古学之用，岂不是太有名而无实了呢？”②

（3）图书馆应该顺应收集新材料的潮流开辟新路径

顾颉刚认为：“近年来，藏书的风气确是渐渐地改变了。例如北京大学研究所国学门里，于普通书籍之外，更蒐罗明、清的题本和报销册等十余万件，历代的碑碣拓本和佛像照片一万数千种。故宫博物院的图书馆分做两部，一是图书部，一是文献部；文献部中，如图画、照片、墨迹、档案以及各种表示宫廷历史的器物都陈列在内。孔德学校的图书馆，广收民众文艺作品，如弹词、大鼓书、剧本、小说等，不下一万种。京师图书馆里，最为学者仰望的，不在《四库全书》，也不在宋、元本书，而在数千种的敦煌写卷和数千种的明、清两代的地方志，因为上一项是直接的材料，下一项尚是二等的记述。北京图书馆中书籍不多，当事者又是浮夸哗世的人，却因在北京较有学问之空气中，也知道听从他人的主张，从事征集家谱。以上所说，都是北京一方面的。因为北京的学术坛坫之中，腐旧分子尚不多，所以会得顺应潮流，开辟出许多条新路，打破二千年来的藏书的传统观念。图书馆中有了新的收藏，自然易于引起学者研究新的题目。”③

① 顾颉刚．购求中国图书计划书 [J]// 文献 ,1981（8）:18—25.

② 顾颉刚．卷头语 [J]. 国立中山大学图书馆周刊．第 6 卷第 1—4 期合刊（1929 年 2 月 1 日）:1—2.

③ 顾颉刚．购求中国图书计划书 [J]// 文献 ,1981（8）:18—25.

（4）图书馆馆藏建设的宗旨是搜集研究材料

顾颉刚认为，新图书馆馆藏建设的根本在于收集现代学术研究所需要的研究材料，“我们只要能够用了材料的观念去看图书，能够用了搜集材料的观念去看图书馆的事业，我们现在真不知道有多少新的工作可做”。因此在《购求中国图书计划书》中言：“总括我们的购书的宗旨，只是‘搜集材料’一句话。”

“搜集材料”的关键在于全面完整和兼收并蓄。顾颉刚认为：“以前人看图书是载圣人之道的，读书是要学做圣人，至下也是文人，所以藏书的目的是要劝人取它做道德和文章的标准的。现在我们的目的是在增进知识了，我们要把记载自然界和社会的材料一齐收来；无论什么东西，只要我们认为是一种材料就可以收下，不但要好的，而且要坏的。这没有什么奇怪，研究动植物的人，不但要采集翠鸟奇花，并且要采集毒蛇恶草，态度正和我们一样。所以然之故，只为不把这些材料作为崇拜的偶像，也不把这些材料作为抚弄的玩物，而只要把它作为知识的对象，使得普通人可以得到常识，专门家也可以致力研究。这一个态度的改变，是从恹恹无生气的，和民众不发生关系的图书馆改作活泼泼的，供给许多材料来解决现代发生的各种问题的图书馆的大关键。凡是不了解这个意义的，看见了我们的新工作，一定要发出许多非笑。但等到将来新图书馆成功之后，他们也就可以渐渐地认识我们的工作的意义了。”①

只有以搜集新材料为宗旨，以新观点整理新材料研究新学问，图书馆才有生命。顾颉刚认为：“总括我们的购书的宗旨，只是‘搜集材料’一句话。我们既不复以占星术的眼光整理天文事实，不复以点金术的眼光整理物质事实，不复以灵方论植物，以堪舆为地理，即不应更以传统下来之文书及其价值为研究中国语言、历史、民俗等等之范围。新的学问，靠新的材料。一科学之成立，靠一科学事件之搜集。我们要以新观点所支配之材料搜集，成就研究本国各问题之科学化，既以助成新时代之基础建设，并使我们的图书馆成为一个有生命的图书馆。”②

3. 顾颉刚的历史文献购求观

《购求中国图书计划书》将应该购置的图书分为：（1）经史子集及丛书、（2）档案、（3）地方志、（4）家族志、（5）社会事件之记载、（6）个人生活之记载、（7）账簿、（8）中国汉族以外各民族之文籍、（9）基督教会出版之书籍及译本书、（10）宗教及迷信书、

① 顾颉刚．购求中国图书计划书 [J]// 文献，1981（8）:18—25.
② 顾颉刚．购求中国图书计划书 [J]// 文献，1981（8）:18—25.

（11）民众文学书、（12）旧艺术书、（13）教育书、（14）古存简籍、（15）著述稿本、（16）实物之图像，共计 16 类。顾颉刚坦言：“以上所分的十六类只为购求图书时定出几种目标，并不是看做图书馆里的正当的分类。”[①] 也就是说，这种分类纯粹是为了购求图书和搜集资料的方便而确定的分类。中山大学图书馆主任杜定友在顾颉刚《购求中国图书计划书·书后》中坦言：“我拜读了顾先生的《购求中国图书计划书》之后，心中十二分的佩服。他这《计划书》的篇幅，虽是很短，但是含义甚深，计划周密。所要说的，都说过了。我对于他的计划，不敢赘一辞。他拟的十六大类，已经把所有的材料，包括殆尽，更不容有所添减。我只是以图书馆学的眼光，来读这篇文章，觉得它非常的有价值，有意义；值得我们图书馆学的人注意。”[②]

纵观《购求中国图书计划书》所列 16 类应该购置的图书，并不涉及图书馆普通书刊的购求，以今日的观念来看，完全是一种“大古籍观”，其要在为现代中国学术全面搜集各种历史材料。按照今日“图书馆里的正当的分类”，这些所需的研究材料大致可以分为普通古籍、特种古籍、机关档案、历史文物、民间文献五类，从中亦可见顾颉刚所“定出几种目标”的不同。

（1）普通古籍——搜集完全

在《购求中国图书计划书》所列应该购置的 16 类图书中，有 2 类属于普通古籍的范畴，即第 1 类经史子集及丛书和第 3 类地方志。对于这两类普通古籍的购求，顾颉刚确定的目标是“搜集完全”。

关于经史子集及丛书，顾颉刚认为，“此类书为各处图书馆所同有，本校亦当完全具备之”，且“不得不搜集完全”，“其需用较繁之书，例如《十三经注疏》及《二十四史》等，应多购数部，以便观览”。[③]

关于地方志，顾颉刚认为地方志中：“关于户口、钱粮、物产、风俗、宗教等事实均有较丰富、较有系统的记载。我们若要知道各地方的实在状况及民众生活，这是一种重要的参考资料。”所以“我们应当把各地的各时代的志书都买来，以免所得的材料有偏畸于某一时代的弊病”。[④]

① 顾颉刚 . 购求中国图书计划书 [J]// 文献 ,1981（8）:18—25.

② 杜定友 .《购求中国图书计划书》书后 [M]// 广东省立中山图书馆，中山大学图书馆 . 杜定友文集 . 广东人民出版社 , 第 20 册，2012:24—39.

③ 顾颉刚 . 购求中国图书计划书 [J]// 文献 ,1981（8）:18—25.

④ 顾颉刚 . 购求中国图书计划书 [J]// 文献 ,1981（8）:18—25.

（2）特种古籍——竭力搜罗

在《购求中国图书计划书》所列应该购置的16类图书中，有3类属于特种古籍的范畴，即第8类中国汉族以外各民族之文籍，第9类基督教会出版之书籍及译本书和第15类著述稿本。对于这三类特种古籍的购求，顾颉刚确定的目标是“竭力搜罗”。

关于中国汉族以外各民族之文籍，顾颉刚认为：“中华民国内，汉族外还有好些小民族，各有他们的文化，但我们要看他们的文籍却极困难，有许多人还没有知道他们的字体是怎样的，是直行抑是横行。我们对于国内民族的隔膜，比了对于外国还厉害。”所以，“凡满、蒙、回、藏、僮等民族之书籍、经卷、公文、金石文字拓片，及记载其语言、历史之书”，“我们要竭力去搜罗”。①

关于基督教会出版之书籍及译本书，顾颉刚认为：“基督教会在中国，这四百余年是极盛的时代。除宗教以外，西洋的科学和政治思想的输入，先前也借它为媒介。”“凡各新旧基督教会出版书籍，如各种方言之新旧约、宗教学书、历史书、科学书、定期刊物、报告等”，“现在也应当蒐集来”。“中国之有西文译书，始于教会，其后乃有非教会之译本”，“今亦一律收集”。②

关于著述稿本，顾颉刚认为：“学者生计贫困的多，往往竭一生之力，作成几部好书，终于无力刊出”，所以，“凡未刊之著述稿，已刊著述之原稿、改稿、印刷样本等”应当搜集并择优印行。③

（3）机关档案——中大贮藏

在《购求中国图书计划书》所列应该购置的16类图书中，第2类即为档案，包括诏令、实录、国书、奏章、告示、会典、方略、则例、报销册、统计表、货物出口入口表册，及一切中央政府和地方政府之公文、公报。之所以把档案列为第2类，是因为“档案里不但保存政治的史料，亦且保存许多民众的史料”，从中可以“了解以前的农民、工人、商人、妇女、奴婢、僧、道们的生活”。④也就是说，在顾颉刚眼中，档案是研究民众生活状态的重要材料，而不仅仅是政治史料。对于档案的购求，顾颉刚确立的目标是在中山大学设立南部诸省机关档案贮藏中心。

对于“中国人以前只看重道德的政治论而不看重实际的政治事业，所以逞臆妄谈

① 顾颉刚．购求中国图书计划书 [J]// 文献 ,1981（8）:18—25.
② 顾颉刚．购求中国图书计划书 [J]// 文献 ,1981（8）:18—25.
③ 顾颉刚．购求中国图书计划书 [J]// 文献 ,1981（8）:18—25.
④ 顾颉刚．购求中国图书计划书 [J]// 文献 ,1981（8）:18—25.

的政论会得永远保存于藏书之中，而实际的政治记载却除了几部极简单的史书之外差不多完全失去了”；“以前各机关的案卷，每过若干年是要烧毁一次的。北京国立图书馆里，找不到十种政府机关的公报，更不必说全份的档案。历史博物馆承受了清内阁大库的档案，却忍心把它卖给纸厂做还魂纸。历史观念的缺乏，使得中国丧失了若干万件宝贵的政治史料”，顾颉刚“思之痛心”。①

顾颉刚认为：“档案里不但保存政治的史料，亦且保存许多民众的史料。”“我们要了解以前的农民、工人、商人、妇女、奴婢、僧、道们的生活，经史子集里是很少记载的，档案里却可以搜集到许多，因为他们都生存于国家的法律之下，从他们与法律关系上，可以辑出他们的生活状态。”因此，顾颉刚提出：“本校为中国南部诸省的最高学府，窃意南部诸省各机关积存的文件凡是现在行政不需用的，都可请他们送到本校来贮藏，一来免得销毁，二来集中在本校之后，凡是要研究南部诸省的政治和社会的便可得到一个工作的所在了。”②

（4）历史文物——多事搜罗

在《购求中国图书计划书》所列应该购置的16类图书中，有2类属于历史文物范畴，即第14类古存简籍和第16类实物之图像。对于这两类历史文物的购求，顾颉刚确定的目标是“多事搜罗”。

鉴于“三十年来，古籍发现甚多，使得史学界中起了一个新学派”，顾颉刚认为：中山大学作为公共机关，在古存简籍收集上，“凡商代甲骨，周、秦、汉竹木简，汉、魏以下石经，六朝以下写本书，宋、元及明清初刻本书等”，“理应多事搜罗，俾免私家散失之病。将来经费充裕，更应组织旅行队，从事发掘”。③

实物之图像包括有记载性的图画、照片、金石拓本、留声片、影戏片、幻灯片及模型等。顾颉刚认为：“此类物品为直接的记载，比较文字的记载为正确，以前的人号称左图右史，其实他们只有书而没有图。现在我们不但要收藏图，并且要把图的范围扩大，使得我们要知道一个人或一件东西时，他的原来的形状与音声都可以给我们知道。”④

① 顾颉刚.购求中国图书计划书[J]//文献,1981（8）:18—25.
② 顾颉刚.购求中国图书计划书[J]//文献,1981（8）:18—25.
③ 顾颉刚.购求中国图书计划书[J]//文献,1981（8）:18—25.
④ 顾颉刚.购求中国图书计划书[J]//文献,1981（8）:18—25.

（5）民间文献——多方征求

在《购求中国图书计划书》所列应该购置的16类图书中，有8类属于民间文献的范畴，占据16类应该购置图书的一半类目，包括："中国的社会基础"的第4类家族志；"性质与价值和档案相同"的第5类社会事件之记载；"个人最亲切的记载"的第6类个人生活之记载；"可以知道那时那地那一阶段的生活程度和生活方法"的第7类账簿；"民众文化的核心"的第10类宗教及迷信书；"民众的心声"的第11类民众文学书；以前人"只限于名人的著述"的第12类旧艺术书；"凡是受过教育的人个个用它，但是个个瞧不起它"的第13类教育书。由此可见，顾颉刚对民间文献之重视。对于不同类别的民间文献，顾颉刚提出了多方征求的目标。

其一、家族志——登报征求、悬赏征求、向人借钞和实地调查。

家族志包括家谱、族规、家训、祖先图、世德记、氏姓考等。顾颉刚认为："中国的社会基础，建筑在家庭上面，以家族为社会的单位。自科第、仕宦、选举（民国以来）、婚姻，以至词讼、械斗，皆与家族有很深的关系；而置义田，设义庄，济弱扶贫，使大家族不至离散，亦为经济史上的重要事实。家谱等即为记载此类事实之专书。又民族的迁徙，年寿的长短，结婚的早晚，生殖的多寡，种性的智愚等等问题，也可在家谱里钩索出来。只因以前史家太不注重此等材料，所以和中国历史关系最密切的家族制度竟无法研究。"①

鉴于"近数十年来，……大家族制度已日呈衰落之象，恐怕再过数十年这制度也就消灭了"，顾颉刚提出："我们对于家族的记载应当趁现在时候赶紧收集。"至于"穷乡僻壤，聚族而居，往往若干村中只有一姓，一县中一族有若干万人。这种家族固然团结力很强，但怕他们没有家谱，这有赖于我们的实地调查了。"②

鉴于"家谱等书，为书肆所不收，甚难购觅。我们应当登报征求。但家谱往往印刷甚少，每房限制发给一部，续修之谱竣事，原谱即需缴回销毁，故即悬赏征求，亦恐未必能得到多少。我们应于出资购取之外，更向人借钞，务使力所能及的不致失之交臂才好"。③

其二、社会事件之记载与个人生活之记载——出资购取。

社会事件之记载，包括报纸、杂志、报告、传单、章程、纪念册、人名录，某一件事之专记等。"此类书的性质与价值，和档案相同，不过档案为政府机关之记载，

① 顾颉刚．购求中国图书计划书[J]// 文献，1981（8）:18—25.
② 顾颉刚．购求中国图书计划书[J]// 文献，1981（8）:18—25.
③ 顾颉刚．购求中国图书计划书[J]// 文献，1981（8）:18—25.

此类书为社会机关之记载而已”。“以前的旧报，人家还有藏起来的，应出资购取。惟报纸质脆易碎，如何可以保存永久，有待研究”。[①]

个人生活之记载，包括日记、笔记、手札、讣闻、哀启、寿文、挽诗、传文、节孝录等，其中“日记、手札等是个人最亲切的记载。寿文、挽诗等固然很多是虚伪的，但即此虚伪的状态也是一种可以研究的材料”。[②]

其三、账簿——登报征求与上门请求。

账簿，包括商店之取货簿、营业簿、货价单，工厂之物料簿、工资簿、田主之收租簿、完粮簿，公共机关之征信录，家庭和个人的伙食簿、杂用簿，以及婚丧喜庆的用餐簿、礼物簿等。“收集账簿有数项用处。第一，可以知道那时那地的物价和工价。第二，可以知道那时那地的工业出产品及货品的销售状况。第三，可以知道那时那地那一阶级的生活程度和生活方法，及其和风俗、宗教的关系”。[③]

“收集账簿并不困难，旧家及老店往往积存有一、二百年的账簿，只要买着一批就可以得到许多材料。但是这类东西是书铺子里绝对没有的，非得亲自上门去请求转让不可。我们或者先登报征求一下，再托人去访问”。[④]

其四、宗教及迷信书——民间搜罗。

宗教及迷信书，包括佛书、道书、善书、神道志、神像、符咒、卜筮书、星相书、堪舆书等。“这一类书，是民众文化的核心，我们要知道民众的思想法则和生活法则，便不能不对这一类书加以研究”。[⑤]

“释、道二藏搜罗佛书、道书固多，但民间流行的俗陋刻本也多没有收入，我们应当亲自到民间去搜罗”。[⑥]

“卜筮、星相、堪舆诸书，种类亦甚复杂。只因从来不曾有人做过系统的编录，所以我们不容易知道它们的派别。现在我们一切都要买来，使得具有研究宗教学和民俗学兴趣的人可以作专门的研究”。[⑦]

其五、民间文学书——书坊购买、小摊购买、登报征集和全份抄写

民众文学书，包括小说、故事、戏本、弹词、鼓词、摊簧、杂曲、歌谣、宝卷、

---

① 顾颉刚. 购求中国图书计划书 [J]// 文献,1981（8）:18—25.
② 顾颉刚. 购求中国图书计划书 [J]// 文献,1981（8）:18—25.
③ 顾颉刚. 购求中国图书计划书 [J]// 文献,1981（8）:18—25.
④ 顾颉刚. 购求中国图书计划书 [J]// 文献,1981（8）:18—25.
⑤ 顾颉刚. 购求中国图书计划书 [J]// 文献,1981（8）:18—25.
⑥ 顾颉刚. 购求中国图书计划书 [J]// 文献,1981（8）:18—25.
⑦ 顾颉刚. 购求中国图书计划书 [J]// 文献,1981（8）:18—25.

诙谐文等。“此类书是民众的心声，但一向为士流所鄙薄。其实士流文学莫不承民众文学而来，诗、词、曲、小说皆然。一成了士流文学，便傲然与民众隔绝，而文学也单剩了一些粗糙。民间文学固然粗糙，或至秽亵，但却有热烈的情感，又敢于表现，无论如何总是壮健的。我们要了解民众的生活、言语、想象、情感、艺术，我们要了解士流文学的来源，这些东西便是最好的材料”。“民众文学在现在时候，正如百家典籍在汉初一样，是一个青黄不接的时期。我们若不趁他未灭时赶速收集，必有许多好的作品从此失传之虑”。①

“要搜集此类书，上海的石印书坊是一个大宝库，各地的小摊子上也有许多唱本（例如广州、潮州均有一千种，北京约有一千多种，厦门约有五百种）。歌谣和故事，刻出来的很少，我们应当登报征集。北京大学歌谣研究会八年来征集的结果，有歌谣二万首，故事数千则，我们也可以把这些东西抄写一个全份”。②

其六、旧艺术书和教育书——全面搜集。

旧艺术书，包括医书、乐谱、棋谱、法帖、画谱、图案、花谱、游戏书等。“以前人搜罗此类书，只限于名人的著述，或者他们眼中看作高雅的，例如乐谱，只取古琴谱而不取胡琴谱之类。我们现在应当废除这种成见”。③

教育书，包括旧式儿童读本、科举用书、历年新式教科书、各学校讲义、课艺、试卷、报单、文凭等。“这一类书，凡是受过教育的人个个用它，但是个个瞧不起它，因此从来不曾结集过。别种人犹可说，研究教育学及教育史的人也想不到收聚，这是很可怪的。例如以前读书人的思想，单取他们称道弗衰的《四书》、《五经》来看是看不出来的，但取《神童诗》一看便非常明白了，因为这本浅陋的小书正是二千年来读书人求名、求利、求漂亮、求舒服的思想的结晶。又如《大题文府》、《试帖三万首》等科举书，固然庸陋恶劣的气味逼人，但‘为什么会有这种东西？这种东西害过了多少人？害得人怎么样？’这种历史上的大问题也是应该研究的。至于新式课本，和现代青年有密切的关系，它的编制如何，是否适用，是极紧要的问题，决不能由它随便生长，贻误青年。我们搜集在一块，也可以供教育家的研究而防止新教育的腐化”。④

① 顾颉刚．购求中国图书计划书 [J]// 文献，1981（8）:18—25.
② 顾颉刚．购求中国图书计划书 [J]// 文献，1981（8）:18—25.
③ 顾颉刚．购求中国图书计划书 [J]// 文献，1981（8）:18—25.
④ 顾颉刚．购求中国图书计划书 [J]// 文献，1981（8）:18—25.

4. 顾颉刚的历史文献购求与整理实践

从现代图书馆馆藏建设观念出发，顾颉刚详细地提出了各类历史文献的搜集方法与目标，并“希望把各方面的材料都粗粗搜集完备”，于是，提出了“分为十二期，每期六万元，于十年内完成”的长远规划建议。其时，6 万元是一个相当大的数目，但是顾颉刚先生认为：“实在说起来，以中国这样大，又这样古的一个国家，用了这些钱来搜集这些材料，只能说过省，不能说过奢。”①

1927 年 5 月 16 日，朱家骅决定派顾颉刚赴江浙一带搜购图书，并赴上海访蔡元培先生和吴稚晖先生，请两位先生担任中山大学委员会委员。由此顾颉刚启动了中山大学历史文献的购求。

顾颉刚从 1927 年 5 月 17 日离粤，22 日到达上海，至 10 月 13 日回到广州，前后在江浙一带采购图书约 5 个月的时间。顾颉刚先生在 1928 年时曾这样记述其 5 个月的图书采购情形：“到了江浙之后，努力购书，杭州、苏州、上海、绍兴、宁波、嘉兴、南京、松江各地的书贾和旧家都纷纷来接洽，使我户限为穿。我对于他们的来固然欢迎得很，但我与他们之间总觉得有一层隔膜：就是我志在为图书馆购书，而他们则只懂得正统派的藏书。他们心目中以为可藏的只有这几部，所以送来的书重复太多，一也。我所要的材料，他们以为不应买，所以不肯（实在也不会）替我去搜集，使得我不能完全达到我的计划，二也。因为这缘故，所买的仍以经史子集为多。其他如杂志日报、家谱、帐簿、日记、公文、职员录……等等，虽是亲到旧家及小书摊上去寻得了多少，但仍不能适合原来预定的数目，惟有地方志，是因商务印书馆和外国图书馆的收买，他们已懂得搜求了（二十年前是不知道有这一回事的），所以这一项买到很多。还有医卜星相的书，从前虽不入藏书家的收藏范围，但因有特种人的信仰，这类专家往往有很丰富的收藏范围，所以也居然买到了许多秘本。至于民众文学书，上海滩上石印小本的势力遐被全国，我也买了一个全份。碑帖虽无大宗收藏，但旧家总积存着许多，又有专做营业的碑帖铺，所以也觅得了不少。”“这样做了五个月（从五月中到十月中），第一期的六万元尚未用完，而学校已连电促归。总计买到的书约有十一万余册，碑帖约有三万张。”② 共计花费“大洋五万六千八百七十九元六角零一厘，毫洋七百廿二元”。③

回到广州以后，顾颉刚与傅斯年、商承祚、容肇祖、闻宥、沈刚伯、何思敬等共

① 顾颉刚 . 卷头语 [J]. 国立中山大学图书馆周刊 . 第 6 卷第 1—4 期合刊 (1929 年 2 月 1 日):1—2.

② 顾颉刚 . 卷头语 [J]. 国立中山大学图书馆周刊 . 第 6 卷第 1—4 期合刊 (1929 年 2 月 1 日):2—3.

③ 顾颉刚 . 顾颉刚日记（第二卷）[M]. 台北：台湾联经出版公司 ,2007,5:106.

同筹办国立中山大学语言历史学研究所。1928 年 1 月国立中山大学语言历史学研究所正式成立，下设常务委员会和出版物审查委员会，“为研究便利起见”，专门设立了民俗学会（1927 年 11 月成立）、考古学会、历史学会、语言学会等 4 个学会。① 国立中山大学语言历史学研究所成立以后，整理顾颉刚所购 11 万余册图书和 3 万余张碑帖便是各学会的主要任务。

起初，因“图书馆书库狭小，不敷收藏”，1928 年“年假中，语言历史学研究所的房屋初布置好，本校教职员亦较有空闲，所以便把这一百二十余板箱的书搬到这个研究所内打开，作第一度的整理。后来又因书籍太多，教职员各为本职冗忙”，② 学校图书馆决定在“语言历史学研究所三楼特设旧书整理部一所（估计房屋一十二间），专为整理是项书籍，并与该所以研究之便利”。③

这批图书和碑帖的初期整理工作始于 1928 年 1 月 12 日。起初，“除由图书馆调来一二人，及招任二三书记而外，余皆请各科教职员帮同办理。开学后，各科教职员皆回本科，留下者只共三四人，一时人手顿感缺少；加以当时亟想于最短期内整理完竣，所以不得不想法增多职员”，学校乃于 1928 年 3 月开始招收临时书记 13 人，加上原有职员，图书馆共计安排了 19 位职员参加旧书整理部的工作。当时，各类图书的分类与编目整理工作均由中山大学的著名教授和学者担纲，其中“善本书及目录书由马太玄先生担任，丛书经学由陈钝、罗常培二先生担任，哲学及宗教由容肇祖先生担任，教育学由蒋经三担任，社会科学由李一非先生担任，金文拓本及古物由商承祚先生担任，金石书及碑帖由黄仲琴先生担任，自然及应用科学由刘朝阳先生担任，语言文字学由丁山先生担任，文学及一般艺术由徐信符、钟敬文、陈德芸、余永梁、夏廷棫五先生担任，历史由陈功甫先生担任，地理由陈锡襄先生担任，杂书由顾颉刚、杨振声二先生担任”，因此图书的整理工作进展顺利。与此同时，还采用了边整理边开放利用的办法，在语言历史学研究所三楼第十号房设立了参考室，制定了《旧书整理部暂行借阅图书条例》，将初步整理完毕的图书供师生利用。④

当时，碑帖的整理工作主要包括如下两个方面：一是“分别朝代登记于簿，同时装入封套”，二是“分类编目，其手续与书籍同样”。另外，尚有技术员 1 人担任碑

① 国立中山大学语言历史学研究所 . 国立中山大学语言历史学研究所概览 [M].1930,1:11.

② 顾颉刚 . 卷头语 [J]. 国立中山大学图书馆周刊 . 第 6 卷第 1—4 期合刊 (1929 年 2 月 1 日):3.

③ 蒋经三 . 旧书整理部一年来办理之经过 [J]. 国立中山大学图书馆周刊 . 第 6 卷第 1—4 期合刊 (1929 年 2 月 1 日):5

④ 蒋经三 . 旧书整理部一年来办理之经过 [J]. 国立中山大学图书馆周刊 . 第 6 卷第 1—4 期合刊 (1929 年 2 月 1 日):5—12.

帖之裱装及修理事宜。据统计，当时所藏的碑帖共计 34000 张，到 1928 年底时，已登记者 17619 张（其中：南北朝 104 张、隋唐 1397 张、宋 1680 张、辽金 71 张、元 464 张、明 1455 张、清 7921 张，民国 726 张、无年号 1449 张，已登记而未分朝代者 2352 张，已装裱成本者 183 册），未登记者 16381 张①。

总的来看，在将近一年的时间内，旧书整理部已经完成了图书和碑帖的大部分初步整理工作，所以顾颉刚先生在 1928 年 12 月 10 日说："到现在，整理工作已作成了一大部了，各类书目可逐期在周刊上发表了。"② 根据顾颉刚的安排，黄仲琴和胡鋈稜先后在《国立中山大学图书馆周刊》第 1—7 卷（1928—1929 年）各期发表了有关碑帖的提要与目录，包括黄仲琴撰《唐碑提要》、胡鋈稜撰《本部所藏秦汉碑刻提要》、黄仲琴编《本部所藏碑帖目录》、胡鋈稜编《本馆所藏碑帖目录》等。

1928 年，在整理从江浙购回图书的同时，顾颉刚还派人赴北京孔德学校抄录蒙古车王府曲本，先后抄得 1494 种，其中戏曲 836 种，曲艺 658 种③。由此开创了中山大学戏曲资料收集、整理与研究的先河。

在完成第一批历史文献购求之后，顾颉刚有意继续购求，但是因为返校后教学研究工作繁重，加上时局变化，后续计划无法完成。顾颉刚曾言："回到广州之后，为本校功课牵制，不能继续工作。……校经费大受打击，亦不容继续购求。所以江浙一带的书肆虽常有信来，告我以某种某种的好书为他们访得了，但我也无法答复。"④ 尽管如此，顾颉刚先生在 1928 年 12 月 10 日仍然在呼吁："我们酷盼本校仍然依照去年的计划，继续购求大宗书籍，使得中山大学的图书馆确能成为中国全国的模范图书馆！我们更盼各地的图书馆能够传染了我们的'轶出藏书家的藏书范围'的风气，把近在手边的材料多多收拾，不要任他烂灭！如果各地图书馆都能给我们同情，中华民国的史料，以及各地方的志书材料，便都不会失去了！"⑤

1928 年 11 月傅斯年离校后，顾颉刚于 11 月 25 日继任国立中山大学语言历史学研究所主任。1929 年 2 月 25 日，顾颉刚请假二月北行，5 月 25 日又续假二月，其后离开中山大学。⑥ 顾颉刚北上以后，商承祚代理国立中山大学语言历史学研究所主任，在

① 蒋经三 . 旧书整理部一年来办理之经过 [J]. 国立中山大学图书馆周刊 . 第 6 卷第 1—4 期合刊 (1929 年 2 月 1 日):13—14.

② 顾颉刚 . 卷头语 [J]. 国立中山大学图书馆周刊 . 第 6 卷第 1—4 期合刊 (1929 年 2 月 1 日):3—4.

③ 黄仕忠 . 车王府曲本收藏源流考 [J]. 文化艺术研究 ,2008(1):139—162.

④ 顾颉刚 . 卷头语 [J]. 国立中山大学图书馆周刊 . 第 6 卷第 1—4 期合刊 (1929 年 2 月 1 日):3.

⑤ 顾颉刚 . 卷头语 [J]. 国立中山大学图书馆周刊 . 第 6 卷第 1—4 期合刊 (1929 年 2 月 1 日):4.

⑥ 国立中山大学语言历史学研究所 . 国立中山大学语言历史学研究所概览 [M].1930,1:11.

1929 年曾提出"拓全两粤碑碣","至他省碑碣亦应尽力购拓之"和"搜罗考古书籍拓本照片"之计划[①]。

杜定友曾言:"我相信若是我们能够依着顾先生的计划,去搜罗古籍。本着上述数点,去打破传统观念,扩大图书馆范围,实行科学的管理。这非但于中大图书馆前途有无限的发展,即于中国图书馆界也有重大的贡献。"[②]诚然如是,在 1927—1929 年间,顾颉刚的《购求中国图书计划书》为中山大学的学科发展和图书馆发展奠定了重要的基础,其所搜得的 11 万余册图书和 3 万余张碑帖不仅为中山大学语言历史学研究所准备了丰富的图书资料,而且也极大地丰富了中山大学图书馆的藏书,使中山大学图书馆馆藏从 1926 年的约 5 万册迅速攀升到 1928 年冬的 21.5 万册,[③]一跃成为当时国内不多见的藏书丰富的大学图书馆。

杜定友把顾颉刚的《购求中国图书计划书》作为中山大学图书馆丛书之一予以付印,并言:"我们的宗旨,非但要把它作为购书根据;而且希望这本小书能够在中国图书馆学上发生重大影响,以助中国图书馆事业之发展。"[④]诚然如是,从此以后,顾颉刚的《购求中国图书计划书》一直为图书馆界所尊崇。1981 年,上海图书馆馆长顾廷龙曾言:"《购求中国图书计划书》印刷不多","我一直宝藏到现在。我从事图书馆古籍采购事将五十年,即循此途径为收购目标。颇得文史学者的称便","我服膺先生之说,经常注意到正统以外的图书资料的搜求,亦略有所得。"[⑤]

二、20 世纪中期的起承转合

在 1926—1930 年间,由于朱家骅的远见卓识,傅斯年和顾颉刚的引领开拓,商承祚、容肇祖、何思敬、闻宥、沈刚伯、黄仲琴等的纷至沓来,以及杜定友的鼎力襄助,

① 国立中山大学语言历史学研究所.国立中山大学语言历史学研究所概览 [M]. 1930,1:11.

② 杜定友.《购求中国图书计划书》书后 [M]// 广东省立中山图书馆,中山大学图书馆.杜定友文集.广东人民出版社,第 20 册,2012:24—39.

③ 国立中山大学图书馆.国立中山大学图书馆概览 [M]. 广州:培英印务公司印刷.1928: 2.

④ 杜定友.《购求中国图书计划书》书后 [M]// 广东省立中山图书馆,中山大学图书馆.杜定友文集.广东人民出版社,第 20 册,2012:24—39.

⑤ 顾廷龙.介绍顾颉刚先生撰《购求中国图书计划书》——兼述他对图书馆事业的贡献 [J]// 文献,1981(8):26—29.

中山大学的现代中国学术和民间历史文献建设，一时间风生水起，热火朝天，其后又因为这批学人相继离开，各奔东西，人气渐散而趋于平缓。

20世纪30年代是中山大学迅速崛起的时代。1931年，中山大学改文科、法科、理科、农科、医科为学院，学科规模迅速扩大；1932年，中山大学从文明路迁至石牌新校址，校园规模跃居全国之最；1935年，中山大学与北京大学和清华大学一起同时设立研究院，开始招收研究生，成为全国成立研究院的三所高校之一。由此，中山大学成为中国顶尖的国立大学。然而，由于现代中国学术研究的普及，且中山大学着力于多学科的全面发展，中山大学的现代中国学术研究已难现从前的波澜壮阔。

全面抗日战争期间，中山大学西迁云南，后辗转粤北，但仍然在民间历史文献的发现上有可圈可点之处。岑家梧（1912—1966）在深入西南民族调查后，在《西南民族文化论丛》上发表《水书与水家来源》一文，成为贵州水书发现与研究之嚆矢。

继1930年前后中山大学现代中国学术人才的第一次大规模聚散之后，在1950年前后，中山大学在战后复员、学校合并和院系调整中又出现了现代中国学术人才的第二次大规模聚散，完成了现代中国学术研究的起承转合。

1. 战后中山大学现代中国学术人才的重新聚集

抗战胜利后，中山大学文学院在复员中于1946年成立我国第一个语言学系，1947年成立历史学研究所，1948年创办人类学系，在原有的哲学系、中文系、史学系、语言历史学研究所、文科研究所基础上颇有发展，现代中国学术人才亦开始重新聚集。

一方面，中山大学原有的教授继续发挥引领作用。

朱谦之(1899—1972)，从1932年8月起在中山大学任教授，历任历史系主任、哲学系主任、文学院院长、研究院文科研究所主任、历史学部主任等职，至1952年全国院系调整后转职北京大学哲学系，在中山大学任教20年，学术研究达到高峰，成为中山大学现代中国学术的学术带头人。

杨成志（1902—1991），自1928年起到中大史学系任教，1935年任研究院秘书长、文科研究所和人类学部主任。1946年中山大学取消学校研究院，并于1947年成立了历史学研究所，下设历史学部和人类学部，杨成志兼任人类学部主任。1948年8月，杨成志以人类学部为基础创办人类学系，并任系主任。

詹安泰（1902—1967），自1938年受聘任中山大学中文系教授，兼研究院文科研究所、中国语言文字部指导教授，抗战胜利后曾任中文系主任，直至终老。

另一方面，中山大学又延揽了一批颇有学术影响的教授。

王力（1900—1986），于 1946 年 6 月受聘中山大学文学院院长，并创办中国第一个语言学系，后任岭南大学文学院院长，1952 年岭南大学并入中山大学，任语言学系主任，至 1954 年中山大学语言学系并入北京大学中文系王力调任北京大学教授时，在中山大学任职八年。

刘节（1901—1977），1946 年被聘为历史学系教授，1955 年被评为二级教授，曾任历史系主任和古物馆主任，在中山大学终老。

戴裔煊（1908—1988），1946 年入中山大学历史系，先后任副教授和教授。

陈锡祺（1912—2007），1946 年调入中山大学历史系任教授，直至终老。

岑仲勉（1886—1961），于 1948 年 7 月被聘为文学院历史学系教授，1956 年被评为二级教授，在中山大学终老。

王季思（1906—1996），1948 年任中山大学中文系教授，直至终老。

方孝岳（1897—1973）,1948 年任中山大学中文系教授。

商承祚（1902—1991），1948 年重回广州，任中山大学文学院语言学系教授，直至终老。

蒋相泽（1916—2006），1951 年任中山大学历史系副教授，直至终老。

由此，中山大学的现代中国学术基础重新得以加强。

2. 战后岭南大学现代中国学术人才的聚集

1948 年 8 月，时任南开大学教务长和政治经济学院院长的陈序经（1903—1967），应岭南大学董事会的聘请出任岭南大学校长。由此开启了陈序经在岭南大学和中山大学的新的事业。1952 年岭南大学并入中山大学，陈序经任中山大学历史系教授，1956 年被评为一级教授，任中山大学副校长，至 1962 年转任暨南大学校长，在中山大学任职长达 14 年之久。犹如当年朱家骅主持中山大学校务一样，陈序经在担任岭南大学校长期间广泛延揽人才，一时间岭南大学精英云集，学术地位迅速攀升，形成与中山大学比翼双飞之势。

在现代中国学术方面，陈序经以个人的影响力聘请了一批顶尖的教授。1949 年，陈序经聘请南下的史学家陈寅恪（1890—1969）任岭南大学教授；聘请中央研究院社会研究所研究员、代理所长梁方仲（1908—1970）任岭南大学经济系教授、系主任；聘请中山大学语言学系主任王力任岭南大学语言学系主任。陈寅恪、梁方仲和王力的到来，加上自 1927 年起即在岭南大学国文系任教的冼玉清（1895—1965）和抗战胜利后南下于 1946 年 7 月受聘岭南大学中国文学系教授兼主任的容庚 (1894—1983)，岭南大学的现代中国学术地位迅速飙升至全国举足轻重的地位。

3. 中山大学与岭南大学的文脉融合与人才聚散

1952 年全国院系调整，中山大学文理院系与岭南大学文理院系合并，组成新的中山大学，中山大学的工学院、农学院、医学院、教育学院调出，组建华南工学院、华南农学院、华南医学院、华南师范学院。由此开始了中山大学与岭南大学现代中国学术队伍的融合与离析。

一方面，中山大学现代中国学术的多个团队被整体调出：

1952 年，中山大学哲学系并入北京大学哲学系，系主任朱谦之教授率师生共 19 人转赴北大，仅留下罗克汀、刘嵘等部分教师组建哲学教研室，负责全校马克思主义哲学公共课的教学工作。

1952 年，人类学系由人类学系主任杨成志教授率领调往北京中央民族学院。

1953 年 7 月第二次院系调整后，中山大学的财经、政法各系分别调至武汉大学、中南财经学院、中南政法学院等院校。

1954 年，全国唯一的中山大学语言系调整到北京大学，语言系主任王力教授带领全系师生 48 人整体迁出。

另一方面，中山大学又调入了一些新人：

1953 年，杨荣国（1907—1978）随湖南大学历史系调入中山大学历史系，任历史系中国史教研组主任。1956 年，杨荣国任历史学系主任，1960 年中山大学复办哲学系，杨荣国任系主任。

1953 年，董每戡（1907—1980）调入中山大学中文系任教。

在经历两次院系调整之后，历史系有陈序经、陈寅恪、梁方仲、岑仲勉、董家遵、刘节等教授，中文系有容庚、商承祚、冼玉清、詹安泰、方孝岳、王季思、董每戡等教授，中山大学的现代中国学术研究仍然保持着十分雄厚的实力。尽管如此，由于其后政治运动不断，学术研究受到冲击，民间历史文献的收集和整理工作多处于停滞状态。

50 年代，在徽州文书开始在市面销售时，研究明代田赋制度的梁方仲教授通过屯溪古籍书店为学校购得鱼鳞册等徽州文书近百册，开创了中山大学徽州文书收集和研究的先河。

60 年代初，梁方仲教授的研究生叶显恩（1937— ）深入徽州屯溪、歙县、祁门、休宁、黟县等地进行社会调查，研究徽州佃仆制度。80 年代初，叶显恩厚积薄发，发表一系列研究成果，成为 80 年代兴起的徽州历史文化（“徽学”）研究高潮的基础。

三、21 世纪的继承弘扬

改革开放以后，中山大学在继承和弘扬民间历史文献收集、整理和研究传统的基础上，不断创新，现代中国学术研究日新月异，成果十分丰硕。

1. 中山大学中国古文献研究所

1983 年，中山大学成立中国古文献研究所，成为全国高校古籍整理研究工作委员会直属的 18 个重点研究所之一。前后四位古文献所主任王起（季思）（1983—1990）、刘烈茂（1991—2000）、麦耘（2000—2003）、黄仕忠（2003—）在古文献整理与研究上一脉相承，取得了十分突出的成就。

王季思主编的《全元戏曲》(全 12 卷，人民文学出版社，1999 年)凝聚了老中青三代人的力量，成为继《全唐诗》《全宋词》后我国元代戏曲文献的集大成之作。

刘烈茂主任率领苏寰中、郭精锐、陈伟武、黄仕忠等全力整理顾颉刚于 1928 年派人从孔德学校抄录回来的车王府曲本，相继出版了一系列的研究成果，包括：刘烈茂、苏寰中、郭精锐主编《车王府曲本菁华（综合卷）》（中山大学出版社，1993 年），刘烈茂、苏寰中、郭精锐主编《车王府曲本菁华（先秦、两汉、魏晋、南北朝卷）》（中山大学出版社，1993 年），刘烈茂、苏寰中、郭精锐主编《车王府曲本菁华（隋唐宋卷）》（中山大学出版社，1993 年），刘烈茂、苏寰中、郭精锐主编《车王府曲本菁华（宋卷）》（中山大学出版社，1991 年），刘烈茂、苏寰中、郭精锐主编《车王府曲本菁华（元明卷）》（中山大学出版社，1992 年），刘烈茂、苏寰中、郭精锐主编《车王府曲本菁华（明清卷）》（中山大学出版社，1992 年），苏寰中、郭精锐、陈伟武校点《车王府曲本·封神榜》(全 3 册，人民文学出版社，1992 年)，刘烈茂、郭精锐主编《清车王府钞藏曲本·子弟书集》(上、下册，江苏古籍出版社，1993 年)等，把车王府曲本的整理和研究推上了一个高台阶。

黄仕忠主任百尺竿头更进一步，在继续整理戏曲文献的基础上，在全球开展中国戏曲文献的收集和合作研究，并在陈永正教授的指导下，全力开展岭南历史文献的收集、整理和研究工作，取得了令人瞩目的成就。陈永正主编的《全粤诗》（自 2008 年起由岭南美术出版社陆续出版，迄今已出版24册）与《粤诗人汇传》（全4册，岭南美术出版社，2009年）成为全国独一无二的地方诗歌集大成之作。此外，黄仕忠团队还陆续整理出版了《光孝寺志》、《丹霞山志》（别传寺）、《华峰山志》（海门寺）、《禺峡山志》（飞来寺）、《鼎湖山志》（庆云寺）、《阴那山志》（灵光寺）、《曹溪通志》（南华寺）等岭南名寺志，以及《清初岭南佛门史料丛刊》。

2. 中山大学历史人类学研究中心

2001年，中山大学成立历史人类学研究中心（2004年被列为教育部人文社会科学重点研究基地），陈春声、刘志伟相继担任中心主任，在传统乡村社会、族群与区域文化、民间信仰与宗教文化等领域开展与海内外人类学家和历史学家的合作研究，自2003年起编辑出版《历史人类学学刊》。在民间历史文献的收集、整理和研究上成就斐然。

2000年10月，张应强到清水江下游进行学术考察，促成中山大学与锦屏县于2001年签订合作协议，成立契约征集机构，征集、整理清水江文书，开启了清水江文书的大规模收集、整理和研究序幕。2002年3月，中山大学历史人类学研究中心陈春声、刘志伟、张应强邀请海内外学者专程到锦屏县进行学术考察，探讨清水江民间文书的收集、整理和研究工作，从此，锦屏县的清水江文书进入大规模发现阶段。[①]2006年，贵州省发布《省人民政府办公厅关于成立锦屏文书抢救保护工作领导小组的通知》（贵州省人民政府办公厅文件黔府办发〔2006〕112号），清水江流域各县开始大规模地征集清水江文书，各县档案馆入藏总数20余万件。中山大学历史人类学中心亦收集清水江文书约1万件。自2007年起，张应强等陆续整理出版了《清水江文书》(第一辑，共13册，广西师范大学出版社，2007年)、《清水江文书》(第二辑，共10册，广西师范大学出版社，2009年)、《清水江文书》(第三辑，共10册，广西师范大学出版社，2011年)，三辑共计收录清水江文书约15000份。在2011—2016年间，张应强主持国家社科基金重大招标项目“清水江文书整理与研究”，把清水江文书的研究推上了新的高度。

历史人类学研究中心十分重视广东民间文献的收集整理工作，先后收集潮州文书（方志、侨批）实物600多册件和数字版广东侨批10余万册件，刘志伟、谢湜、于薇等在潮汕侨批数据库建设和数字人文研究开发上创新颇多。此外，刘志伟，陈玉环主编的《叶名琛档案：两广督府衙门档案残牍》（全8册，广东人民出版社，2010年）

① 张应强．清水江文书的收集、整理与研究[M]. 桂林：广西师范大学出版社:2007:1—2.

亦是广东官府档案整理的优秀成果。

3. 中山大学中国非物质文化遗产研究中心

2002 年，中山大学成立中国非物质文化遗产研究中心（2004 年被列为教育部人文社会科学重点研究基地），重点开展传统戏曲、口传文艺与民俗、非物质遗产调查保护等领域的研究，康保成、宋俊华先后担任中心主任，2007 年创办的《文化遗产》季刊。学科带头人黄天骥、叶春生、康保成、欧阳光、高小康、刘晓春等在中国古代戏曲、皮影戏、岭南濒危剧种等方面的研究成果突出。同时，还编辑出版了我国首部《中国非物质文化遗产保护发展报告》（2001—2010），2010 年起草《关于广东省非物质文化遗产保护条例（草案）的修改意见》，为政府决策提供参考。

4. 中山大学人类学系荔波水书研究基地

2005 年 10 月，中山大学人类学系与荔波县档案馆合作，在荔波水书藏馆设立中山大学荔波水书研究基地。周大鸣、张振江等多次率师生赴贵州三都、荔波等地进行田野调查，开展水族和水书研究。张振江主编的《荔波水尧水族——贵州荔波水尧乡调查与研究》（知识产权出版社，2008 年）、《荔波永康水族——贵州荔波永康乡调查与研究》（知识产权出版社，2008 年），与姚福祥合著的《水书与水族地方社会》（中山大学出版社，2009 年），继 40 年代中山大学岑家梧发表《水书与水家来源》一文开创贵州水书研究先河之后，重新确立了中山大学在水书和水族研究中的学术地位。

5. 中山大学图书馆

为了全力支持学校人文社会学科的研究，中山大学图书馆继承顾颉刚开创的民间历史文献收集、整理和研究传统，在新世纪取得了令人瞩目的成就。

在组织架构上，一方面，全面改变学校图书馆与院系资料室貌似一体实则各自为政、彼此封锁资源的格局，于 2004 年取消全校的院系资料室，将院系资料室的资料和人员全部收回学校图书馆，实行学校图书馆总馆与校区图书馆一体化的新的总分馆制。另一方面，改变长期以来历史文献分散典藏、多头管理的格局，于 2008 年将原有的古籍部、报刊部等合并，成立新的特藏部，整合分散在各馆各部门的中文古籍、碑帖字画、影印古籍、民国书报刊、西文古籍等文献，集中管理，统一服务。

（1）历史文献的收集

在历史文献的收集上，通过多种途径，先后收集了一批贵州水书、徽州文书、潮汕民间文献、碑帖拓片，以及西文古籍。

2006年，程焕文在随人类学系周大鸣主任率领的田野调查团队赴黔南水族考察后，特向学校申请，获批60万元人民币的水书购买专款，其后分三批从私人手中购得贵州水书2000多册，成为贵州以外公藏机构收藏水书较多的图书馆之一。

自2010年起，在黄达人、许宁生、罗俊三任校长，许家瑞、李善民两位副校长和陈春声、刘志伟、程美宝三位教授的大力支持下，程焕文、林明、张琦、王蕾等图书馆同仁多次赴黄山收集徽州文书，累计使用专项经费购得徽州文书近40万册件。

在最近十年间，图书馆通过与广州市博物馆、广州艺术博物院及丹霞山管理委员会合作，捶拓了丹霞山区域的全部摩崖石刻，获得了全套的丹霞山石刻拓片，亦通过零星购买收集潮州歌册1000余件。

此外，通过专项经费从欧美购买了16—19世纪西文古籍、手稿等约4万册件，成为国内收藏西文古籍最多的图书馆之一。

（2）历史文献的整理

由于专业人才的匮乏，中山大学图书馆的历史文献曾长期没有做全面的整理。2000年以后，在整合资源建立特藏部的同时，一方面，调配一批博硕士青年馆员充实历史文献整理队伍，另一方面，又从海内外延聘退休的资深历史文献整理与保护专家，采用传帮带的方式，在实践中培养一代新人。于是，中山大学图书馆的历史文献整理与保护日新月异，在20年间重新回到全国图书馆历史文献整理的一流水平行列。

新世纪中山大学图书馆的历史文献整理经历了碑帖拓片整理、中文古籍整理和徽州文书整理三个发展阶段。

其一，碑帖拓片的整理。①

1998年，程焕文出任中山大学图书馆馆长后，鉴于顾颉刚赴江浙购买的3万多件碑帖拓片历经战乱，多次辗转，颇多损毁，于是，四处奔走，呼吁筹款抢救整理。

2000年，黄达人校长为碑帖抢救整理筹措到了30万元人民币的捐款，于是，图书馆开始启动“中山大学图书馆馆藏碑帖抢救整理计划”。2001年，美国岭南基金会批准提供12.5万美元（时约合100万人民币）捐款，支持中山大学图书馆馆藏碑帖的

① 程焕文．中山大学图书馆馆藏碑帖的整理与保护[J]．中山大学学报（社会科学版）,2010(6):62—71.

整理与数字化。这两笔捐赠款项在当年几乎相当于图书馆全年购书经费的一半，可谓数目巨大。因为这第一桶金，图书馆的历史文献整理工作才得以像滚雪球一样不断壮大。

其时，中山大学图书馆没有碑帖整理的专门人才，不得已只好从已有馆员中安排2人专门从事碑帖整理工作。鉴于70年前收集的碑帖破损严重，2001年选派2人赴上海图书馆学习古籍与碑帖修复技术，2002年又派遣图书馆副馆长林明赴美国得克萨斯大学奥斯汀分校（University of Texas at Austin）图书馆学信息学研究生院古籍保护与保存中心访问进修一年，专攻西文古籍的修复与保护技术，是为我国图书馆界派员赴外国研习古籍修复与保护之开端。

从2003年春季起，程焕文启动人才引进特别程序，聘请古籍整理专家、辽宁省图书馆原副馆长韩锡铎和古籍修复专家、上海图书馆古籍修复部原副主任潘美娣担任中山大学图书馆全职特聘专家，聘请字画装裱技师李景文到馆任职，一边参加图书馆的古籍与碑帖修复整理工作，一边以“传、帮、带”的方式为图书馆培训古籍与碑帖修复整理人才。2004年，中山大学图书馆总馆改扩建工程竣工后，中山大学图书馆在特藏部设立了专门的古籍修复室。其后，又以引进特殊技术人才的方式，先后招聘古籍碑帖修补技工多人，并聘请碑帖鉴定整理专家、故宫博物院原研究员施安昌为特聘专家，指导碑帖鉴定整理工作。在李庆涛、钟稚鸥两位馆员退休后，成立了专门的碑帖整理小组，十年磨一剑，丁春华、李卓、王蕾三人已经成为碑帖整理的专门人才。

与此同时，积极开展与国际古籍修复与保护界的交流与合作，先后从美国、德国、荷兰等国家的多个古籍修复保护机构聘请多批国际知名的古籍修复与保护专家来中山大学访问讲学，连年免费开办面向全国（包括港澳）为期2周至1个月的各类古籍保存与保护的专业培训班，受训馆员近两百人次，既为中山大学图书馆和全国各地图书馆培养了一批西文古籍修复与保护的专门人才，又开创了我国古籍修复与保护中西结合的先河。因此，中山大学图书馆亦成为我国西文古籍修复与保护的唯一教育培训基地。

顾颉刚收集的3万多件碑帖拓片在到校后曾进行过初步整理，装入专用纸封套中，并按序号捆扎，其后鲜有启封，部分因虫蛀而损坏，部分因浸水而霉变结巴。碑帖的整理工作十分艰巨。首先是开封，依照碑帖登记本逐一清点，然后以脱酸纸板分夹，依照类别置于碑帖专柜之中保管。凡破损严重者，则依次修复托裱。在此基础上再进行编目整理。碑帖整理小组根据中国国家图书馆善本部主编的《中国机读目录格式（中文拓片部分）》、《中国文献编目规则（中文拓片部分）》，以及北京大学图书馆金石拓片著录事项，拟定了中山大学图书馆石刻拓本著录项目，制定了专门的“拓本编目工作单”，其著录项目包括：题名项、刻石项、版本项、附记项等项目。

2003 年，中山大学图书馆购置了近百万元的碑帖拓片数字化专用设备，包括：普通平面数字扫描仪 2 台，大幅面数字扫描仪（120cm×200cm） 1 台，大幅面真空吸附台（120cm×200cm）1 张等，开始馆藏碑帖拓片的数字化工作。

迄今为止，碑帖整理小组已经完成多个系列的碑帖整理工作任务，一批颇有特色的中山大学图书馆馆藏碑帖即将影印出版。

其二，中文古籍的整理。

因为馆藏碑帖整理计划的实施，在文化部启动全国古籍保护计划之前，中山大学图书馆的历史文献整理与保护工作已渐次展开，且颇有生气，因此在新世纪全国古籍保护事业的发展中，中山大学图书馆独占先机。2008 年 4 月，国务院公布第一批全国古籍重点保护单位名单，中山大学图书馆成为经国务院批准文化部确定的第一批 51 个全国古籍重点保护单位之一。2009 年 12 月，经文化部批准，中山大学图书馆等 12 家古籍收藏单位被确定为国家级古籍修复中心。中山大学图书馆作为全国高等学校独一无二的国家级古籍修复中心，承担高校系统和华南地区古籍修复的组织、策划、指导和实施工作，并与其他国家级古籍修复中心共同承担国家珍贵古籍的修复任务。①

在中文古籍的编目上，已经出版《中山大学图书馆古籍善本书目》（广西师范大学出版社，2004 年）、《中山大学图书馆古籍善本书目（增订本）》（上下册，广西师范大学出版社，2014 年）、《中山大学图书馆藏域外汉籍珍本丛刊书志》（西南师范大学出版社，2014 年）、《〈广州大典〉海外珍稀文献书志》（王蕾主编，广西师范大学出版社，2016 年）和《清代版刻图录》（初编）（全 9 册，国家图书馆出版社，2019 年）。《中山大学图书馆古籍善本图录》亦将由中华书局于 2020 年出版。

在中文古籍的编辑出版上，中山大学图书馆作为主要编纂单位，与广东省立中山图书馆等兄弟单位密切合作，编辑出版了一系列大型历史文献丛书。（1）自 2005 年起开始参与广州市重大文化工程项目《广州大典》的编辑出版工作，通过十年的努力，于 2015 年 4 月共同完成了《广州大典》一期工程（共 520 册，大 16 开本，每册约 850 页，分经、史、子、集、丛五部，收录海内外中文古籍约 4064 种，广州出版社出版）。目前，正在承担《广州大典》二期工程“民国文献”的编辑整理工作。（2）自 2006 年起，在历史系桑兵教授的策划下，与广东省立中山图书馆合作，历时十年完成国家清史编纂工程项目《清代稿钞本》的编纂出版任务，已出版《清代稿钞本》（1—8 辑，每辑 50 册，每册约 600 页，共计 400 册，收录稿钞本 3000 多种，广东人民出版社，

---

① 程焕文 . 中山大学图书馆馆藏碑帖的整理与保护 [J]. 中山大学学报（社会科学版）,2010(6):62—71.

2007—2017 年）。在此基础上，又继续编纂出版了《民国稿抄本》（1—2 辑，每辑 50 册，每册约 600 页，共计 100 册，广东人民出版社，2016—2018 年）。（3）《中山大学图书馆藏域外汉籍珍本丛刊》（20 册，西南师范大学出版社，2014 年）。（4）《美国政府解密档案　美国驻广州领事馆领事报告（1790—1906）》（25 册，广西师范大学出版社，2007 年）。这些大型历史文献的编纂出版，将中山大学图书馆的珍藏古籍化身千百，传之海内外，有力地促进了历史文化的传承和研究。

其三，徽州文书的整理。

2011 年，在中山大学图书馆购入第二批徽州文书使徽州文书的收藏量超过 10 万册件时，图书馆和历史人类学研究中心采用分别招聘、协同合作的方式，招聘了 6 位研究助理，以此为基础，在学校图书馆成立了徽州文书整理工作室。其时，参与徽州文书整理规划和具体工作的有历史人类学中心的刘志伟、谢湜和图书馆的程焕文、周纯、王蕾、申斌、谢小燕、吴国良、叶湄、薛玉、马振、李梦霞。

徽州文书整理工作室成立以后，图书馆和历史人类学研究中心积极开展徽州文书整理的相关研究。历史人类学研究中心规划设置了“民间文献整理与研究”项目，作为教育部基地重大课题立项。图书馆程焕文、周纯、王蕾等组成团队，于 2011 年 4 月成功申请教育部“211 工程”三期建设中国高等教育文献保障系统（CALIS）项目预研项目“泛在知识环境下的特色资源服务研究——以徽学文献研究为例”（2012 年 4 月通过验收结项），开展徽州文书数字化平台建设。2012 年，王蕾成功申请国家社科基金青年项目 “徽州文书分类法与元数据标准设计研究”（2012—2015，2018 年通过验收结项），开展徽州文书分类法与元数据标准设计研究。2019 年，王蕾再次申请并立项国家社会科学基金重点项目“徽州民间文书抢救性保护与数据库建设研究”（2019—2022），及中山大学青年教师重点培育项目“徽州文书数字人文理论与实践研究”（2019—2020），组织团队进一步开展徽州文书文献保护、数据库建设、数字人文理论与实践等方面的深度研究。

2012 年，徽州文书整理亦被学校列入 985 工程建设项目，在经费上给予了有力的支持，由此，徽州文书的整理与保护工作全面铺开。图书馆目前已将全部 40 万件册的文献逐箱冷冻杀虫，并完成其中 34 万件册的编号与封装整理，通过馆内数字化实验室完成约 1 万件册徽州文书的扫描，改造并建设了用于存藏民间历史文献的恒温恒湿专业库房。2018 年以来，图书馆共获得学校 1175 万元专项经费支持，用于徽州文书数字人文图书馆建设。截至 2019 年底已完成 25 万件，约 67 万页徽州文书的数字化扫描。

自 2011 年图书馆成立徽州文书整理工作室和徽州文书整理小组以后，王蕾、叶湄、薛玉、吴国良、申斌、马振从一件一件的徽州文书清点登记开始，一步一步地熟悉徽州文书，然后开始徽州文书的编目工作和数字化工作。经过近十年的徽州文书整理实践和不断的学习研究，这批年轻人已经成为徽州文书整理与研究的新生力量，假以时日，必将有更大的成就。

四、《民间历史文献整理概论》的价值

2019年底，王蕾的徽州文书团队在多年的徽州文书整理实践的基础上，将理论与实践相结合，合力完成了《民间历史文献整理概论》，把徽州文书的整理提高到了新的学术高度。

《民间历史文献整理概论》分绪论、收集与典藏、民间历史文献分类、编目著录与元数据规范、民间历史文献保护与修复、民间历史文献数字化加工与管理、民间历史文献数据库建设与数字人文导向，共计七章，全面阐述了从民间历史文献的理论、历史，到民间历史文献的收集、典藏、整理，再到民间历史文献的保护、修复，直至民间历史文献的数据库与数字人文建设的全过程，是迄今为止最为全面、最为系统的民间历史文献学著作。

作者们从学习民间历史文献到整理和研究民间历史文献，基本上只有十年左右的时间。近十年来，他们不闻城市的喧嚣，不屑学术的浮躁，不受名利的诱惑，埋头徽州文书，专心致志地整理研究，终于成就了这本著作，真可谓：十年磨一剑，丹心铸华章。

因为这个著者团队十年如一日埋头徽州文书的整理，因此，这本著作不是学院派的那种理论说教或者宏大叙事，而是实践者的真知灼见。

如前所述，顾颉刚的《购求中国图书计划书》虽然在民间历史文献的分类和收集方法的阐述上十分周详，“没有一句不合于图书馆学原理，没有一事不合于图书馆的范围”，以致图书馆学大家杜定友“对于他的计划，不敢赘一辞”。① 但是，顾颉刚毕竟是以研究者的角度去审视民间历史文献的收集和分类，“对图书资料的真知灼见正

① 杜定友.《购求中国图书计划书》书后[M]//广东省立中山图书馆，中山大学图书馆.杜定友文集.广东人民出版社，第20册，2012:24—39.

是从他对历史科学的博大精深的研究中得来的”，[①] 因此，顾颉刚侧重的是学术研究资料收集的便利，并非图书馆学的专门研究。《民间历史文献整理概论》在继承顾颉刚有关民间历史文献分类和收集理论的基础上，把历史文献学和图书馆学有机结合，进一步总结过去民间历史文献收集和分类的理论和实践，提出了尊重文献现状、保持文献群的完整性和归户性、客观对待不同文献的民间文献收集基本原则，以及田野收集、征集购买、捐赠和交换等的民间历史文献收集方法。民间历史文献与其他历史文献最大的不同在于民间历史文献是扎根乡土的原始文献，不像通行的著述和印本那样有着比较完整的可考的文献信息，一旦离开其扎根的乡土，往往难以辨别其出处，倘若散落各处，则更是难以归聚。因此，在民间历史文献的收集中，坚持尊重文献现状、保持文献群的完整性和归户性、客观对待不同文献的三项基本原则，具有“培土护根”的重要作用，至关重要。只有这样，才能使图书馆收集的民间历史文献可以追根溯源，为学者研究民间历史文献保持原始性、真实性和完整性，做到民间历史文献背井离乡后仍可落叶归根，从而避免学术研究的不必要考索和迷失。这三项基本原则对于民间历史文献的数字人文揭示同样具有非常重要的意义，在民间历史文献的时空构建和可视化揭示中，如果没有这些原始的历史地理信息，那么要开展民间历史文献的数字人文研究也是不可想象的。

民间历史文献的典藏亦大异于普通书刊的典藏。《民间历史文献整理概论》在总结新世纪以来中山大学图书馆民间历史文献典藏经验的基础上，提出了制定清点标准、编号、登记、包装、庋藏和数据管理的民间历史文献典藏流程，并且对典藏流程的各个环节及其方法，以及民间历史文献的修复、保存和保护，都做了巨细无遗的阐述。这是迄今为止有关民间历史文献典藏流程和保护的最详尽描述和规范，既严格地遵循了民间历史文献收集的三个基本原则，保持了民间历史文献原始性的延续，又为全国民间历史文献的典藏和保护提供了一个可资借鉴的标准规范。

在图书馆图书分类法经历了一百多年的发展已经达到近乎极致的今天，民间历史文献的分类仍然处在各说各话五花八门的状态，《民间历史文献整理概论》在全面梳理各种民间历史文献分类方法的基础上，提出了民间历史文献分类法编制的原则，并且以徽州文书为例，从分类标准、设计思路、编制流程三个方面详细阐述了构建民间历史文献分类法的方法。在此基础上，《民间历史文献整理概论》将中山大学同仁经

① 顾廷龙．介绍顾颉刚先生撰《购求中国图书计划书》——兼述他对图书馆事业的贡献[J]//文献,1981（8）:26—29.

过反复研究和实践的成果——《中山大学民间历史文献分类体系》毫无保留地和盘托出。该《分类体系》包括12个一级类目、74个二级类目和143个三级类目的分类体系主表，分类法标记、分类体系标记和特殊性标记的标记制度，以及时代复分表和地区复分表的通用分类表，并且对12个一级类目进行了详细的说明。该《分类体系》是以徽州文书为主体的民间历史文献分类法的集大成与创新之作，可以作为全国徽州文书分类的规范。

《民间历史文献整理概论》并没有止步于此，而是着眼于民间历史文献的未来。因此，在民间历史文献传统整理方法的基础上，着力阐述了民间历史文献的编目著录与元数据规范、数字化加工与管理、数据库建设与数字人文导向，以全新的数字时代发展眼光开拓民间历史文献的未来。

元数据规范是民间历史文献数据库建设的首要关键。各民间历史文献收藏机构为了建立相关数据库，各自制定过自用的不同类型的元数据方案，虽各有千秋，但是没有一致公认的元数据方案，当然更没有民间历史文献元数据的国家标准。《民间历史文献整理概论》在博采众长的基础上，详细阐述了民间历史文献描述型元数据的设计思路与方法，制定了描述型元数据规范和元数据著录规则，对于各类民间历史文献元数据的著录亦逐一用实例予以展示，具有极强的可视性和可操作性。这个描述型元数据规范和元数据著录规则可以作为通用的规范与规则在全国广泛推广使用。

近20年来，各地的各类相关机构建立了不少的民间历史文献数据库，但是在数字化方面并无统一规范。《民间历史文献整理概论》从数字化技术不断发展变化的角度，提出了民间历史文献数字化的基本原则，各类民间文献数字化的加工标准、格式体系和数字数据的管理，堪称民间历史文献数字化的实践操作指南。在此基础上，该著详细地阐述了民间历史文献数据库建设的基本理念和发展现状，并提出了以数字人文为导向的民间历史文献数据库建设思路，向读者展现了民间历史文献在数字时代的美好未来。

《民间历史文献整理概论》是一本面向民间历史文献实践的学术著作，从实践中来，再到实践中去，是这本著作的主旋律。一方面，该著作把中山大学民间历史文献收集、整理、研究和数字化的实践成果从专业和学术的角度予以归纳、总结和提升，并公之于世，以供大家参考、借鉴、学习。另一方面，该著作也是王蕾在资讯管理学院为古籍整理方向专业硕士和本科生开设民间历史文献整理课程的教材蓝本，对于培养学生的实践能力具有显著的功效，受到学生的普遍好评。

从传播的层面来看，历史文献大致可以分为：流布地面的官方文献、扎根大地的民间文献和深埋地下的考古资料三类。从文献学的角度来看，有关“流布地面的官方文献”的文献学著述历史悠久，洋洋大观；有关“深埋地下的考古资料”的金石学、考古学、博物馆学等著述亦层出不穷，不胜枚举；而有关“扎根大地的民间文献”的文献学著述则凤毛麟角，屈指可数。《民间历史文献整理概论》恰逢其时地填补了我国文献学中的民间历史文献学空白，不仅将为新世纪民间历史文献的整理和数字人文建设提供普遍适用的学术工具，而且将为民间历史文献学的建立奠定坚实的学术基础。

是为序。

程焕文

2020 年 2 月 7 日

于中山大学康乐园竹帛斋

【程焕文，中山大学资讯管理学院教授，文献与文化遗产管理部主任，中国图书馆学会副理事长，国际图书馆协会联合会（IFLA）管理委员会执行委员。】

访谈：刘志伟教授谈民间历史文献整理与研究

（代　序）

2019年9月，在《民间历史文献整理概论》一稿初步修订完成的时候，图书馆副馆长王蕾组织与中山大学历史人类学研究中心主任刘志伟教授进行了一次学术采访，请他对书稿进行批评和指正，并对民间历史文献整理、数字开发、研究价值、资料利用方法、人才培养等问题提出指导性意见。刘志伟教授的许多真知灼见，尤其是民间历史文献的界定和范围、文献与史学研究方法、数字人文开发与整理工作方法等是本书正文内容的补充和升华，提纲挈领地为民间历史文献整理与研究指出了方向。因此本书撰著团队也决定将访谈录作为全书代序。

问：刘老师，我们这本书题为《民间历史文献整理概论》，但目前学界、文献整理界对“民间历史文献”仍有诸多不同的定义和理解，而且全国各地都陆续发现出现了区域性的民间文献，如徽州文书、清水江文书、石仓契约等，您认为民间历史文献是什么？有什么要点就可以将某一些文献叫做民间历史文献呢？

刘：历史学一般把史料归为两类。一类是别人写的历史，就是通常由他者书写，讲历史是怎么回事、历史发生了什么、经过怎么样、结果如何，这是在“写历史”；另一类是人们在历史活动中，通过文字处理生活工作中的事务，以完成历史活动，在实践中留下来的文字，这一类的文字内容更为丰富，跟刚才讲的“写历史”是两回事。通俗地说，我们在工作中，写的总结报告是一种史料，在日常工作中的发出指示、填表、报账形成的文字是另一种史料。在实践中，借助文字来处理实际事务留下来的文字，和刻意用文字把已经发生的事情给记录下来，是两种不同的史料。

问：前者是第一手的、原始的史料吗？

刘：不是这样区分的，刚才讲的史料，都可以是第一手的。不能说写给我们学校的总结报告不是第一手的，但报告里写的是今年做了什么事，写的人要去想怎么讲更好、还要要求分几部分，这也可以是第一手的史料；另外一种是在做各种事情中，比如填表、信函、邮件、微信，这样留下来的文字更是第一手史料。所以，不是第一手史料还是第二手史料的问题。回到你们开始提出的问题，什么是民间文献，民间文献大多数情况下是这里说的第二种史料，在历史研究中，我们做社会经济史的，特别重视第二种史料，为什么？因为社会经济史研究的是各种社会关系、经济关系、社会现象和经济现象，都要看实际上人们怎样生活，怎么处理自己要面对的问题，用什么办法去处理，通过什么途径，用什么方式处理，处理的时候发生了什么问题，又怎样去解决。要了解这些，不会由当时的人记录下来，大多数都要依赖分析在这些活动中所用的文字材料，这就是我们所说的民间文献。

史料学上把史料分有意识史料和无意识史料：有意识史料是刻意去写人怎么样、写事怎么样的历史资料；无意识史料原本不是写给别人看的，而是要处理某件事情必须书写的文件、填的表格、写的公函，或者发布的告示，这些都是为了处理当时的事务而产生的。民间历史文献，主要属于这一类无意识史料。我们从这种史料，才能够从中看见，或者能够从中探索人们的社会活动、经济活动、社会关系、经济关系，如果当时的人写了一大片东西，讲了一通大道理，那我们还是不知道社会经济的实态是怎么回事。

问：民间历史文献与流传下来的官修文献有何不同？可以包括官文书么？

刘：如果是无意识史料，就不是官还是非官的区别。官文书也是官员胥吏在处理事情、处理公务时形成的东西，性质上还是与民间历史文献属于同样类型的文献。所以，广义地，我们所说的民间文献，其实可以不只是非官府的，也可以包括官府的文书。

从文献学传统而言，民间历史文献有别于传统图书馆的收藏，传统图书馆一般不会收这些东西，所藏多是前面讲的有意识史料。四部之书，包括正式出版与抄本，大都是为了写书而写出来的。当然，其中一些如会要、典章制度类文献也可以同时兼具有意识和无意识史料的属性。就其本身性质来说，它们是作为历史文献有意识写出来的，不是在实际操作中形成的，但我们当然也可以把官府立法过程、制定规章制度过程看成是个实践过程，那它们又具有这种无意识史料的性质了。

问：清宫档案属于哪一类史料？

刘：清宫档案属于第二种，作为史料，主要的性质跟民间文献是一样的。它原本就没准备给后人看，是各级官员之间、部门与部门之间来往的文字，这些文字不是在做历史书写，不是在记事，而是在办公。

问：既然很多档案可以看作民间历史文献，那么，民间文献与档案又如何区分？

刘：广义地说，民间文献就是一种档案。但是在现在的档案系统里，就档案狭义的定义来说，一般是指政府部门形成和保存下来的文件。最近一些年，各地档案馆也注意收集民间文献了。档案原来指的是政府部门形成的公文书，私文书是不归入档案的。因此民间文献的叫法，有的时候是相对于图书馆、档案馆原有的那套规范的收藏范围而言的。因为这些东西原来根本不入法眼，被认为没文化，又没有正确性，错字连篇，总之，是不能登大雅之堂的。

问：您认为有没有一个更好的名称去表述这类文献？

刘：我现在想不到用更好的名称，为什么呢？严格地说，所谓“民间文献”的概念不是很严谨的。首先，什么是民间，什么是官府，在传统中国，不是一个有清晰界线的分别。我们现在把某种文献叫做“民间”，其实只是相对于原来图书馆、档案馆的收藏而言。图书馆、档案馆原来的收藏范围是很狭窄的，这就意味着很多原本其实属于非民间的东西，也包含在“民间”里面。现在一般所谓的民间文献，其实很多是官方文件，也是政府发出的，只是在它保存在民间，从我们获得的来源这些意义上，将其归到民间文献中。所以，我们把原来公藏机构不收藏的，来自于所谓老百姓手上的文书，都归为民间文献。

问：学界目前对徽州文书的断代下限，公认为是 1949 年，但我们收藏的这些文献里有大量是 1949 年以后的文书，您觉得民间历史文献的时间下限如何界定？

刘：对于历史学者来说，没有什么下限的问题，因为历史本来就是一直延伸的。现在我们需要考虑所谓“下限”问题，只是从收藏机构的工作策略而言。在这个意义上，我主张最好是下延到人民公社，不一定需要明确具体年份。到今天，人民公社时期的文献也该要重视起来了，因为这些文献正在丧失中。对历史学者来说，当这些文献已经进入一个逐渐消失的阶段，收集整理这类文献就需要重视起来。一般来说，如果文献正在消失，就要开始重视收集，消失到很罕见的程度，就要建立起专藏。民间文献的时间下限是随着时代的发展不断往后延伸的，不应该设限。

问：我们馆还收藏有潮汕民间文献，如侨批等，时间大多为 1949 年以后，您认为它是民间历史文献吗？

刘：虽然目前侨批的界说还不是很清晰，但它依然可以算是民间历史文献的一种类型。民间历史文献的时间下限不一定要有明确的界定，很多时候只是眼前的策略，不要随便界定什么时间的才是民间历史文献。对文献学而言，我认为下限就是这一类文献已经在迅速地消失的时间。

历史不是处理保存记忆的，历史是处理失忆的。就是说大部分都失去了，我们就处理残存的那一部分，这是历史学者的任务。如果历史要处理记忆的话，根本无法处理那么多。事实上人类大部分的活动都没有留下来，最后就是要看在历史过程中，什么留了下来，什么留下来还会对后世有影响，这套机制是怎么样的，然后从这里去把握一点历史的脉络，只能这样，也很无奈。

问：近代以来，随着科学的发展，民间历史文献中出现很多关于科技的记录，这一类文献属于历史文献吗？比如20世纪初研究地理的一些地质资料。

刘：这些好像不能算，属于科技资料。民间历史文献主要是人们日常生活，生产留下的资料，严格说，不应包含学术研究形成的资料。这类资料是一种比较独特的文献，比如说地质调查所的那些调查记录，民俗学、人类学的田野笔记，都不能把它们当成民间历史文献，它们是那个专业的研究实践产生出来的文献，反映的是专业的活动。这类资料在一般意义上，与民间历史文献所反映出来的内容不同。当然，这里肯定有很多模棱两可、模糊不清的地方。一个科学家写给他太太的信可以算是民间历史文献，而他在实验室的记录就不能算为民间历史文献。你就看强调的是哪方面，如他这封信说爱因斯坦的几句话，谈了一个科学的重大问题，那就是科学文献，但是如果这个科学家的信里谈这类科学话题，是同家人分享自己的工作生活和情感，这就是他的家庭生活或者他个人的生活的内容了，那也就是所谓的民间文献。

问：历史学已经有科技史，是否需要研究民间文献？

刘：需要！因为科技史研究也必须要看科学家的人，他作为一个普通人的正常生活、社会交往，但是做科学活动的档案、笔记、科学报告是属于科学文献。开始已经界定，民间文献是在生活、生产过程中用文字去解决问题，处理相互关系而形成的文字记录，反映的是日常生活。如道教教派中培养徒弟用的经典，本身是道教文献，而在我这里属于日常工具书，在这种情况下就属于民间历史文献。再举一个例子，如果我桌子上摆着一本《毛主席语录》，它就是我的民间文献，但是不等于《毛主席语录》是民间文献，也就是说，作为我日常使用到的《毛主席语录》是民间文献，不等于《毛主席语录》是民间文献，这个要分清楚。

问：民间历史文献收藏中包含法学类文献，比如律法文书、投词、投状等，这些文献该如何界定其资料属性？此外，试卷如何判定其民间文献的属性？

刘：投词等是在民间作为与人们生活相关的东西而保存下来的，它不是从学术角度有意识的写史料，因此应该算民间历史文献，但保存在衙门或司法机关里面的档案，比如说现在已经出版的龙泉司法档案，它本身是司法档案，不能视为民间文献。不过，司法档案里面，常常也保存着在诉讼过程中作为证据的民间文书，当我们把它们作为资料来研究民间社会生活时，它们是民间文献；而当我们把它们作为诉讼证据来研究司法问题时，它们就是司法档案。还有例如试卷，试卷本身的存在，反映人们的日常生活、教育实践过程，可以是民间文献；但是如果一位老师把他学生的所有试卷都保留下来，我们用来研究教育史，那就是教育文献，就与民间文献有所区别了。

问：那这些文献要如何分类？是否要完全颠覆原来文献学的分类思想？

刘：文献如何分类不是我的专业范围，那是你们图书馆的事，但依我作为图书馆服务对象的角度来看，我想，建立民间文献的分类体系，既要在原来的文献分类体系的基础上，又需要建立起与民间文献相符合的范式和分类体系。比如，出现在民间文献中的四部之书可以全部归成一类，可以称为传统文献类或者传世文件类，不要再细分经史子集，而且分类体系应具有较大的可扩展性。

问：一件文书在内容上看可能属于多个类别，这种情况要怎么处理？

刘：文书有多重属性，这是不可避免的。你们正在处理的是徽州文书，但不要太局限于徽州文书，可以基于徽州文书整理提出一些想法，由这里发展出一种比较成体系的、新的民间历史文献学构想或者框架，这些构想和框架经过发展，最终到了某个时候能够成熟地、全面地涵盖所有区域的文书。

问：地方文献和民间历史文献有什么区别？民间文献属于地方文献么？

刘：民间文献当然是地方文献，但是地方文献不等同于民间文献。所谓地方文献就是在一个地方产生形成，并且是关于这个地方的政治、社会、经济、文化、历史、地理、人群的文献，包含的文献很广泛。地方文献是相对于国家典籍而言的，它涵盖了民间文献。最典型、最有代表性的地方文献就是地方志，或者地方人士的诗文集之类。这些肯定不是民间文献，但是民间文献肯定是地方文献。

问：现在全国各地都有区域性的民间历史文献，是否可能开展对比研究，或者是整体研究？

刘：目前还没有，或者说这种研究还不成气候。很多收藏和研究单位都还在收集整理的过程中，都在探索各个地方收集的民间文献可以做些什么研究。目前做的比较好的是石仓契约、清水江文书等，但是互相之间的比较，或者互相之间建立某种相关性或者整体性研究，我认为条件还不具备。当然，目前整理研究成果最丰富的还数徽州文书。学界用徽州文书做的研究已经涉及很多领域，包括日本的学者、欧美的学者以及中国不同学科的学者，都做出了很多贡献。研究成果的规模、研究视野、所牵涉问题的深度和广度，都领先于其他区域的文书。很多其他地方的民间文献的研究，或多或少，或有意识，或潜意识，都有在徽州文书研究的基础上，或以徽州文书的研究作为参照。但这一点，还不能说已经有很明显的自觉。

问：傅衣凌先生在他的《福建佃农经济史丛考》一书序言中提出，社会经济史研究要有社会科学的概念，要找民间的资料，要做社会调查。您认为民间历史文献对经济史研究的核心价值在哪里？

刘：价值就是它反映的是实际的生活，是在现实中人与人之间产生关系，是处理某件特定的事情时形成的文字。在这一点上，它是真实的。但是，用语言文字去处理实际问题的时候，可能是通过说一大堆谎话达到目标的，比如，写一封信可以编造一大堆东西，但是为什么要编造这套东西呢？背后一定有动机和目的，用这种表述方式写出来而达到某种目的，收到写信人希望的效果，这点是最真实的。因此，民间文书的价值，就不一定是看里面的内容是真实还是不真实，对于这一类文书来说，其真实性不在于里面文字表达的内容，而在于它是在实际生活中处理现实的问题，这点是真实的。就算写一个通篇谎言，一定也有某种目的，一定也是在处理某种关系。所以对于社会经济史来说，为什么特别重视民间文献？因为社会历史研究的是人们实际社会经济的关系和他们的活动，只有在这里才能够得到第一手的、直接的材料。

问：那么使用民间历史文献应该把握什么方法和原则？与以往历史学所使用的官修文献的解读有什么不一样的地方？

刘：首先要明白民间历史文献，是在人们的实际生活过程中产生的，这些文书处理的是现实生活中的问题，是人们当时要面对、要处理，还要用当时有效的办法去处理的问题。里面的内容讲了什么，应该放在这样一个角度去分析和处理，而不只是对内容作简单的复述，这是最基本的，跟用一般的历史文献是更多依据其中讲述的事实不一样。其实，所有历史文献从史学方法来说也需要采用这一个角度，但是大部分情况下，还是把它的记载当成是对事实的记录或者描述，所以那时候才有用不同文献讲述的事实互相印证的问题。民间历史文献一般不是从互证的角度去使用。人家当时就是用这种文字书写去处理他要处理的事情，由不得我们去评判正确与否。比如契约，就是两家或者两家以上发生经济关系的时候，用这种方式来定义和界定他们的经济关系；又比如账本，就是当时人们需要把账目记录下来，至于账目记得准不准，是没办法印证的，就算有印证又怎么样呢？说这个人做假账，但做假账也是为了某种目的去做嘛，这就是历史事实。

我们现在有些研究，是拿一件文书或者几件文书去解读，印证某种观点，这其实就是把民间文献跟普通文献用同样的方式去处理。比如最常见的契约，契约上讲了一些什么概念，讲了什么关系，就拿着这个来发挥。但是对于民间文献，既然在理想情况下它是在实际生活里，面对实际的问题而形成的文字，就尽量要回到它的现场。当然要真的回去是不可能的，时间回不去，但是至少空间要设法进入，然后要通过自己的想象力和一种同情的理解，要让自己身处其境，尽可能去理解当时这样做是在处理什么事情、为什么这样去处理、用这个契约处理这种关系为什么是有效的。也就是要把自己拉回到历史现场。这个拉回历史现场，很多时候真的是靠想象力，也依赖空间的进入，依赖生活的经验。

问：在长期的徽学研究中，因为学者获取资料的局限性，只看到了十几件甚至几十件可能有关联的文献中的一件，针对这一件做研究并且有了结论。那么在过去的徽学研究里面，是不是还存在很大的问题？

刘：这些问题在学术研究里面是不可避免的。因为对于历史学者来说，永远面对的都只是能得到的材料，其实都是零碎的，不可能有完整性的。完整性只是一个理想的追求，我们追求整体，追求关联性，但有多少材料说多少话。不过，要避免的是，单纯拿着文书望文生义，因为这样的话，跟拿着传统的史籍解读，在方法上还是一样的。

我们在研究中面对的问题，不在于多件还是单件，而在于文献之间是不是有关联的。文书本身的关联性是非常重要的。我们历史学者很多时候受限于史料的缺失，做研究时，常常把没有关联的两个文书放在一起，比如说这个人的书里面有几句话这样讲，那个人的书里面有几句话这样讲，拿来互证。但是哪怕他们讲的是一模一样的话，也不一定是在处理同一件事，不是处理同样的问题，牵涉到的主体、目的和动机也不一样，把它们放在一起，往往得出来的解释，其实只是想当然的解释。

问：您认为徽州区域史研究目前是处于什么样的发展情况？

刘：这个比较难讲，因为不同的人做的事不一样。早期就是1980年代，或者1990年代以前，基本上社会经济史是搞清楚文书里的一些基本的概念，包括租佃的关系、土地买卖以及里面所反映出来土地占有的状况，后来慢慢转到关注一些社会组织、社会人的关系，现在开始关注的比较重要的包括女性、一些宗教活动、信仰等，但是这些都是很初步的。我觉得现在最大的问题是没有把这些文书真真正正的带回到历史现场，回到特定时空去解释，但是这个太难了，只能一步步来。

问：您刚说1980年代时通过契约已经研究了一些背后的制度关系，那现在文书中大部分都是契约，是否已经没有具有价值的研究空间了呢？

刘：有没有价值，一方面要看你提出的问题是什么。比如说在1990年代以后，受现实关怀以及制度经济学的影响，比较重视产权的问题。产权的问题在1980年代以前多数是一个土地所有制和土地集中程度的问题等等，但是现在大家都会注意这些产权的形态。随着提出问题的不一样，会有新的价值。但是这些新的价值在学术上是不是有意义，有多大的研究前景，那个要在实践中慢慢去探索。比如说刚才讲到的女性问题，现在契约里面出现的这些女性的角色的价值很多时候是可以不断地被发掘出来的。而且，随着文书收集数量越来越大，特别是现在学界普遍重视文书的归户性，最近又有学者提出归群角度，都是越来越重视文书内在的联系、系统性跟内在脉络，这样的话就会有新问题发掘出来，新问题的空间和这个前景就越来越大。在这种情况下，是很难说它的价值已经被发掘尽了。

一方面是我们不断有新的问题意识，而且这些问题意识也会转变，另一方面是文书本身的多样性也在增加。文书收藏量到达一定规模后，就可能呈现出一些可以找到内在联系的东西。当数量足够大以后，从统计学的方法来看，一定会有新的空间可以发展出来。而且契约文书不但反映契约本身，还跟别的文书有关系。随着文书数量的增多，特别是随着数字化、数位人文的发展，还可以提出新的问题，所以前景是很可观的。

总而言之，因为文书是实际生活中处理实际问题形成的文字，所以对我们了解它产生时的社会、人群、时间、地方等方面，会随着文书数量的增多以及种类的多样性，会有不同的价值空间发展起来。

问：那您认为我们如何尽可能的去靠近历史现场？如果我们要走进历史现场，做田野调查，您认为我们应该重点做哪几方面的事情？

刘：历史现场有很多种，很多层次。一个当然是回到文书所在的地方，尽管时移世易，物是人非，现场已经改变变化，但是那里的生态环境不是可以在文书里面直接体现出来的，还是需要到现场去认识和体验。再就是那里的人，虽然是现代的人，但是那些人在那个地方继承着一代一代留下来的遗产，各种各样的遗产、观念、习俗以及做事的方式，都是做研究要了解的内容。应该跟当地的老百姓合作，要走进历史现场是走到老百姓那里去，而不是只和当地的学者或研究中心进行交流了解。

不过，我觉得这是我们历史学者的责任，图书馆的文献工作就不一定非要去做这些了。图书馆等收藏机构的重点就是确认和记录文书的来源地，尽可能搞清楚文书流传途径，这已经很好了。

问：关于文献来源地，除了文本与可能的收藏历史，现在只能通过这两条途径去了解吗？

刘：基本上是，这些能了解多少就算多少吧。只要能够提供一些辅助性的帮助就可以给研究提供很大的助力了，比如说研究者拿到这个资料，就能知道这个资料的来源，资料存在的形态，一些专有名词，或者人名地名信息，以确定文献的空间和时间等。

问：针对这个问题，如果面对历史学者或者历史系学生，您会是怎么回答？

刘：要看他想做什么研究。因为不同的研究，关心的问题不一样，希望解决的问题和需要建立起的解说也是不一样的。

问：郑振满教授提出的民间历史文献学是指什么？从图书馆等公藏机构角度来说，民间历史文献学应该是什么样的定义或者概念？

刘：郑振满教授大力主张用民间文献来研究解读历史，他的“民间历史文献学”其实更多是解读民间文献的学问，而图书馆应该是借助历史研究的成果来整理研究文献。比如说契约，因为已经有很多的研究，所以大概知道契约的基本特性、契约的类别、契约上文字内容的表达方式、词语的内涵，据此可以进行一定的整理和著录。但是人物的关系就不是图书馆能处理的，民间文献里很多人物是名不见经传，同一个人有不同的名字写法，同样的名字有不同的人。传统文献学也有这种问题，但它有很多线索可以去追查，民间文献整理，传统的方法常常就无能为力了。

问：您是否反对图书馆作为文献整理者参与历史研究？

刘：我觉得你们不要太多参与历史研究，但是时时处处要有历史研究的眼光和学术关怀，要和历史研究有对话。图书馆作为公藏机构，主要还是在文献学方面着力，在徽州文书整理成果的基础上逐渐地形成一套适用于民间文献学的研究方法，建立起一套体系。历史学在研究过程中，也会在文献学方面形成很多思考，也有很多经验，也会提出问题，这些问题其实也是对文献学和图书馆提出的一些要求、期待或者需求。所以在这个过程中，公藏机构是需要持续地跟历史学者进行很多对话，虽然各自有各自学科领域的范式和话语系统，但是在很多实质的内容上，很多的思路上是可以有启发的。不过你们一定要坚持图书文献学本位。

问：除了用历史的方法来整理民间历史文献，您认为民间历史文献学和传统文献学的区别是什么？

刘：比如说民间历史文献的分类，也就是目录学的问题，跟传统文献肯定不一样，元数据的体系也不一致，必须建立另一套分类法。最基础的，就是民间历史文献要依据其特性和历史研究的成果、方法来整理，在整理的过程中同时建立起规范。

问：我们的民间历史文献分类借鉴了很多图书馆学、档案学、目录学原有的分类方法。

刘：这个是可以的。一方面要借鉴，因为民间历史文献学是不可能离开原有学科的范式，但是又不同于传统文献学，必须有另外一套规范和系统，这两者之间并不矛盾。

问：所以民间历史文献学依然要借鉴传统文献学？

刘：借鉴的说法不准确，是要在原来的范式下建立起一个适合呈现民间历史文献特性的体系，但是这个体系的每一个部分，每一个类别可能都跟传统文献学不一样。这两者之间是既有关联又有所不同。任何一门学科无论如何革新，都不能从头开始另起炉灶，另起炉灶就会杂乱无章，使人难以理解，始终是要扎根在原有的学科范式里面。

问：您认为这本书的主要价值有哪几方面？

刘：比较系统，比较有体系，比较有整体性，尤其是刚才讲的文献学的问题。

问：接下来想就数字化和整理工作的问题向您请教，郑振满教授带领的团队在做民间文献的数字化工作，您是否了解，可否介绍一下经验？他们主要做哪些区域文献的数字化？

刘：我觉得他们的做法挺好的，主要在福建的永泰地区。他就领着一群学生带着全部的扫描设备到村子里。我跟着他们进去村子里，亲眼看见他们找了两三户人家把文书拿出来，一个村子几千件文书，完完整整的就是原来箱子或者竹篓的样子，然后他们就马上在那里拍照扫描。

问：如果从不同视角来看待问题，比如从收藏角度和长期保存角度来看待的话，这些做法是否对文献本身没有做到足够的保护？

刘：我不是说拿到什么，而是他搜集到的文书，从完整性、在地性还有数量，其他地方都没办法比。我跟他走了三五个乡村，就已经收集了数千件文书。据说他们在永泰县已经收集到了数以万计的文书。他们每次去一个村就几天，就有这样的规模，令人“妒忌”！但是我们也比他有优势的地方，他们图书馆的人没有直接参与，而我们在图书馆有专藏库，这个方面我们现在比他有优势。保护方面，当那些文书在村子里消失了的时候，那些数字化的图像资料，本身就是文献。现在很多地方，那些文书还是老百姓家里的宝贝，人家不会给你带走。你想带走，人家根本不给你看，更别说拍照扫描。

问：在大数据时代，您认为民间历史文献开发与研究有哪些新的方向？

刘：你是讲远景还是讲眼前？谈远景的话，其实只能是一些梦想，因为现在没有这套工具，还没有这样的理想平台。我的梦想主要是在云计算的层次，我期望有一个没有边界的，可以建立无限关联性的数据空间，这是一个无限大的一个系统。现在史学界所谓大数据，其实全部都是微量数据，真正的大数据是每一秒钟都数以亿万计地产生，是一个只靠人力无法把握的数据变量。历史学不只是处理清代以前的历史，如今高德地图、百度地图每天的交通信息，未来也是历史数据，而且肯定是大数据。未来所谓的数字化历史学，真正的任务不是处理书写排版活字印刷时代的历史，而是需要处理用数字化的整套工具去生活，去处理现实问题的历史。也就是说，我们现在努力去推动数字人文，是为了 50 年、100 年后的历史学者有一套办法，有一套历史学的手段研究我们今天的历史。

问：那目前民间历史文献的研究能否用到大数据技术？

刘：能用到。民间历史文献以后最大量的，起码现在可知道的最典型的"民间文献"就是微信上的信息。目前的数字人文是为以后历史学或者历史文献学或者文献学发展而进行的最初步的探索，我们必须从零开始，从人力有可能处理的数据开始。历史学也应该把现在收集到的这些历史文献进行数字化，再建立数据库，慢慢发展起来，一步一步到了 50 年后，就有可能处理现在微信一类传播媒体形成的数据了。如果我们现在不开始探索，在人文学科或者社会科学的领域连这种意识都没有，不从零开始，不从基础数据开始，那以后人文学科就会失去解释我们自己的社会文化的能力了。

问：请您谈谈民间历史文献数据化需要注意的问题。

刘：数据化不能够作为一件事情一揽子完成。目前我最关心的第一是编目整理，就是如何尽量保存文献之间的系统性与相关性。这是最基础性，最前提性的事。第二是文书的保护，文书作为物质载体的保护。文书进行图像数字化后就可以避免在整理利用过程中的损坏，减少直接接触文书的次数，尽可能地保护文书原件，这也是比较迫切的。第三是利用的方便。如此大量的文书，如果都用调阅原件的方式，利用起来很不方便。前面三点都可以用数字化图像的方式来实现，同时还要有一个目录索引系统。

当然这几个还都是很初级的，真正的数据化目前是达不到的。那么理想中的数字化当然是全文录入，但是在目前还做不到的时候，也许可以用提要的方式，或者多加一些关键词检索。建立全文数据库耗时耗力，单就中山大学图书馆这批文书来说已经是一个巨大的工程，而只有建立了全文数据库，才真正谈得上数字化。民间文献的全文录入和档案或者传世文献的录入是不一样的，里面涉及文字的辨认，异体字的处理，复杂格式的处理，这些都是很难解决的问题，需要长期的探索，所以数字化一定是一个长期的工作。全文数据库建立以后，就是要建立各种计算平台，但这需要利用民间文献的学者的研究能够跟得上。现在最大的困难是学界的研究无法跟得上发展的需要，学界对什么是数字化还没弄清楚，懂数字化的不懂历史，懂历史的却不懂数字化，这是目前非常严重的困境。

问：您如何评价中大图书馆在徽州文书整理与研究方面的工作？

刘：我前面说过，学界在徽州文书领域已经耕耘多年，像栾成显、周绍泉、刘伯山、曹树基、王振忠等学者，他们有非常好的学术见地、学术眼光和学术素养，为徽州文书整理研究工作奠定了非常好的基础。在他们的基础上，你们能从一个公藏机构整理者的角度出发，从文献整理、文献学的角度出发做一些徽州文书的整理研究，这也是一种很好的研究尝试和学术贡献。

问：古籍、碑帖、文物都有全国性普查活动，您认为民间历史文献有没有必要做全国性的普查？

刘：清代以前的文书，我是认为非常有必要，但是目前比较困难，因为民间文献还没得到足够的重视。从鼓吹到实践，至今已经超过 100 年了，还是步履维艰，只能不断地呼吁，走一步算一步，这是一个漫长的过程。

问：我们馆徽州文书大多数是从老百姓手里收集来的，不管原来是否属于官府，但是缺少华南区域史研究中所关注的当地的碑刻、遗迹，这部分东西是否要补充进去？

刘：作为徽州文书整理文献学的研究，不一定要做到这么完整。从理想状态来说，研究者应该自己去收集。比如图书馆传统四部之书的收藏，你能够为研究者着想，把所有版本都要收集齐么？

问：在数字人文的发展趋势下，资料越多的话，发现历史脉络的关系会更容易、更清晰吗？

刘：理论上当然没有错。但是现在在这点上还缺乏太多共识，因为最基本的、海量的文献资源是需要有一个没有边界的网络。平时所谓的云端，其实更多是强调没边界，是无限扩大的。要用同样的结构去建立数据库平台和计算平台，计算平台可以变，但是我认为能够共享的数据库平台建设才是当务之急，但是这可能是最难做到的，在实践中我们能做到的就是大家都各做各的。现在不要说民间文献了，图书馆文献的那些数据库也是各做各的，那些方志库是永远都不可能打通。

问：对于民间历史文献来说，人才培养、整理队伍应该具备哪些专业素养或者知识？

刘：首先文献学知识是基础，同时也需要有其他学科，尤其是历史学素养，还可以有一定民俗学、人类学、宗教学、法学知识。不一定需要图书馆有这些人，但是需要有这些学科的学者做支撑，包括咨询和指导。

【刘志伟，中山大学历史学系教授，教育部人文社会科学重点研究基地中山大学历史人类学研究中心主任，香港中文大学—中山大学历史人类学研究中心副主任；兼任中国社会史学会副会长，中国经济史学会理事。主要研究领域：明清社会经济史、历史人类学。】

采访者：王蕾、叶湄、吴国良

整理者：吴国良、韩宇、叶湄

第一章

绪论

第一节 概念界定

一、概念提出的背景

民间历史文献概念的提出，不是要在文献分类学意义上严格地界定出一个新的文献类别，而是为了彰显、实践特定的研究理念。随着19世纪末以来的社会政治变迁，普通民众的价值得到尊重与强调。而现代社会科学的引入，则引导学者从人和人的行为出发解释社会历史，而非遵循政治和道德的叙述。清末以降，政府出于行政管理需要展开民商事等惯习调查，契约票据等民间文书开始进入政府和法学家视野。在此背景下，学术研究的关心从精英人物和国家的政治大事扩展到自无数的普通庶民实践的社会经济以及大众文化。研究主题的变化，使得原来史学习用的四部典籍和官府档案显得不够了，于是开始深入民间收集史料。只有在把民间社会生活作为考察对象和中心话题时，这些文献被置于民间历史文献这样一个集合概念之下进行讨论才有意义。[①]

对各类民间历史文献的收集、整理和研究，使得学者和政府了解到在政府系统、社会上层之外的基层民众生活状况，涉及家庭、村落、宗族、纠纷诉讼、土地交易、商业经营、教育、祭拜、风俗等多方面内容。民间历史文献一方面提供全新的视角，弥补了中国古代传统典籍、官府档案资料的局限；另一方面它与四部典籍、官府档案存在关联和交叉，共同构成完整的历史文献范畴。

① 杨培娜，申斌．走向民间历史文献学——20世纪民间文献搜集整理方法的演进历程[J].中山大学学报(社会科学版),2014,54(05):71-80.

二、何谓“民间历史文献”

（一）民间

“民间”的概念对应于“官方”而言，其范畴为非官方性质的其他社会领域，包含不同的阶层、组织和族群。[①] 具体而言，首先是个人和家庭。即使是文人士大夫等所谓精英阶层，只要不以政府官僚身份活动，其性质也应被视为民间性。精英与一般民众的生活并非截然区隔的。其次是非政府性社会组织，[②] 如家族、村落、会社、商铺、戏班、庙宇、会馆、企业、学校、医院、社团等。

（二）文献

文献是记录有信息的一切载体。文献的构成要素包括：文献的记录内容、文献的记录符号（包括文字、符号、图像、声频、视频、代码等）、文献的载体形式（包括金石、竹木、绢帛、纸、胶卷、磁带、光盘、磁盘等）和文献的记录手段（包括铸刻、书写、印刷、录制等）。四个要素承载和传递了文献的多种信息，均是文献研究的内容。没有附着于物质载体的信息，如没有形诸文字的口传资料如民间传说不是文献；没有附着信息的物质也不是文献，如没有刻写文字的石碑。

（三）民间文献

民间文献的概念界定，一方面要看其内容是否记录民间社会生活，另一方面要看文献的整个生命过程是否与民间社会生活存在关系。这两方面不可或缺，且后一方面

① 刘永华．民间何在？——从弗里德曼谈到中国宗教研究的一个方法论问题 [M].// 复旦大学文史研究院．“民间”何在，谁之“信仰”，北京：中华书局，2009:25.

② 现代社会科学、档案学会区分公共组织和私人组织，但要在中国历史上划分公共与私人组织，面临着诸多学理困难（如费孝通所言，中国社会的差序格局很难划分出严格的公与私），事实上不具有逻辑严谨性和可操作性。

更为关键。文献的形成、使用、传播、保存是在一定的社会关系中展开的，下面我们就通过考察文献生命史上与生产者、使用者、传播者、保存者等人群、组织的关系，来探究民间文献概念的界定可能，同时探析民间文献与传统典籍、官府档案之间的关系。

（1）文献的制作者与形成过程（领域）

自此角度看，民间文献的制作者必须是来自民间的普通民众，包括个人和组织。民间个人和组织直接制作的各类文献，类型丰富，如个人的日记、书信、文稿，家庭的家计簿，家族的族谱、祭产簿，村落的禁约碑，会社的规约，寺观的善书、科仪文本、经卷，商铺的账本、契约，戏班的剧本，私塾书院的课试文卷，会馆善堂的征信录，等等。在这个意义上，官府制作的串票、执照等就被排除于民间文献之外，而文人士大夫的诗文手稿则被纳入民间文献范畴。而在实际生活中，串票在普通百姓生活中的意义显然不可忽视；在学术研究上，诗文手稿在传统文献学中已经有很多探讨。显然，这个定义角度虽有价值，但不是最合适的。

（2）文献的使用者与使用过程（领域）

文献的制作目的和功能集中体现于文献的使用过程。当我们以民间日常生活为立足点观察文献，这一视角就显得格外重要。例如，有的文献形成于具体事务的处理过程，这类文献或用于向特定对象传达信息，或留作凭证，即文书档案。又如，有的文献具有备忘录性质，如科仪书、契式、日用类书等，有的文献具有宣传、纪念和展示性质，如功德碑等。以文献信息的使用、传递方式为依据观察文献的使用过程，可以将文献分为以下四类：

第一类：个人或特定人群、组织之间的往来文献。这类文献在具体事务处理过程中形成，一般有较为明确的发出者与接收者，如契约、书信、纳税执照等。

第二类：特定个人及人群、组织内部的留存备查文献。这类文献一般是因记录特定事项而形成，如日记、账簿、文稿、抄契簿、族谱、科仪书、曲本等。

第三类：规约公告类文献。这类文献一般是有明确的受众，但公开范围不局限于特定人群的文献，如乡规民约、告示、禁碑等。

第四类：公开印刷出版物。如日用类书、医书、蒙学书、商业书、小说、戏曲、诗文集等。

上述四类文献，第三、四类文献从公开范围上看，性质相同。但第三类文献具有比较强的地域性和较明确的目标人群，第四类文献传播、受众范围则远超第三类，因此其作用也有差异。

从文献使用过程来看，部分文献如纳粮执照，虽由政府印制发放，但其接受者，以及以其作为完税证明者均为纳粮户，因此也属于民间文献。同样性质的文献还有官府判决书等。部分文献如讼状，系百姓告状时呈交并留存于官府的文书，从制作角度看属于民间文献，从保存者角度看属于官府，而从使用角度看则兼属官民。

（3）文献的保存与流传过程

文献的保存和流传是文献生命史中非常重要的阶段，同时也是文献与社会持续产生深刻关系的阶段。多数民间文献依托于个人、家庭、社会组织的代际传承来完成流传。尤其是印刷技术普及后，写本文献和印本文献的重要区别即在于流传过程的差异。民间文献多为手写文献，且绝大多数具有唯一性，因此它的流传与写本时代的写本文献相同，或流传原件，或通过抄写传播复本。

（4）文献的现存者（公藏机构的收集来源）与留存状态

民间文献的留存具有两个层次，其一为单件文献，其二是由单件文献集合成的文献群。文献群一般指其来源的同一性，如出自某一个人、某一个家庭或某一个社会组织等。对民间文献而言，同一来源的文献群之研究价值大于单件文书之和，因为文书间的关联性本身传递着重要信息。同时，文献现保存场所、留存状态也包含着考察文献流传脉络及文献背后社会关系的线索。

存留于普通民众和家庭中的文献不一定都是民众日常生活中直接形成的文献，还有一部分书籍等文献。但当书籍作为一个民间文献群的组成部分出现时，它所蕴含的意义和价值就不局限在于其文本内容，而在其与文献群整体的关系。这些书籍一旦与文献群中其他文献相分离，那么这一层关系信息就丢失了。所以对原生态民间文献进行研究时，也需要将民众家里收藏的刻本古籍纳入视野。

（三）民间历史文献

民间历史文献中的“历史”，是相对于今天的“现实”而言的，会随着时间流逝而延展，没有一个绝对的标准。民间文献的物质形态、类型、内容、数量在不同历史时期、不同地域，有很大变化和差异，这是由不同时代、不同地域民间文献的形成和流传情况差异造成的。文献形成、使用和流传的时空差异与区域社会结构、历史进程的关联机制，是值得今后深入探索的课题。

文献的形成与使用情况及其变化是社会结构和历史过程的反映，民间文献的历史分期，至少应考虑以下影响因素：首先，形成文献的人群和社会组织之变化，直接决定了所形成文献的内容和类型。也即，社会权力关系和权力结构的变化从根本上影响了文献形成情况。社会结构对文献形成虽有决定性影响，但却是一个充分不必要条件，即人们不能从文献简单地直接反推社会关系。我们必须区分社会事实与文本表达的差别，文献的有无、文献呈现的变化可能是社会关系、组织结构转变引起的，也可能是形成文献的物质技术手段转变引起的。其次，物质技术手段的变化是影响文献形成与使用的第二个重要因素。文献载体与记录工具的可获得性及其成本，决定了文献留存形态和数量级。

综上可知，从不同角度界定民间文献形成的概念互有差异和得失，这显现了民间社会生活与文献关联方式的多样性，显现了普通民众与国家、精英关联方式和内容的复杂性。因此，对民间文献的界定应保持开放性、多角度和多圈层，真实地反映文献内在关联的多样性、复杂性。具体而言：在收集、整理文献时，需要首先考虑留存状态，凡不藏于公藏机构，或公藏机构自民间收购而来的文献，都可以被视为民间文献；在开展学术研究时，应着眼于民间实际生活世界，考虑文献形成、使用的生活情境；在定义文献群集合时，应注意文献的留存状态；在界定单件文献时，须考虑文献的形成与使用过程。这是关于民间历史文献界定的基本考虑。

可以说，民间历史文献是社会历史发展过程中，在民间日常社会活动中形成的一切反映各类社会关系的资料。其类型广泛包括族谱、碑刻、契约文书、诉讼文书、乡规民约、账本、日记、书信、唱本、剧本、宗教科仪书、经文、善书、药方、通书、日用杂书等，内容广泛涉及民间的社会、经济、政治、文化各个不同领域。民间历史文献依据文献性质大体可以划分为民间文书和文书之外的其他文献。其中，民间文书是老百姓在处理具体社会关系活动中形成的原始记录，其内容具有原始性、过程性和关联性。①

① 王蕾，申斌．徽州民间历史文献整理方法研究——以中山大学图书馆馆藏为例 [J]. 图书馆论坛 ,2014,34(04):120-126.

第二节 形成流传

文献的形成、使用情况及其流传是社会结构和历史过程的反映，涉及社会权力结构、识字水平、物质技术条件（文献载体、记录工具、产生技术可获得性和成本），以及社会习惯（是否使用文字、是否保留文字记录）等因素，存在时间、空间（地区、城乡）差异、文化及领域差异，以及社会阶层差异。

依目前所见，唐代以前的金石铭刻、出土简帛绝大多数是书籍、官文书、官方碑铭，而民众形成的碑刻文献亦已开始出现，[①] 占卜、契约等私人文书亦偶有发现。书籍中虽然不乏实用性较强的文献，但考虑到明以前的社会知识结构和识字率，这些实用性书籍的使用者或许不像明清时期那样是普通民众百姓，而仍为专业人士。[②] 唐及其后出现的吐鲁番文书、敦煌文献中，宗教经卷和写本书籍虽占主体，但契约等私人文书的数量和类型较前代有明显增多。

随着雕版印刷技术的普及，手写文献与印本文献在社会功能上进一步分化，如民间日用文献主要是手写文献。但在明代嘉靖至万历时期，一方面随着雕版技术发展，文献刻印出版的成本降低，另一方面随着商业化和大众识字率提高，普通民众对商业出版物，如日用类书、民俗、艺术等类文献需求不断增加，民间历史文献中出现越来越多的印本文献，部分民众还开始刻印族谱等文献。故而明代万历时期，民间历史文献中写本文献、印本文献等形式已发展的极为丰富。

随着近代西方印刷技术的引进和社会变动，自 19 世纪末开始，文献类型和数量急剧丰富和增长，如期刊、报纸、传单、广告、教材等印刷品大幅增加，照片、唱片、磁带等新型文献载体出现。与此同时，近代企业、商会等组织机构形成了大量文书，

① 侯旭东．五六世纪北方民众佛教信仰：以造像记为中心的考察 [M]. 北京：社会科学文献出版社 ,2015.

② 李零．简帛古书与学术源流 [M]. 北京：生活·读书·新知三联书店 ,2004.

而且这些组织内部具备相对完善的保管制度。这些文献变化与发展促进了民间历史文献的发展。而民间历史文献的传统形成机制和保存机制仍在延续。从民间文献生产角度看，1951 年至 1956 年的农业合作化运动后，土地契约这一数量最庞大的传统民间文献类型几乎不再具有生产可能性了。而 1966 年开始的社会改造运动，不但使族谱等宗族文献不再具有生产的环境，而且使既存的大量私人性契约、书信、日记、账本等传统类型的民间文献被损毁，这是民间历史文献留存史上一个巨大的转折期。在此之前，民间历史文献损毁多源于家庭变故等个体性原因，造成较大规模文献损毁的多是自然灾害、战乱等，缺乏针对性和系统性，而 20 世纪 50 年代中期到 60 年代中期发生的一些运动，极大地改变了民间文献的留存状况，是民间历史文献变迁史上的一大转折。

第三节 存藏整理

一、发展现状

现有已知的民间历史文献群主要包括徽州文书、福建文书、石仓文书、清水江文书、太行山文书、晋商契约账簿书信等。栾成显曾撰《明清地方文书档案遗存述略》，详细阐述明清公私文书档案的存藏、出版情况，[①] 但随着民间历史文献的公私收藏不断增长，其存藏情况也在持续变化中。

民间历史文献的计量单位有“件”“部”“册”“份”“张”“本”“页”等，计量标准的不统一，导致民间历史文献的数量统计存在误差。以徽州民间历史文献为例，其文献形式有散件和装订成册之簿册、图册。散件是指单张或者由两三张甚至更多张粘连组成一件整体的文书；簿册是指装订成册的文书。如何统一计量这两种形式的文献？以“件”为基本计量单位是较为合理的。在此，“件”是以内容的相对独立性为原则。

---

① 栾成显．明清地方文书档案遗存述略 [A].// 第一届中日学者中国古代史论坛文集 [C], 北京：中国社会科学出版社 ,2010. 增补版见 栾成显．明清地方文书档案遗存述略 [J]. 人文世界：区域·传统·文化 (第五辑),2012.

对于内容具有完整独立性、有直接前后关联的文献，则将其归为一件，如一件契约，粘连有推单或验契纸，应视为一件。又如一册账本，不论页码多寡，均定为一件文书。

关于民间历史文献计量单位的内容相对独立性原则，学界长期存在分歧。严桂夫在《徽州历史档案总目提要》中指出：“以内容相对独立原则进行基本数字统计，鱼鳞图册、弓口册、田亩清册由于有散页不成册者，从其内容均为地域田亩情况记载考虑，单独利用价值较高，故以一页为一件计，其他如册、卷、轴、张等载体形式均以件计。”俞乃华认为：“如鱼鳞图册、抄契簿、帐簿、阄书等，无论是否残缺，一般以一册为一件。但如是同一商号帐簿、分家阄书，具有相关性和连续性，无论有多少册，仍按一件统计。像契约、赋税票据、官文等类文书，无论残缺与否，一般以一份（张）为一件，但如果由若干张不可分割的散页组成，仍按一件统计。”刘伯山认为：对于已发现的徽州文书，应以其形成和留存方式的内容完整性与独立物理存在性为计量标准确定的基础，由此确定了以“份”和“部”为基本计量单位。“份”的概念多运用于以页、张等形式存在的文书，而“部”的概念多运用于以卷、册等形式存在的文书；“份”的文书是一份几张的就注明一份几张，“部”的文书是一部几册的就注明一部几册。①

在民间历史文献中，徽州民间历史文献（徽州文书）颇具代表性。徽州民间历史文献是古徽州遗存的历史上的徽州人在具体的社会生产、生活与交往过程中形成的原始记录，是徽州社会、文化发展以及生产、劳动、社会交往、风俗习惯、宗教信仰等状况的最真实、具体的反映。古徽州所属区域包括现安徽歙县、休宁、祁门、黟县、绩溪和江西婺源六县。徽州民间历史文献大规模的发现并获得确认始于 20 世纪 50 年代中期，当时发现即有十万余件。此后因历史原因，发现和整理工作一度沉寂。直至 20 世纪 80 年代以后，徽州民间历史文献又开始不断被发现。近 30 年来，海内外众多文献收藏单位、学术研究机构、个人先后在安徽休宁、歙县、婺源、祁门等地多次发现和搜集到珍贵的徽州民间历史文献。据不完全统计，目前徽州民间历史文献的收藏总量已达 115.4 万件（见表 1-1）。

对徽州民间历史文献的数量统计，以中山大学图书馆为例，该馆对徽州民间历史文献的统计分“散件”和“簿册”两种，统一以“件”作为单位。每件文书在具体的著录表中应记录其具体的页数，如一件篇幅较大的契约，其由几页黏连在一起，予以注明。簿册则著录册数和每册页数，尽可能详细地记录文献的状态。

① 李梦霞，申斌．徽州文书的收藏与整理 [J]. 图书馆界 ,2014(01):16—21.

表 1-1：徽州民间历史文献收藏不完全统计表

（单位：件）

地区	收藏单位	数量（约数）	地区	收藏单位	数量（约数）
北京	中国国家图书馆	13,000	南京	南京大学历史系资料室	5,000
	中国历史博物馆	10,000		南京图书馆	100
	中国国家博物馆	10,000	广州	中山大学图书馆	390,000
	北京大学图书馆	500	安徽	安徽省博物馆系统	50,000
	中国社会科学院历史研究所	15,000		安徽省档案馆系统	83,000
	中国社会科学院经济研究所	10,000		安徽大学徽学研究中心	112,000
	中国第一历史档案馆	1,500		安徽省图书馆	3,000
	中国人民大学图书馆	30,000		黄山学院	80,000
上海	上海图书馆	300		祁门县博物馆	10,000
	上海交通大学图书馆	100,000		黄山博物馆	30,000
天津	天津市图书馆	1,000	海内外	私人收藏	≥ 200, 000
合计≥ 1,154,400 件					

除徽州民间历史文献之外，其他类型的民间历史文献收藏量也较为丰富，广泛收藏于高校研究机构、图书馆、博物馆、档案馆，以及私人手中（见表 1-2）。

表 1-2：其他类型民间历史文献收藏不完全调查表

机构	文献类别	收藏时间	数量	机构	文献类别	收藏时间	数量
上海交大图书馆	石仓契约、鄱阳湖文书	2006	270,000	黎平县档案馆	清水江文书	2007	60,000
厦门大学历史系	福建契约文书	1930—1940	3,000	天柱县档案馆			30,000
福建师范大学		1930—1940	5,000	三穗县档案馆			28,000
台湾各公藏机构	台湾古契书	20 世纪初	35,000	剑河县档案馆			1,000
锦屏县档案馆	清水江文书	始于 2001 年	60,376	河北邯郸学院	太行山文书	20 世纪 80 年代初	100,000
国家图书馆等	敦煌文书		58,000				
合计：67 万余件							

除表1-2显示的收藏机构之外，民间历史文献的其他收藏单位还有北京大学图书馆、上海图书馆、南京图书馆、山东省图书馆、浙江省博物馆和图书馆、南开大学图书馆等。国外诸如美国国会图书馆、犹他州家谱学会、哈佛燕京图书馆，日本东洋文库、东京大学东洋文化研究所等，亦有不少家谱、书信和文书收藏。至于私人收藏者，亦不在少数，收藏数量不下10万件（册）。因此，徽州民间历史文献之外的其他类型民间历史文献已知的收藏量约计77万余件。

近一个世纪以来，民间历史文献的收藏活动发生了显著的转变：一是文献收集从分散性向规模性转变，从单一性向完整性、多样性转变。过去，民间历史文献的收集活动多集中于学者的田野调查过程中，因研究区域、主题限制，文献收集较为分散。同时，许多学者、收藏机构较为重视对契约的收集，忽视了其他类型民间文献的完整收藏。随着学界对民间历史文献研究的深入，民间历史文献类型的丰富性，文献内部紧密的关联性、系统性、动态性等特征，各类型文献内容的学术价值越来越被进一步认识，民间历史文献的收集逐渐转为完整性、系统性收集。二是民间历史文献的收藏机构从研究机构、档案机构迅速扩展至图书馆，文献收集方式也从田野收集、零散购买转为规模性采购。随着学术研究对民间历史文献需求的不断增长，民间历史文献的学术价值被越来越深入地认识，文献经营市场对民间历史文献的搜购活动日益繁荣，为公藏机构提供了规模性采购机会。同时，越来越多的高校图书馆参与民间历史文献采购活动，使过去民间历史文献多藏于档案机构、研究机构的局面出现了大的转变。

二、发展历程

（一）早期发展

中国民间历史文献的收集与编纂“最早可见为1644年清代佚名所辑的《安徽歙县地契汇编》”。[①] 而以研究中国社会为目的的民间历史文献收集整理，始于日本侵略者强占我国台湾后于1895年开展的“全岛式”的“土地调查”以及1901年进行的“旧惯调查”两项计划，约有4000余件契约文书被搜集起来并得到学者的系统整理，以附

① 任吉东．近代中国契约文书及其研究[J]．历史教学（高校版）,2007(07):105-107.

录形式收录于《清赋一斑》、《台湾旧惯调查一斑》、《台湾私法》（1910—1911）、《清国行政法》、《番族惯习调查报告书》、《大租调查书》、《台湾土地惯行一斑》、《契字及书简文类集》等著作中。其后，日本南满洲铁道株式会社在东北等地开展旧惯调查，同样收集了大量契约文书，整理后附录于《满洲旧惯调查报告书》（1913—1915）中。个别日本学者也根据自身的兴趣开展收集工作，如村上直次郎、伊能嘉矩、平山勋等。因此，日本在中国民间历史文献整理研究领域有很长的历史传统。20 世纪上半叶，日本有多所公藏或研究机构收藏有中国古代契约文书，尤以清代契约文书居多，整理活动持续进行。

由中国自身发起的民间历史文献收集始于 1904 年，自 1904 年至 1921 年，为编订民法，北洋时期的北京司法部开展了遍及全国的民商事习惯调查。此次调查搜集了大量契约、会书等资料，经分类整理汇编为《民商事习惯调查报告录》。依据该调查报告中的材料，法政学社编撰成《中国民事习惯大全》一书。

受官方收集整理民间历史文献的启发以及个人研究兴趣的驱动，以刘复、傅衣凌、梁方仲等为代表的学者开始有意识地收集利用民间历史文献来推进中国社会经济史研究。1925 年，刘复在《敦煌掇琐》（中集）辑录了部分有关民间事务的资料，如土地契约、诉讼状、婚书，以及有关教育、宗教迷信等的文献。20 世纪 40 年代，傅衣凌在研究中重视对碑刻、乡规民俗、账簿、土地契约等“民间记录”① 的搜集，后利用在福建永安县收集到的百余件明清文书撰成《福建佃农经济史丛考》一书。梁方仲在进行明清田赋史研究时特别重视和注意使用“赋役全书、粮册、黄册、鱼鳞图册、奏销册、土地执照、田契、串票，以及各种完粮的收据与凭单”等“与田赋有关的实物证据”。② 又如，叶昌炽主编之《语石》、罗振玉和王国维编纂之《流沙坠简》等著作亦收集整理了部分古代契约文书。

（二）首次热潮

1949 年后，随着土地改革等一系列社会、政治、经济变革，普通社会民众私人收藏的民间文献或被抄没，或被丢弃，或作为废纸大量流进了废品收购站、造纸厂，后经古籍书店收购、整理、出售而被公藏机构收藏。迄今，被公私收藏数量最多的民间

① 傅衣凌 . 傅衣凌自传 [J]. 文献 ,1982(02):127—136.

② 梁方仲 . 易知由单的研究 [M]// 刘志伟 . 梁方仲文集 . 广州 : 中山大学出版社 , 2004: 333—334.

历史文献——徽州文书，即被大规模发现于20世纪50年代的屯溪古籍书店。屯溪古籍书店对收购回来的徽州文书进行了初步的整理，先依朝代，次据类型类分文书，并做财产登记和编纂简易目录，最后再售往全国各地。据不完全统计，自土地改革至“文化大革命”前，全国公藏机构收藏徽州文书数量达10余万件。[①] 除了徽州文书，屯溪古籍书店还收售了许多其他地区的民间历史文献，包括安徽青阳、旌德、太平、铜陵，浙江金华、淳安、衢县，江西浮梁、景德镇等地文书。

与此同时，在傅衣凌学术研究思想的影响下，厦门大学、福建师范大学对福建民间历史文献开始进行收集，主要收集从地主家抄出而存放于阶级斗争展览馆等处的契约文书。邓拓在调查北京附近门头沟煤矿业和其他地区手工业时，收集了一批民间历史文献，内含137件乾隆末年以前的契约文书，及部分账单、家谱、诉状、窑图等类别的民间历史文献。在调查中，邓拓提倡“史籍研究和实地调查相结合”[②] 的方法，是为文献收集与田野调查相结合的先声。另外，还有如中国科学院经济研究所对北京图书馆藏河北宁津县大柳镇统泰升记商店账册做了整理。

（三）我国台湾与日本等地创新

“文化大革命”时期，大陆地区民间历史文献收集整理活动陷入停顿，台湾的古文书收集整理则持续开展。1976年，王世庆在美国亚洲学会台湾史研究小组召集人马若孟（Romon H. Myers）和执行委员张伟仁的推动和支持下，带领研究小组展开了系统性的“抢救古文书”活动。至1983年，王世庆研究小组共收集5600多件古文书，汇编撰为《台湾公私藏古文书汇编》（王世庆等辑，环球书社1977—1983年影印）。王世庆研究团队的文书收集方法采用：“征得民间持有者的同意，将文书裱褙后影印，再将文件上的戳记、图章拍照存真，然后归还原主。”[③] 这种“文书归还原主”的收集理念对后来的中山大学清水江文书、上海交通大学石仓契约文书收集整理工作提供了参考范式。在文书著录方面，该团队除著录文书有关之人物、时间、题名等款目外，还著录收藏者及地址，重视对文献来源信息的揭示。与此同时，由张光直在台湾“中央研究院”发起的“台湾史田野研究计划”，在收集整理古文书上亦取得丰硕成果，编纂出版《台湾平埔族文献资料选集——竹堑社》（张炎宪、王世庆、李季桦编，台

① 卞利．徽州文书的由来及其收藏整理情况 [J]. 寻根 ,2008(06):4—14.

② 邓拓．从万历到乾隆——关于中国资本主义萌芽时期的一个论证 [J]. 历史研究 ,1956(10):1—31.

③ 王世庆．台湾史料论文集 [M]. 台湾：稻乡出版社 , 2004.

湾史田野研究室，1993 年）一书。大多数未编纂出版的古文书仍保存在台湾史研究所。这一时期，台湾还出版有《台湾古文书集》（张炎宪主编，南天书局，1988 年）等。

20 世纪 70 年代以后，日本以东京大学东洋文化研究所为中心再度兴起新的中国民间契约文书整理研究活动高潮。东洋文化研究所藏中国民间文书有数千件，类型多为土地买卖契约文书，时代自清代至 1949 年间，来源于旧书店购买、仁井田陞教授捐赠、东亚研究所搜集，及平中苓次捐赠。东洋文化研究所池田温教授从 20 世纪 70 年代初率先开始着手对东洋文化研究所藏土地契约文书进行注释整理。

1975 年，东洋文化研究所教授佐伯有一发起组织了名为“17 世纪以后东亚公私文书的综合研究”研究班，开始对东亚民间文书进行系统的整理研究，包括文书保存、整理、分类和内容分析等工作。学者首先将文书按照原所有者姓名进行分类，原所有者不明则按地名分类，分成若干文书群后再按文书的种类和年代顺序进行整理。这种“文书群分类”方法对中国的民间历史文献收集整理活动产生了深刻影响，中国学界后来提出的“归户性原则”在原理上与“文书群分类”一脉相承。这项整理活动持续至 1986 年，寺田浩明、滨下武志等东京大学内外的经济史学者和法制史学者参与其中，成果出版有《东洋文化研究所所藏中国土地文书目录 . 解说》（上、下集）。除此之外，日本学者还汇编出版了若干契约文书集，包括《中国土地契约文书集》、《敦煌吐鲁番社会经济历史文书》（契约卷）、《吐鲁番、敦煌契券概观》等。

（四）复苏发展

20 世纪 80 年代开始，安徽、福建、广东等地民间历史文献收集工作逐渐恢复。在安徽，徽州文书又陆续被发现，数量较大的一次性发现包括：1984 年在休宁县发现的 4000 多卷鱼鳞图册，同年在歙县南乡坑口镇芳村江家发现的 3000 多件同一户的茶商档案。[①] 在福建，厦门大学历史研究所创办的《中国社会经济史研究》刊物成为民间历史文献的重要学术阵地，该刊不仅收集整理福建各地的契约文书，还积极倡导在全国范围展开契约文书的收集。在珠三角地区，科大卫、黄永豪、蔡志祥等人搜集香港收藏家许舒珍藏的乾泰隆土地契约文书和广东宗族契据，并加以整理出版，著有《许舒博士所辑广东宗族契据汇录》《许舒博士所藏商业及土地文书——乾泰隆文书》等。除安徽、福建、广东外，山西、河北、四川等地的民间历史文献亦陆续有发现，影响

① 王国键 . 徽州文书发现的来龙去脉 [J]. 中国档案 ,2005(07):22—25.

力较大的则属20世纪80年代发现和搜集的10万余件的太行山文书，文书来源地区涵盖河北、山西、河南、山东四省。

与此同时，公藏机构对既有民间历史文献的整理出版开始蓬勃开展起来。1982年，杨国桢根据厦门大学所藏闽北地区的契约文书，陆续整理出版《清代闽北土地文书选编》（一、二、三），后又辑录出版《闽南契约文书综录》。1983年，中国社会科学院历史研究所成立徽州文契整理组，与安徽省博物馆、中国历史博物馆协作，整理编纂出版《明清徽州社会经济资料丛编》（第一辑、第二辑），以及《徽州千年契约文书》。1985年，自贡市档案馆整理出版《自贡盐业契约档案选辑》。此外，这一时期民间历史文献整理成果还有如熊敬笃编纂《民国地契档案史料》（1985）及《清代地契档案史料》（1986），张传玺主编《中国历代契约汇编考释》（1995），严桂夫主编《徽州历史档案总目提要》（1996），福建师范大学主编《明清福建经济契约文书选辑》（1997），沙知主编《敦煌契约文书辑校》（1998）等。

值得一提的是，这一时期民间历史文献的整理出版不再仅限于排序、汇编等整理内容，而是注重对文献题名等信息进行较为详细的著录，并开始探索构建分类体系。例如：《明清徽州社会经济资料丛编》（第一辑、第二辑）附表中详细著录了每件契约的藏契号码、立契时间、地点、卖地人姓名、契首称谓、契尾称谓、土地来源、买地人姓名、与卖地人关系、卖地原因、土地面积、价格、佃人姓名、租额、白契红契、备注等。中国社科院历史研究所周绍泉、王钰欣整理出版的《徽州千年契约文书》将所收录文书区分为散件、簿册和鱼鳞图册，按时间顺序编排，依据文献原有标题与文献内容，拟定正式标题，在探索徽州文书题名标准化著录方面有较大贡献，该著提出的徽州文书三级分类法[①]对建立具有普遍适用性的民间历史文献分类法有一定的参考价值。《闽南契约文书综录》对文书的整理，“按契约对象物所处地点，以县作为独立单元”，[②]每单元下按照契约种类分类立项，进而按立契时间顺序编列，各单元开首说明文书来源与构成，并在书末附原文书群索引和人名索引。这一整理方法吸收了“类型（内容）分类，时间排序”，和“文书群分类”两种做法的长处，既便于聚类研究，又助于保存原文书群的线索。

---

① 具体分为土地关系与财产文书、赋役文书、商业文书、宗族文书、官府文书、教育与科举文书、会社文书、社会关系文书、其他文书九大类，各类下面还设有二级、三级类目。

② 杨国桢．闽南契约文书综录 [J]. 中国社会经济史研究，1990 增刊：编者的话．

（五）二次热潮

自 20 世纪末开始，随着民间历史文献的价值被愈加深入地认识，以及各地民间历史文献大量流向市场，民间历史文献的收集整理活动掀起了第二次高潮，呈现出文献数量大、分布地域广、整理方式更加系统完备等特点。这一时期的民间历史文献收集整理主要有徽州文书、清水江文书和石仓契约等。

徽州文书的发现与整理在经历了 80 至 90 年代的复苏后，至 20 世纪 90 年代末迎来了第二次热潮。徽州文书的收藏数量呈井喷式增加，新增收藏概况见表 1—3：

表 1-3：20 世纪 90 年代以来主要公藏机构新增徽州文书收藏数量 ①

收藏单位	收藏时间	收藏量
复旦大学历史地理研究中心	20 世纪 90 年代	约 10,000 件
安徽大学	1995—2001 年	约 30,000 件
祁门县博物馆	1998—2001 年	约 10,000 件
黄山学院	1998 年始	约 80,000 件
上海交通大学	2006—2013 年	约 100,000 件
中山大学图书馆	2010—2017 年	约 390,000 件
安徽大学徽学研究中心	2017—2018 年	约 100,000 件
合计		约 720,000 件

与此同时，徽州文书的整理出版也硕果累累，这些成果主要有：王钰欣、罗仲辉、袁立泽、梁勇编纂《徽州文书类目》，黄志繁、邵鸿、彭志军编纂《清至民国婺源县村落契约文书辑录》，俞江主编《徽州合同文书汇编》，黄山学院整理出版《中国徽州文书》（民国编），刘伯山整理编纂《徽州文书》，周向华编纂《安徽师范大学馆藏徽州文书》，陈智超编纂《明代徽州方氏亲友手札七百通考释》等。其中，刘伯山编纂《徽州文书》所提出文献整理的“归户性原则”，主张按文献所属“户”集中系统整理，附文献寻获记录，这种观点对民间历史文献的收集整理产生了重要的影响，

① 数据来源包括：王国键．徽州文书发现的来龙去脉 [J]. 中国档案 ,2005(07):22—25. 黄山学院图书馆．特色馆藏 [EB/OL].http://tsg.hsu.edu.cn/9c/1f/c1578a39967/page.htm 上海交通大学历史系赵思渊于 2012 年 9 月 26 日在中山大学讲座《地方历史文献“身份识别信息”格式标准：设计与应用——基于上海交通大学所藏地方历史文献的分析（讨论稿）》，曾提及该馆所藏徽州文书的存藏量。

促进民间历史文献的整理方法从“打散文书、内容分类”转向“现状记录，保持文献固有系统性”。

清水江文书大规模收集整理活动始于2000年之后，分为两个阶段：第一阶段是2001年至2004年9月。第一阶段，中山大学历史人类学研究中心与贵州省锦屏县人民政府合作开展清水江文书收集工作，设立专门机构进行无偿征集；第二阶段是2005年至2016年。这一阶段，政府发布行政命令，乡镇行政干部按指标进行征集。截至2016年，贵州省内各公藏机构的清水江文书收藏数量达22万余件。① 值得一提的是，清水江文书第一阶段的收集整理，开创了学术机构与地方政府合作，共同抢救、收集、整理民间历史文献的先例和模式，具有很好的示范与参考意义。其征集的具体方法是：学术机构与地方政府合作设立专门的工作小组，由地方政府领导并提供政策和其他基本的工作条件保障，由学术机构提供学术指导和专业培训，由档案馆、图书馆等文献收藏管理部门的专业人员直接进村入户收集文书，交当地公藏机构收藏。

与此同时，清水江文书得到了大规模、系统化的整理出版，成果有：张应强编纂《清水江文书》（3辑33册），张新民主编《贵州清水江文书·天柱文书》（22册），李斌主编《贵州清水江文书·黎平文书》（22册），贵州省档案馆主编《贵州清水江文书》（锦屏卷）（黎平卷）（三穗卷）（共25册）。文书整理方法采取“以村寨为单位，每个村寨给定一个序号，村寨之下根据家族或家庭分卷，来自同一家族或家庭所收藏的文书编为一卷，同一卷之下按照文书收藏者的原有分类列为若干帙，每一帙内依照时间顺序排列”。② 这种文书整理方法与传统方法有别，具有一定的创新。第一，“村寨—家族”分类看似与前述日本学者、刘伯山的分类无异，但由于清水江文书乃是整理者进村收集，未经转手，所以保证了文书可以对应回具体的地理空间，乃至与当下的文书保有者相关联，方便展开深入的调查，将文书与村落的地理景观、人文风貌、口碑资料结合起来，在更广义的史料空间中去理解文献。第二，“按照文书收藏者的原有分类”编辑这一原则的确立是文书整理中的一大进步，而这个进步又是建立在进村调查、直接获取的基础之上的。只有直接获取，才能保证所见文献的归类格局保持原生态，这种未经倒卖等的归类也才具有史料信息的意义。③

2007年4月，上海交通大学历史系曹树基教授在浙江南部松阳县发现石仓契约。

① 王宗勋．清水江文书收集整理研究问题的思考 [J]. 原生态民族文化学刊，2017 (01):50—56.

② 张应强．清水江文书 第1辑 [M]. 桂林：广西师范大学出版社，2007: 编辑说明．

③ 杨培娜，申斌．走向民间历史文献学——20世纪民间文献搜集整理方法的演进历程 [J]. 中山大学学报（社会科学版），2014,54(05):71—80.

经过十余年的努力，该校共收集契约文书8000余件。与中山大学相似的是，石仓契约的收集采取与当地村民合作，在村民家中设立专门工作室，对寻访到的石仓契约文书进行修复、扫描，后交上海交通大学整理出版。不同的是，石仓契约的文书原件或归还村民，或就地收藏、保护于工作室。在整理方法上，上海交大采取图文对照的方式进行编辑，并编制《常见异体字及俗字与规范字对照表》。

此外，2000年以来收集量较大的民间历史文献还有上海交通大学收藏的浙江处州、江西鄱阳湖地区、云南、湖南、辽宁等地的文书，以及邯郸学院收藏的太行山文书，这些文献大多尚未整理出版。

20世纪90年代后期以后，台湾地区得益于出版业的发达，更多的契约文书得到出版，如《宜兰古文书》（1—5辑，邱水金等主编，宜兰县政府、宜兰县文化中心，1994—1998年；第6辑，陈金奇主编，宜兰县史馆，2004年）、《台湾古契书（1717—1906）》（陈秋坤编，台北立虹出版社，1997年）、《台中县立文化中心藏台湾古文书专辑》（洪丽完编撰，台中县立文化中心，1996年）、《南投县永济义渡古文契书选》（吴淑慈编，南投县立文化中心，1996年）、《竹堑古文书》（张炎宪主编，新竹市立文化中心，1998年）、《竹堑北门郑利源号古契书》（郑华生口述、郑炯辉整理，台湾文献馆，2005年）、《神冈——筱云吕玉庆堂典藏古文书集》（杨惠仙编，台湾文献馆，2007年）等。台湾地区已搜集的契约文书在3万件以上，已出版的资料达60种之多。[①]台湾地区的契约文书整理规范，出版精雅，具有很大的借鉴价值。

除收集和整理出版，部分学术机构依托自身收藏的民间历史文献资源，建立起各种功能不一的数据库，如台湾大学“古契书全文资料库”、厦门大学“莆田平原历史人文地理信息系统”、中国社会科学院历史研究所“徽州契约文书数据库”、上海交通大学图书馆“中国地方历史文献数据库”、黄山学院“徽州文书特色数据库”、安徽大学“徽州文书书目数据库”等。其中，台湾大学项洁教授主持建设的“古契书全文资料库”是目前最好、影响最大的民间历史文献数据库。该数据库收录了明清以来台湾的各类契约4万余件，实现了全文、词频、相关文献（如上下手契、阄分契多份）等多种检索方式，并可利用检索后分类缩小检索范围，进一步筛选检索结果。值得注意的是，该数据库绘有土地转移关系图和文献年代分布图，可依据年代、出处、作者、分类等要素对文献进行聚类分析。此外，该数据库还附台湾清代官职表（文官）、苏州码转换器、度量衡单位换算系统等研究工具集。

① 王旭．契纸千年：中国传统契约的形式与演变[M]．北京：北京大学出版社，2013:259—260.

厦门大学郑振满教授主持建立的“莆田平原历史人文地理信息系统”，主要收录了厦门大学在莆田平原800多个村庄获得的田野调查资料，包括碑刻、仪式榜文、宗教文献之类的原始资料，实现了文献的数字保存、分类、检索、时空展现等功能。

目前公藏机构收藏的民间文献主要有两个来源：主动进村入户收集的和通过市场购买的。对整理工作而言，二者的差异主要体现在文献群这个层级上，单件文献的整理方式基本一致。关于购藏文献整理的具体整理步骤和注意问题，请参阅本概论相关章节，兹不赘述。在数据库环境下整理文献并且采取数据库形式出版，是近年来民间历史文献整理的一个趋势，数字人文理念的提出促使数据库从检索工具向科研环境转换。①

第四节　研究意义

郑振满认为“民间历史文献是中国传统文化的基本载体，我们可以从中了解普通老百姓的思维方式和行为方式”，②在大规模调查、搜集、整理民间历史文献的基础上，我们有可能摆脱单纯引介欧美社会科学架构的困境，发展出建基于中国社会历史实际的人文社会科学体系，对“建构具有中国特色的人文社会科学理论模式与概念体系”有着重要意义。③

在中国古代，书写历史的权力由国家垄断，私人撰史寥寥。国家修史之内容从统治者视角出发，以维护统治阶级政权与利益为前提，对历史史实选择、粉饰、修改之情形颇常见。这是古代皇朝体制下的历史叙述特征之一。

近代以来，在社会民主化发展背景下，在社会科学影响中国传统学术发生深刻变化的背景下，学术研究对社会基层、“人”的关注逐渐加强。同时，伴随着史学理念不断变化，史料范围逐渐扩展，学者从原来偏重对史部典籍的研究和利用，逐步认识

① 申斌，杨培娜．数字技术与史学观念——中国历史数据库与史学理念方法关系探析[J]．史学理论研究，2017(02).

② 郑振满．民间历史文献与文化传承研究[J]．东南学术，2004年增刊:293—296.

③ 郑振满．民间历史文献与文化传承研究[J]．东南学术，2004年增刊:293—296.

到四部皆为史料之实际，进而对官府档案、民间文献，乃至口述方法及口述史料予以重视和深入发掘。以徽州文书为代表的民间历史文献是探索研究中国社会基层历史发展面貌，和历史上不同区域社会普通民众真实生活生产关系的重要资料；通过与田野调查结合，对民间历史文献的研究，也有助于在庶民生活中发现中国文化的底层传承机制、文化一统与多元的完成机制。因此，民间历史文献的整理研究具有重要的价值和意义。

目前，对民间历史文献的整理、利用和研究分别隶属于不同的学科。在我国现行学科体制下，图书馆学过去注重民间历史文献内容的民俗、社会史属性，虽有收集，但多有忽视。近20年间才逐渐转变学科观念，关注对民间历史文献的收集和整理。档案学中虽然有历史档案这一分支领域，但关注的多为明清民国时期政府档案，虽然明清档案学将民间契约、谱牒等作为民间档案列入其学科范围，但由于档案学自学科确立之始就以政府档案为中心，[①]故几乎不涉及老百姓生活中形成的文书。加之目前明清公藏官府档案尚得不到全面整理，各级档案机构实际基本无力顾及散落民间的档案性文献的搜集。[②]中国古典文献学、历史文献学（含敦煌学、古文字学）之研究对象虽不限于传世四部典籍，但事实上却主要集中于此，仅有部分学者关注到俗文学文献、明清契约文书等这些难以纳入四部体系的民间文献。简帛文书、敦煌吐鲁番文书、黑城文书等则主要以出土文献之名义被整理、研究，其中的民间文书并未被给予足够关注。

近年来，中国社会科学院历史研究所的学者在整合简帛文书、敦煌吐鲁番文书、黑城文书、徽州文书等出土或传世文书研究的基础上，提出要超越断代文书研究，建立中国的古文书学，[③]试图借鉴日本的古文书学，主要研究公私文书的样式、形态、机能与传承，为把古文书学建设成中国历史学的辅助学科做出了可贵的努力，其思路对我们研究私文书及其他类型民间文献具有很大参考价值。目前，从事社会史研究的学者们主动搜集民间历史文献，然而研究课题的分散性造成对这些文献在庶民社会中生产、使用、流传机制及相应文本特质的大规模、比较性研究难以开展。

著名历史学家陈春声教授指出："在大量收集和整理民间文书、地方文献和口述资料的基础上，建立并发展起有自己特色的民间和地方文献的解读方法和分析工具，是将中国社会史研究建立于更坚实的学术基础之上的关键环节之一。"[④]2005—2007年，

---

① 冯惠玲，张辑哲．档案学概论[M]．北京：中国人民大学出版社，2006:214.

② 秦国经．明清档案学[M]．北京：学苑出版社，2005:239—240.

③ 黄正建．"中国古文书学"：超越断代文书研究[J]．中国社会科学报，2012(334).

④ 陈春声．走向历史现场——"历史田野丛书"总序[J]．读书，2006(09).

中山大学历史人类学研究中心先后围绕族谱、碑刻和契约举办了三届民间历史文献研讨班，有效地培养了青年学者利用民间历史文献的意识，扩大了民间历史文献在学术界的影响力。2008 年厦门大学成立民间历史文献研究中心，并自 2009 年开始，每年举办民间历史文献论坛，促进了相关学者的交流。对民间历史文献的搜集、整理、解读方法进行系统化研究，对民间历史文献的内涵和外延进行理论探索，进而构筑“民间历史文献学”将是今后该领域的重要发展方向，具有重要的学术意义。[①]

---

① 杨培娜，申斌．走向民间历史文献学——20 世纪民间文献搜集整理方法的演进历程 [J]. 中山大学学报(社会科学版),2014,54(05):71—80.

第二章

收集与典藏

第一节　基本原则

不同地区的民间历史文献虽数量不同、类型不尽一致，但存在许多共同特点，民间历史文献的特性在于其具有特定的生产使用机制、流传方式、保存系统，文献不仅具有类似档案的原始记录性，文献之间还存在密切的关联性，尤其民间历史文献特有的“户”之属性决定了其具有很强的归户性。因此，民间文献的典藏原则，必须考虑保持民间历史文献的特征，包括文献的原始性、关联性、动态性，及文献体系的完整性。

20 世纪 90 年代初，杨国桢编辑《闽南契约文书综录》时编制原文书群索引，[①] 旨在反映文书之间的关系。安徽大学刘伯山提出了归户性原则，[②] 反映文献的原始关联性。中山大学历史人类学研究中心《清水江文书》整理研究提出“保持文献原来的系统”原则，[③] 亦在强调文书内部的关联性，这些整理原则均具有一定的科学性和借鉴价值。由上可知，作为民间历史文献整理工作的重要内容——典藏工作，应遵循几个原则：尊重文献现状，保持文献群完整性和归户性，客观对待不同文献。

一、尊重文献的现状

原始性是民间历史文献最本质的特征之一。民间历史文献是民间百姓在日常生产、

① 杨国桢．闽南契约文书综录［J］．中国社会经济史研究，1990：编者的话．

② 刘伯山．徽州文书的遗存与整理［M］// 刘伯山．徽州文书．桂林：广西师范大学出版社，2005：前言．

③ 张应强．《清水江文书的收集、整理与研究》编辑说明［M］// 中山大学人类社会学研究中心．清水江文书第 1 辑第 1 册．桂林：广西师范大学出版社，2007.

生活及社会交往过程中处理具体事务直接形成的原始记录，是民间百姓生活的真实写照。民间历史文献来源于民间，其创作使用的主体，以及被公藏机构征集前的保存主体均是民间百姓。同时，民间历史文献的流传反映了其使用情况。文献的持有者（保存者），如家庭、宗族、祠堂、商号、会社等信息，均是文献使用、流传过程中的重要信息，是了解民间历史文献流传经历，最大限度掌握文献真实使用状态的重要线索，是辨别民间历史文献作为史料的可行性的重要依据，为研究者充分认识各文书史料群内部蕴含的问题提供了线索。①

民间历史文献的原始性，要求整理者必须客观、科学地尊重这一特性。刘伯山提出民间文书档案整理应当坚持“尊重历史形成、历史留存和发现状况”之“三尊重”原则，②中山大学图书馆提倡对民间历史文献发现时的原始留存状态、文献自身所包含的有关流传保存信息，以及文献流传收集过程进行现状记录，③二者皆是针对民间历史文献的原始性提出的整理原则，核心即在于尊重文献的现状。文献的现状不仅包括文献原始样貌、原始顺序与原有保存方式在内的文献留存状态，还包括文献的流传、发现、收藏过程之记录。对此，刘伯山为其发现的每一批民间历史文献撰写了“寻获记”，曹树基在《石仓契约》卷首详述文书发现整理经历，这些做法均旨在记录和保存文书发现和收藏的经过。④尊重并记录文献的现状，可以最大限度地保持文献的原始性特征不被破坏，保证文献固有的系统性，有助于寻绎并恢复文献脉络。

此外，民间历史文献并非一经形成就一成不变，在上百年乃至数百年的流传过程中，社会、自然、历史等各种因素必然会导致文献留存至今的状态与其最初形成时的状态不一致。例如，部分契约画押位置出现破洞，这种“破洞”可能是文献流传过程中被无意破坏造成，也有可能是被人有意挖掉画押区域以示契约作废。这是文献在流传过程中真实的改变，整理者应对其现状予以认可，尊重其现状，避免因盲目修复而使其所包含的隐藏信息消失。对破损严重、必须修复的文献，必须坚持六大修复原则，⑤确保修复后的文献能保有其原始的完整信息和面貌。

---

① 李梦霞，申斌．徽州文书的收藏与整理［J］．图书馆界，2014（01）：16—21.

② 刘伯山．民间文书档案整理的“三尊重”原则［J］．安徽史学，2015（06）：16—19.

③ 王蕾，申斌．徽州民间历史文献整理方法研究——以中山大学图书馆馆藏为例［J］．图书馆论坛，2014，34（04）：120—126.

④ 李梦霞，申斌．徽州文书的收藏与整理［J］．图书馆界，2014（01）：16—21.

⑤ 详见本书第五章。

二、保持文献群的完整性和归户性

民间历史文献尤其是同一家庭的各种文献之间存在着密切的关联，这种关联或在横向上展现不同事务之间的彼此关联，或在纵向上反映某一事务的前后呼应、连续相承。如中山大学图书馆馆藏的徽州民间历史文献中，B23001 包中 103 件文书均来自汪民如、汪民华家族，其中 85 件文书是民国时期家族成员商讨家族生意的往来书信，内容连续、有关联，其余 18 件文书则是与家族生意相关的收条、发票、电报单和货运单。这种来自于同一户、同一家族或同一会社的文献数量往往有数十、上百，乃至上千件不等，“归户性”特征十分明显。保持文献群的完整性和归户性，有助于系统全面地揭示文献的内容信息，对研究揭示民间历史文献的文化内涵和传承机制有重要意义。

但民间历史文献中，以徽州文书、清水江文书为代表，从文献被收集开始，在复杂的征集过程中存在分散流出、选择性征集、掺杂其他来源散件等情况，人为地将有关联的民间历史文献拆散，导致同一户、同一件事件形成的文献分散至不同收藏者或机构手中，破坏了民间历史文献特有的完整性和归户性。而过去很多整理者、研究者采用“类型（内容）分类，时间排序”方式进行的整理活动则进一步破坏了文献完整性和“归户性”。

1962 年，时任中国科学院经济研究所副所长严中平致信中央档案馆，要求徽州文书的收集整理“应保持其完整性”，[①] 自此学术界开始越来越重视保持民间历史文献的完整性和“归户性”。受台湾古文书收集、日本东洋文化研究所“文书群分类”实践，以及杨国桢在《闽南契约文书综录》编制文书群索引等整理实践的启发，保持文献群的完整性和“归户性”逐渐成为民间历史文献典藏最重要理念之一。刘伯山在长期购买、整理徽州文书经验基础上，提出收集整理徽州文书的“归户性”原则。[②] 俞乃华提出“将同一来源征集的文书集中在一起，整理时发现有相关联系的契约，分类后再集中存放”，[③] 与“归户性”相似。中山大学历史人类学研究中心“清水江文书”整理项目提出“保

---

① 严桂夫，王国键．徽州文书档案［M］．合肥：安徽人民出版社，2005.

② 刘伯山．徽州文书第 1 辑第 1 册［M］．桂林：广西师范大学出版社，2005：前言．

③ 俞乃华．徽州文书整理探析［A］//安徽省徽学学会．徽学丛刊（第 1 辑）．合肥：黄山书社，2003.

持文献和档案原来的系统和内在联系”。[①] 上海交通大学在整理石仓契约时参照族谱，依据“村庄—姓氏—字辈”[②] 框架编辑，这些均是基于与保持文献群完整性相近的出发点。

保持文献群的完整性和“归户性”原则与尊重文献的现状原则，两者并行不悖，互不取代。

三、客观对待不同文献

民间历史文献的内容极其丰富，所涉范围包括政治、经济、法律、社会交往、民俗文化等民间生活的各个领域，其类型也十分多样，包括契约、纳税执照、账簿、族谱、禁约规约、日记、书信、课试文卷、药方、科仪书、唱本、日用类书等。

对研究者而言，因为有不同的研究兴趣和研究目的，会对文献的价值有不同的认识，往往会忽略或轻视与其研究关系不大的文献。但有别于针对文献内容的学科研究，民间历史文献的典藏是一种针对文献本身的资料整理活动，其目的和宗旨是运用分析、考证等方法尽可能全面、客观、准确地将大量庞杂无序的文献整理成类别清晰、著录详细、使用方便的信息提供给研究者。对待民间历史文献，学科研究可以有所取舍，但文献整理必须力求客观、公平、全面。

民间历史文献中账单、字据等类文献，文字内容很少。例如，中山大学图书馆收藏一件《船票》，内容为：“淳安县船户蒋观寿揽到休宁县汪客丰三位名下随身行李，大小不计件照码单查收，客膳每位每餐计钱三十文，水脚船钱、大小打滩、贴埠、贴纤、神福一应在杭付讫，送至屯溪顶埠交卸，此照。外走官埧天井滩每位贴钱四文。挂找船钱六□文，沿途支付船户收用。光绪十七年十一月十三日杭江曹泰来行船票。”[③] 这件船票字数仅 120 余字，对研究赋役制度的学者而言，其参考价值远不及一本几千字、几万字的黄册或鱼鳞图册，甚至不如一件上下忙串票。但对于明清商业史的研究者而言，其对行船的安排、船运的费用以及每餐的餐钱、打滩、贴埠等费用均有详细描述，

① 张应强，王宗勋．清水江文书第 1 辑［M］．桂林：广西师范大学出版社，2007：序言．

② 曹树基，潘星辉，阙龙兴．石仓契约第 1 辑第 1 册［M］// 曹树基，潘星辉，阙龙兴．中国地方珍稀文献浙江地方文书丛刊．杭州：浙江大学出版社，2011：代序．

③ 杭江，即今杭州江干区。曹泰来行是杭州江干著名的转运过塘行，即为往来物资中转过塘设立的机构，应系徽州人开设，婺源人詹鸣铎所著《我之小史》中多次提到。

直观地反映了清末徽州与浙江淳安县之间的水运往来，对研究徽州与浙江之间的商业往来、新安江流域的航运模式具有重要的研究价值。

为了兼顾不同的研究需求，全面完整地揭示民间社会的丰富内涵，民间历史文献在收集整理时，不能因整理者的价值评判而有所取舍，应该不管其类型如何、内容多寡，客观对待不同文献。

第二节　收集方法

民间历史文献的收集有多种途径，主要包括田野（主动进村入户）收集、购买、馈赠和交换四种。

一、田野收集

田野收集方式由来已久，先行者为傅衣凌。受其影响，厦门大学在收集民间历史文献时多采用此法，并延续至今。其后，王世庆主持收集台湾地区古文书、中山大学历史人类学研究中心收集清水江文书，以及上海交通大学收集石仓契约等收集活动均采取类似做法。

以中山大学历史人类学研究中心、厦门大学历史系开展的民间历史文献田野调查活动为参照，[①]结合上述几例进村入户收集文献活动所采取的做法，民间历史文献的田野收集活动在客观记录文献来源信息、保持文献群完整性和归户性基础上，应注意以下步骤：

（一）收集者与当地政府建立联系，取得支持，并通过查阅公藏机构所藏资料如地方志、族谱、地名志、古旧地图等了解情况，确定调查村落。

① 中山大学、厦门大学历史系进行田野调查时均编制有内部工作手册，如杨培娜编《南沙岛历史文化资源调查提纲》，张侃编《民间历史文献学田野手册：温州计划》。

（二）在当地政府、行政村干部以及公藏机构相关人员带领下，收集者进入需要调查的村落，首先记录村落的基本情况，包括村落所在的区域与地图，房屋建筑的位置、布局及主人信息，并通过约请村民座谈等方式了解村落历史、民间历史文献留存情况，取得村民对收集民间历史文献的支持。

（三）在乡村干部的带领下，收集者逐家逐户询问有无民间历史文献。发现民间历史文献时，需要对文献持有者尤其家中老人进行详细访谈并录音，通过访问其家庭历史、文献流传等情况详细了解文献的归属、流传信息。

（四）收集者与文献持有者协商征集方式。若持有者愿意将文献交由公藏机构保管收藏，应以同一户的文献为单位尽量全部征集；若持有者不愿意交出，则应将文献就地扫描或借到当地公藏机构扫描，再将原件归还文献持有者，实施就地收藏保护。

（五）收集者做好寻获记录。记录文献的收集时间、文献的来源村落与家庭、文献的流传情况、每一包文献的简易目录和数量统计。

二、征集购买

鉴于民间历史文献的分散性和田野收集的困难性，目前多数收藏机构主要通过文物市场来收集民间历史文献。文物市场上的民间历史文献会出现以下情况：文献持有者分批分次售卖；商人出于盈利目的拆散同一来源文献，抽取精品文献单独出售，或者掺入其他来源散件。这对文献的整理与研究造成一定的不利影响，收藏机构应对文物市场中掺杂不同来源散件的文献审慎购买。为了最大限度记录文献的流传信息，收藏机构从文物市场征集民间历史文献时应当遵循以下步骤：

（一）市场调查。了解文献的归属区域、数量、收集过程等情况。

（二）与文献持有者商议。确定购买的数量、方式、价格和流程，签订合同。

（三）文献点收。依据目录对文献进行拆箱、拆包点收，核对文献数量和大致内容，确认无误后依照原来的捆扎和包装方式重新进行捆扎和包装，每一箱或每一袋文献用专属的密封条密封。

（四）文献箱 / 袋编号。对同一批次的每一箱 / 袋依照原来的顺序编定序号。

（五）信息记录。按照现状记录原则，详细记载文献的来源，包括征集者、征集时间、征集地点、征集方式与过程、征集到时的物理形态，诸如保存工具、材质、尺寸、数量等信息。

三、捐赠和交换

捐赠交换是民间历史文献资源收集的两个重要途径。捐赠者或是出于友谊，或是对捐赠机构的信任与支持，或是为避免文献散失，妥善保存文献而捐赠。收藏机构应广泛拓展信息渠道，积极、及时地了解和掌握民间历史文献的收藏资讯，积极与有捐赠意向的文献收藏者建立联系和关系。受赠机构须尽可能从捐赠者处了解并记录文献的来源地、征集时间、征集途径、收藏流传过程等信息。

同时，藏品交换具有可为各收藏机构调补余缺、各取所需功能。因民间历史文献特别注重完整性与归户性，收藏机构须尽可能全面地收集同一来源地、同一户籍的文献。在科学规划、管理馆藏资源并征得各收藏机构同意的情况下，秉承合理交换的原则，可采取交换的方式增加文献资源存藏量。

第三节　典藏流程

民间历史文献整理者需要经过不断的摸索和实践，才能逐步建立起一套完整、科学的典藏流程与规范。以中山大学图书馆馆藏徽州民间历史文献典藏为例，该馆根据馆藏文献实际状况、实践条件，建立了具有广泛适用性的民间历史文献典藏流程（见图 2-1）。

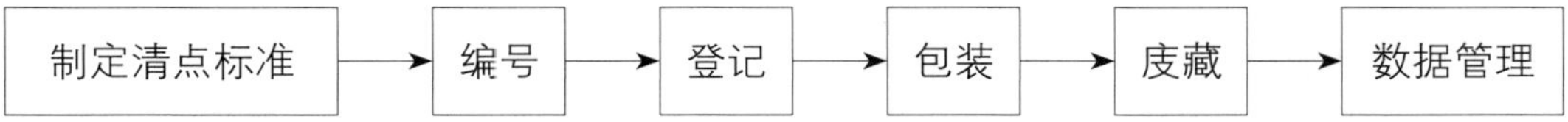

图 2-1　中山大学图书馆馆藏徽州民间历史文献典藏流程

一、清点标准

中山大学图书馆民间历史文献清点标准包括文献与藏品的编号标准、材质与形式界定标准、破损分类与定级标准等。

（一）编号标准

文献编号是对民间历史文献原始保存状态的描述性编号，是文献典藏的唯一标识符，是文献原件与数据图像关联的途径。民间历史文献收藏者鉴于文献来源和文献种类的多样性，采用了具有不同信息表达功能的编号规则。例如，《徽州千年契约文书》文献编号由表示地区、形式、历史时期和具体朝代的编号（码）组成。《闽南契约文书综录》文献编号由表示单元、项、张的编号（码）组成。上海交通大学将所收民间历史文献的编号分为初次编号和二次编号，初次编号包括文献群单位“包”和文献聚合单位“袋”编号，二次编号包括来源人物编码、收集日期编号、包排列序号、件排列序号，共 14 位编号。

中山大学图书馆藏民间历史文献按批次收集，入藏时以箱为单位，箱内分若干包或袋，每一包或袋内包含若干件文献。鉴于此实际情况，该馆将民间历史文献的编号分为批次号、箱号、包号、件号四部分。

1. 批次号

根据民间历史文献购买批次，设立批次号，以英文字母 A 至 Z 编号。

2. 箱号

图书馆购入民间历史文献前，会对文献展开鉴定、清点，并在保持文献来源和“归户性”前提下装箱封存和编订编号，同一批次内每箱以 01—99 逐次编号。

3. 包号

包号是揭示民间历史文献入藏时原始状态的最重要标识。中山大学图书馆民间历史文献每箱内的文献多以“包”或“袋”形式保存，“包”或“袋”以001—999逐次编号。“包”多是收集者在收集文献时根据收购地点、归户和文献类型等信息，把同一地域、同一户，或类型相同的文献集中在一起用报纸或塑料袋包裹。因此，同一包文献可大致判定为同一来源。

4. 件号

件号是每包内单件文献的编号。同一包内的文献依照清点顺序逐次编为0001—9999。“件”是以内容相对独立完整，以及物理存在载体独立为基础来判定的。同一内容的文献须被归为一件，作为一个整体编号和整理；散件文献，无论残缺与否，一般以一张为一件；装订成册的簿册文献，每册作为一件。

（二）材质与形式界定标准

1. 文献与藏品材质

文献的材质指记录文献内容和信息的物质载体。为便于整理，民间历史文献中，材质为竹纸、皮纸、麻纸、绵纸、宣纸、硬黄纸等统称为纸质，锦、绣、绫、罗、绢、絁、绮、缣、绸等材质归为缣帛，竹简、木简、竹牍、木牍等统称为竹木，金属、玉石等统称为金石。此外，还有以小羊皮、小牛皮制成的羊皮纸，统称为皮类。因此，民间历史文献的材质包括纸质、缣帛、竹木、金石、皮类和其他材质等6种类别。

2. 文献与藏品形式

纸质类民间历史文献按文献形制总体可分为文书、书籍、字画、碑帖、报刊等类。每一种类型的文献或藏品包括的具体文献形式更为丰富。详见表2–1。

表2–1　民间历史文献与藏品形式表

材质	类型	具体形式
纸质类	文书	公文、契约、书信、票据、证件、账簿等
	书籍	古籍、教科书、家谱等
	字画	书法、绘画、舆图、宣传画、广告单、剪纸、年画、民间美术平面作品、日用纹样图例、照片、包装纸等

续表

材质	类型	具体形式
纸质类	碑帖	墓志、造像、画像、法帖等
	报刊	报纸、期刊
缣帛类	帛书	公文、两造命理、绢本书画等
	服装道具	戏服、旗幡
	绢帛函套	装书袋、锦盒、经折本套函
竹木类	竹木文献	卜签、腰牌、匾额、楹联、简牍
	印章模具	印章、版刻
	装具	木匣、木盒、木箱、木桶、竹篓
金石类	铭文	烛台、酒器、乐器等铭文
	碑刻	石碑、石刻
	印章	玉、石印章
皮类		羊皮纸、皮封面
其他	日用器物	

除上表所列文献中，文书作为民间历史文献的主要组成部分，其类型下的文献具体形式丰富多样，从本书第三章“徽州民间历史文献分类体系”所列 143 个文书类目即可见一斑。

（三）破损分类与定级

民间历史文献多数长期保存于私人、家庭、宗祠或其他民间机构中，保存与保护条件普遍较差，又经辗转流传、递藏，大量文献存在破损现象。为科学、规范地保护民间历史文献，须对民间历史文献破损情况进行描述、分类、定级和登记，以为制定修复保护计划提供依据，对科学地保护民间历史文献、实现民间历史文献保护与修复工作的规范化具有重要意义。

1. 破损分类

民间历史文献的破损情况分类标准可参考《古籍特藏破损定级标准》（WH/T22—

2006）对文献的破损情况进行分类：

（1）良好：文献纸张平整、无任何破损类别。

（2）霉蚀：霉菌分泌物腐蚀作用导致的纸张纤维素降解，机械强度降低。

（3）虫蛀：昆虫蛀食对纸张造成的损坏。多为不规则的眼状小洞。

（4）鼠啮：鼠类动物啮食对纸张造成的损坏。

（5）烬毁：火烧导致的纸张缺损。

（6）破洞：较大的洞状残缺，多为人为损坏。

（7）残缺：由多种因素导致的纸张局部或大面积缺失。

（8）磨损：因折叠、频繁摩擦导致的纸张损伤。

（9）撕裂：纸张被撕破呈未断裂、裂损状。

（10）断裂：纸张完全断裂为两个或多个部分。

（11）粘连：因受潮、霉蚀、受压等原因造成的纸张粘接。

（12）污渍：因油、水、茶、墨、灰尘等污染形成的无法通过刷拭去除的污渍斑点或纸张变色。

（13）絮化：因物理、化学或生物原因造成纸张棉絮状。

（14）脆化：受各种因素影响导致纸张的老化、破碎。

（15）线断：线装簿册类文献的装订线、纸捻损坏；现代装帧形式的文献书脊因脱胶、书钉锈蚀造成的开裂。

（16）漫漶：文献内容因水浸泡、污渍遮盖、墨迹消退造成的文字模糊不清、难以辨识。

2. 一级破损

凡具备下列情况之一者，定为一级破损：

（1）纸张霉蚀严重，已无法妥善保存文献。

（2）虫蛀面积达到 50% 以上，翻动时出现掉粉、掉渣现象。

（3）有文字的部分存在多处鼠啮、烬毁，面积达 40% 以上。

（4）纸张断裂，或者折痕处磨损严重，呈现断裂倾向。

（5）粘连面积达到 40% 以上，需揭裱修复才能识别文献内容。

（6）污渍面积达到 50% 以上，严重影响文献内容识别。

（7）絮化严重，有文字部分絮化面积达到整件文献的 40% 以上。

（8）脆化严重，纸张机械强度严重降低，出现掉渣、破碎、裂口现象。

3. 二级破损

凡具备下列情况之一者，定为二级破损：

（1）纸张有霉蚀，手工除霉后暂时不影响文献保存。

（2）虫蛀面积达到 30% 以上，翻动时伴有掉粉现象。

（3）有文字的部分鼠啮、烬毁、磨损比较严重，面积达 20% 以上。

（4）粘连面积达到 20% 以上，可以手动揭开粘连区域。

（5）污渍面积达到 30% 以上。

（6）絮化比较严重，有文字部分絮化面积达到整件文献的 20% 以上。

（7）纸张皱褶严重，纸张机械强度明显降低。

（8）簿册文献装订线、纸捻损坏，书脊脱胶，文献散落成若干部分。

4. 三级破损

凡具备下列情况之一者，定为三级破损：

（1）纸张有轻微霉蚀、虫蛀、鼠啮、烬毁、磨损、污渍、絮化、褶皱。

（2）纸张有破洞，人为痕迹明显。

（3）纸张残缺，但不影响剩余部分的文字辨识和保存。

（4）纸张撕裂，未呈断裂倾向。

（5）簿册文献装订线磨损，但未散落。

（6）有漫漶，未出现霉蚀趋向。

在典藏工作中，整理人员直接判断文献三级破损用是否可以开展数字化扫描为依据：如文献破损严重，无法直接开展下一步数字化扫描，且需另行修复或加以特殊装具保护，则为一级破损；如文献存在破损情况，但经过初步的平展、除尘后，不影响数字化扫描，一般属于二级破损；如文献总体破损较少较小，可直接开展数字化扫描，一般为三级破损。这种判断方法结合具体的破损量化标准，具有较高的可操作性，对典藏其他环节的工作（如数字化、修复）也具有指导意义。

二、编号方法

根据现状记录原则规定，整理者在对文献编号前须客观记录保存文献“包”的原始状态，为其后文献归户整理提供核查依据，记录方式可选择拍照记录法。拍照记录方法具体：将写有对应批次号、箱号和包号的硬纸卡片置于待处理的文献包旁边，拍照记录。

单件文献的编号方法是按照包内文献前后或上下顺序编号，一件多张的文献编号方法是多张文献共属同一件号，件号后括注该件文献的顺序张号。簿册文献的编号方法是在为簿册分配件号后，括注簿册内有文字、图案内容的页数。每件文献编号标注的方法是选用铅笔在每件文献背面右下角空白处标注。布帛、器物等类无法用铅笔标注编号的文献，可用油性笔将编号标注在其包装外层。

对原始保存状况较为特殊的文献，编号方法如下：

1. 多层包裹文献

多数来自文物市场的民间历史文献的原始状态是多个大包包裹多个小包，形成互相关联、层层包裹的状态。如一个大塑料袋内装有若干报纸包，报纸包内又有若干小包和散件。这种原始状态为多层包裹的文献编号方法是以有散件文献的外层包裹为包号编制对象，若有与散件并存的更小包裹，则不编制包号，包内文献顺序编号。登记文献包整体信息时，在“民间历史文献逐包登记表”“附注”栏登记标明哪些文献包原同属于一大包。

2. 多张粘连文献

多张粘连的文献主要存在于契约文书中。契约文书中，若本契与契尾、验契纸、契执照等粘连完好，则按一件文书编号，且张数计为一张。破损情况登记时，该文献整体状况注明本契附契尾、验契纸、契执照等。契约文书中，若本契与契尾、验契纸、契执照等未粘连但折叠于一起，则鉴定后分情况处理：若本契与契尾、验契纸、契执照所书交易时间、买方、卖方、土地字号、土地四至、交易价格等信息一致，且粘连痕迹和骑缝章完全吻合，则按一件文书编号，页数计按实际纸张数量。否则，按散件文献处理，顺序编号。

3. 契约附包契纸

单张或多张契约若有包契纸包裹，须首先为包契纸编号，其次按顺序为包契纸内契约编号，并在“民间历史文献逐包登记表”“备注”栏登记包契纸所含契约起止号。

4. 契约印花税票

许多契约文书含印花税票，如有印花税票脱落情况，则对每包文献中的印花税票集中编制为同一编号，并登记数量。

5. 往来书信

书信是民间历史文献的重要类型。部分书信是单张，部分书信为多张手书。每封书信按一件编号，书信与信封为统一整体，不可分割。登记信息时，在“民间历史文献逐包登记表”“页数 / 数量”栏注明书信纸张数量（含信封），“备注”栏注明类型为“书信与信封”，并在该件文献上的财产登记号后用小括号标明信封和信纸的总张数。

6. 簿册所夹散件

部分簿册类民间历史文献常有散件文献夹于册中。此类散件不编件号，保留原处，在散页背后标注所属簿册件号及所在页码，在“民间历史文献逐包登记表”“备注”栏注明散件所处位置页码。

7. 文献复本

文献复本是指内容、图样完全相同的文献，如名单、广告单、宣传画、粮票凭证等。每种文献选取一张编号，编号后括注相同姓名、相同内容或相同面值的数量。此外，该类文献在整理时应将同一编号的文献用宣纸包裹，防止散佚。

8. 书画卷轴

卷轴文献的编号方法以内容完整性的鉴定为前提。内容具有关联性的多束卷轴，按照单件编号。如一副对联分两束卷轴，此两束卷轴编为同一财产号，括注卷轴数次。

9. 散裂簿册

簿册类文献在流传过程中容易因多种原因导致文献散裂。若可从内容，以及纸张、纸捻等书脊之物理装帧状态明确判断为同一册文献，则按一件编号。否则按实际物理形态编号。

10. 空白纸张

无文字信息但有艺术加工的空白纸张，如剪纸、窗花等，按类编号，相同类型文献统一编定一个财产登记号，并登记该类文献数量。其他无技术加工的空白纸张置于空白纸专存箱留存。

三、信息登记

民间历史文献整理过程中，整理者在为文献编号的同时，按照现状记录原则在“民间历史文献逐包登记表”中登记文献包和包内全部文献信息。

（一）文献包信息

文献包信息的登记内容包括：批次号、箱号、包号，文献包材质、尺寸、附注。

1. 文献包材质

保存材质与形式是指文献包的物质材质及其呈现方式。整理者应客观判断文献包的材料并登记。

2. 所属包附注

附注信息包括包内文献的汇总信息和前后包关系信息两部分。包内文献的汇总信息主要根据文献包所携带之原始标注信息进行记录。这些原始标注信息多载于小张纸上或卡片上，由文献原始持有者或收集者记录，内容多记录文献所属县域、都图、户籍、包内文献简易目录、文献类型与数量、文献年代等信息。

前后包关系信息指同一大包内若有若干小包，整理者在“附注”栏标注大包所含小包信息。如：A01001 包与 A01002 包同属一个大塑料袋内，则记录“A01001 与 A01002 包同属于一大袋”等类似信息。

（二）单件文献信息

单件文献信息包括文献件号、材质、形式、页数（数量）、保存状况与破损定级以及备注信息。

1. 材质

按照文献载体材质界定标准和文献实际情况，如实记录文献材质。

2. 形式

按照文献形式界定标准和文献物理形态等实际情况，按表 2-1“民间历史文献与藏品形式表”如实记录文献形式，根据具体文献或藏品的形式可增改表格项目。

3. 页数

页数（数量）登记内容包括散件文书张数、脱胶或断裂文书张数、簿册文书中文字图案内容的页数、文献复本数量。

4. 保存状况与破损定级

依据文献破损情况分类标准和文献实际保存情况，如实记录文献破损状况和破损等级。

5. 备注

备注信息内容包括特殊文献的类型、产生年代，特殊文献的简易题名，散页有无文字内容，特殊文献的内容，以及其他须特别标注的信息。

四、包装保护

（一）包装类型

整理者完成民间历史文献编号和信息登记后，须根据文献材质、大小、形状，以及原有包装方式情况，合理地选择新的包装材料和方式对文献进行重新包装，方能入库庋藏。以中山大学图书馆为例，其民间历史文献主要分四种包装类型：

1. 纸质、缣帛类文献使用中性无酸塑料夹包装。根据文献大小，将中性、透明、无味塑料膜裁剪制作不同规格的塑料夹。这种塑料夹是将裁剪后的塑料膜对折而成，左侧密封，上下及右侧呈开口状，与文件夹相同。

2. 卷轴、器物类文献使用宣纸包裹，并用绳子捆扎。

3. 多复本文献使用宣纸包裹。文献复本数量达到数百件以上时，可参照卷轴、器物类文献用宣纸包裹。

4. 原有装具完好的文献继续保持其保存方式。部分宗谱文献配备有樟木书盒，可不改变其原有保存方式，编号登记后直接入藏。

（二）包装流程

整理者使用中性塑料夹对纸质类民间历史文献包装时，参照下列流程：

1. 将清洁、编号完毕的文献按顺序平整叠放入中性塑料夹内。把每个塑料夹压平，尽量使塑料夹保持平展的状态。

2. 使用黑色油性笔在中性塑料夹外层表面标注本夹文献的起止编号和总的数量。

3. 每包文献清点完毕后，将放置该包文献的所有中性塑料夹自上而下顺序叠放，使用一个牛皮纸夹夹住右侧所有中性塑料夹封口，并在牛皮纸夹上注明此文献包的批次号、箱号、包号、文献起止号和数量。

（三）注意事项

1. 包装材料尺寸。散件文献统一使用大尺寸中性塑料夹包装，簿册文献根据其大小、厚度选择不同尺寸的中性塑料夹包装。

2. 包装数量。大尺寸、纸张状况良好的散件文献，每个中性塑料夹可放置 10 件文献；小尺寸、纸张状况良好的散件文献，如上下忙执照、收税票等，每个中性塑料夹可放置 20 至 40 件；簿册文献薄厚不一，视具体情况而定。

3. 破损文献包装方式。对于破损、断裂、絮化、脆化或者霉蚀特别严重的文献，为避免霉菌扩散，以及文献叠放摩擦容易造成的二次损坏，每件文献单独以中型塑料夹包装，并按照编号顺序叠放于大塑料夹内。

4. 大尺寸文献包装方式。对于超大尺寸文献，按适当尺寸折叠文献后予以包装。折叠文献时尽量避开文字、图表字迹，并尽量减少折叠次数。

5. 文献编号标注。布、帛类文献因无法使用铅笔在文献背面标注编号，可单独以塑料夹包装，使用油性笔在塑料夹外层标注文献编号。

6. 同一包文献由若干中性塑料夹包装时，每个中性塑料夹用牛皮纸夹裹住封口，标注包号及本塑料夹的顺序号，顺序号可选用“（一）”“（二）”之序号方法。

五、入库庋藏

（一）入藏

整理者对民间历史文献完成编号、登记与包装后，按照编号顺序将包装好的文献入藏书库，置于特制的民间历史文献书柜中。入藏方法：散件文献与簿册文献分开存放，实物器物类文献用宣纸包裹或保持原有包装方式的文献按编号顺序置于纸质文献旁。这种做法目的在于确保文献的平整存放。卷轴、器物等特殊形制的文献，置于特定的字画柜。整理者须集中登记每个民间历史文献柜所藏文献起止号和文献数量。

（二）登记

编制“民间历史文献出入库登记表”（见附录一），对入藏书库的民间历史文献展开准确、详细、完整的出入库信息登记，内容包括文献编号、入藏书柜号、入藏时间、经手人，以及出入库时间与经手人。

第三章

民间历史文献分类

第一节　研究现状

截至目前，中国国内尚未形成一套具有广泛适用性的民间历史文献分类法。

以徽州民间历史文献为例，据不完全统计，20世纪90年代以来，徽州民间历史文献分类整理影印出版成果有十余种。同时，部分文献收藏机构通过不同的方式开发了数据库，如黄山学院的徽州文书特色数据库、上海交通大学地方历史文献数据库等。在徽州民间历史文献整理出版和数据库开发过程中，为适应文献整理需要，文献整理者制定了各自相应的分类法和分类体系，其中有部分颇具代表性和影响力（见表3–1），促进了徽州民间历史文献的分类法研究与发展。

表3–1　汇编出版著作中徽州民间历史文献分类体系一览

题名	出版时间	分类依据	分类层级	一级类目		备注
				数量	类目名称	
《明清徽州社会经济资料丛编》	1988 1990	内容	2级	6类	卖田文契、卖地文契、卖屋基田地文契、卖园文契、卖塘文契、卖山文契	分类体系适用徽州经济文书
《徽州千年契约文书》	1991	首按形式分类，类下按时间排列			无	散件文书、簿册文书及鱼鳞图册均按时间排列
《徽州历史档案总目提要》	1996	内容	2级	7类	土地类、政务类、赋税类、文化类、工商类、邮政类、宗法类	

续表

题名	出版时间	分类依据	分类层级	一级类目		备注
				数量	类目名称	
《徽州文书类目》	2000	内容	2 级	8 类	土地关系与财产文书、赋役文书、商业文书、宗族文书、官府文书、教育与科举文书、会社文书、社会关系文书	
《徽州文书》	2005—2017	归户	2 级	2 类	归户文书、散件文书	归户文书下不再分类，散件文书按类型划分
《中国徽州文书》	2010	内容	3 级	10 类	土地关系与财产文书、赋役文书、商业文书、宗族文书、官府文书、教育文书、会社文书、社会关系文书、民间文化文书、其他文书	
上海交通大学地方历史文献数据库	2014	文书性质	2 级	13 类	契约、账本、赋役、诉讼、行政、家谱、信函、日用类书与工具书、家礼、宗教、戏剧、教育考试、医药	

由表 3–1 可知，徽州民间历史文献的早期整理活动主要围绕单一类型的文书展开，如《明清徽州社会经济资料丛编》以徽州经济类文书为分类整理对象，《徽州千年契约文书》《中国历代契约会编考释》以契约文书为分类整理对象。

随着对徽州民间历史文献研究的不断深入，以及徽州民间历史文献的持续规模性发现和收集，学术界逐渐认识到简单地按文书产生的时间顺序以及文书的形式分类排序无法满足多类型的徽州民间历史文献分类和整理需求。自《徽州历史档案总目提要》开始，学术界为适应徽州民间历史文献内容的丰富性和类型的多样性，逐渐深入展开综合性的分类法研究，积极参考档案学、图书馆学等学科的文献分类理论，同时注重对民间历史文献本身特性的深入分析。如《徽州历史档案总目提要》参考档案分类法将徽州民间历史文献分为土地类、政务类、赋税类、文化类、工商类、邮政类、宗法类等七类。《徽州文书类目》《中国徽州文书》开始根据内容将徽州民间历史文献划分为八类。《徽州文书》根据徽州文书的归户性特点，对文书采用归户分类方法整理，上海交通大学历史系在整理包括徽州民间历史文献、福建文书等多地区、多类型民间历史文献过程中，按照文书的性质、类型对文书进行系统地分类。

在分类体系和类目设置上，早期的徽州民间历史文献分类实践，针对的文献类型单一，分类层级和类目设置简单，主要满足文献的物理保存和排架需求。随着徽州民间历史文献规模性整理和数字化建设的不断发展，文献分类体系的类目设置越来越详细，一级类目从早期的六类扩展至十三类；分类层级从一级、二级扩展至三级，分类体系逐步完备。

然而，徽州民间历史文献的分类研究和现状仍然存在很多问题，包括各级类目划分标准不统一，各级类目设置不完整，以及文献分类不当等。

一般而言，文献分类应基本遵循逻辑分类的原则，这种分类方法是逐级次第展开的。在同一分类层级，一般应遵循一个分类标准。而徽州民间历史文献现有的分类体系中，无论是按内容分类，还是按文献性质分类的分类法，均存在同一层级分类标准不统一的问题，如上海交通大学的地方历史文献分类法中，契约、账簿、家谱、信函等类目是以文书类型划分，而行政、赋役、家礼、诉讼、宗教、教育考试等类目是以文书内容划分。这种同一层级按照两种分类标准划分的情况容易导致类目外延的交叉，如息状、和解书等在内容上属于诉讼文书，而形式上又属于契约合同。

各级类目设置应尽可能完整，否则会导致很多文献无法纳入相应的分类体系中。上海交通大学的地方历史文献分类体系中，一级类目按文献类型划分为十三类，但文书中歌谣、小说、散文、诗抄、杂记等则无法归入其类，这种类目划分是不全面的。又如《徽州文书类目》中土地关系与财产文书下按形式分为买卖、典当、买卖契税、买卖赋税推收、买卖产权归户五类，但土地关系的形式不只上述五类，文书类型也不只上述五类，因此这种类目划分也是不全面的。

徽州民间历史文献的分类工作必须建立在对各类型文书深入的文本分析基础上，否则会导致分类不当。如《徽州文书类目》将诉讼文书归入官府文书档案，而在徽州民间历史文献实际清点过程中，发现大量的诉讼文书均以具状、禀状、证词等形式存在，并不属官府文书。又如《徽州文书类目》中将买卖赋税推收文书归入土地关系与财产文书档案，但实际上，推单、推收税票等文书均是赋税转移产生的相关文书，归入赋税文书类更为合理。

因此，研究和编制适应徽州民间历史文献类型和内容特性，并具有广泛适用性的徽州民间历史文献分类法具有重要的学术意义，是进一步推进徽州民间历史文献整理与研究的基础，是促进民间历史文献分类理论发展的重要内容。

第二节 编制原则

科学的文献分类法的编制，首先必须设立合理的文献分类原则。以中山大学图书馆为例，该馆通过对馆藏民间历史文献的类型、内容进行深入分析研究，全面吸收明清社会史专家的建议，在充分遵循民间历史文献类型与内容多样性、关联性、归户性等基础上，确立了民间历史文献的分类原则：类目概念清晰、分类检索、动态逻辑、可扩展和简化原则等。

一、类目概念清晰原则

民间历史文献的各级类目在概念内涵上要准确、清晰、互相排斥，在外延上要互不交叉，这是建立科学分类体系的重要基础。民间历史文献的类目设置必然呈现多级类目体系，因此每一级类目的设置，应遵循统一的标准，必要时还需要对类目进行解释与说明。民间历史文献从其产生、流传和利用的过程角度来看，有着不同的分类设置思路，如从文献的产生来看，不同的制作者可以作为文献分类的依据，包括个人、家庭、家族、村落、官府、学校等；从文献的流传来看，流传的范围可作为文献分类的依据，包括社会范围的公开流传文献、特定范围的流传文献，以及代际流传下来的文献；从文献的利用来看，不同的涉事性质可作为文献分类的依据，包括商业、土地财产、社会管理、户籍、诉讼等。如何合理地选择民间历史文献的分类依据，关系到整个分类体系的系统性。

二、分类检索原则

传统文献分类法的基本功能是编制分类检索工具和组织文献排架。随着当前文献数字化的不断发展，文献分类体系应适应数字化发展需要，注重对数字化文献分类检索功能的支持。文献分类体系中，类目的划分决定了文献聚类的性质和质量，对文献检索的结果有重大影响，因此，文献类目的划分一般选择文书的本质属性中最具检索意义的属性作为划分依据。民间历史文献最本质的属性是其内容属性，其分类体系适合采用内容分类法。

三、动态逻辑原则

鉴于民间文献研究的现状，在建立分类层级系统的同时，不能简单地止步于静态类目层级系统，要注意文献在实际社会生活中的使用情况，注意不同类型文献生产、使用和流传的规律，确保分类法体现民间文献自身动态的逻辑性。

四、可扩展原则

迄今为止，全球范围内的民间历史文献已发现的有近两百万件，但遗存民间的数量仍不在少数。对各收藏单位而言，随着整理的不断深入，新的文献类型和内容会不断被发掘，因此文献的分类应具有可扩展性。

五、简化原则

文献最终服务于相关研究和利用，分类体系过于复杂、类目设置过细的分类法往往不利于文献的研究和利用。并且分类越复杂，类目设置越细致，不仅容易因整理者的专业判断能力的原因而产生错误，对于利用者而言也不方便检索。因此，民间历史文献分类编制应遵循简化的原则。

第三节 分类方法

民间历史文献形式多样，从知识的组织程度上可分为民间历史文献档案和书籍，民间历史文献档案按形式又可分为纸质的民间历史文献与实物形式的器物图幅，而1949年前后的纸质文书档案又各有其特点，这决定了民间历史文献难以采用同一种标准进行分类，必须针对不同民间历史文献的性质和类型，分别采用相应的科学分类标准。

以徽州民间历史文献为例，其书籍部分参考古籍四部分类法或《中国图书馆分类法》进行分类；器物、图幅等参考博物馆分类方法按材质进行分类；1949年以后的徽州民间历史文献参考现代档案分类方法进行分类。在此，重点以适用于1949年以前产生的非书籍、非器物图幅类徽州民间历史文献的分类体系作简要探讨。

一、分类标准

已有的徽州民间历史文献分类法大致分归户分类法、内容分类法和文书类型分类法三种。

归户分类法最初由刘伯山主编《徽州文书》时创制和采用。具体方法：按照文书发现和收集后的留存形式分为归户文书和散件文书两大类，归户文书以户为单位编排。归户分类法适用于文献的原始保存地、保存者、保存状态信息完整的文书。由于公藏机构所藏文书多数自文物市场和私人收藏者手中购得，文书的原始归户信息有不同程度的改变和遗失，需进一步研究考证。

文书类型分类法主要由上海交通大学在地方历史文献整理中采用。具体方法：按照文书的类型将民间历史文献划分为契约、账簿、赋役、诉讼、行政、家谱、信函、日用类书与工具书、家礼、宗教、戏剧、教育考试、医药等类。这些文书类型是研究者在整理文献过程中的发现和积累。但徽州民间历史文献类型多样，且数量巨大，随着新的文书的发现，新的文书类型也可能会随之出现，因此根据现有文书类型建立的文书分类体系，其稳定性不足。同时，也无法满足使用者按研究内容分类检索的需求。

内容分类法是以文献内容的知识属性或学科属性作为类目划分标准的分类方法。类目的稳定性是分类体系稳定的基础，必须采用稳定的类目划分标准。对民间历史文献而言，从知识分类的角度设置的类目是相对稳定的。如严桂夫主编《徽州历史档案总目提要》、王钰欣等编纂《徽州文书类目》、黄山学院主编的《中国徽州文书》等，均采用了内容分类法。内容分类可根据文献的内容属性聚集同一研究主题的文书，增强分类体系的检索功能，是目前徽州民间历史文献分类中的主流做法。

为保证分类体系相对的稳定性、实际分类工作的可操作性、类目设置的全面性，以及满足使用者按研究内容进行分类检索的需求，《中山大学民间历史文献分类体系》的分类方法：一级类目采用内容分类法，二、三级类目根据实际需要灵活、综合采用类型、内容等分类法。

二、设计思路

民间历史文献的类型与其在社会交往中的功能、文献的内容密切相关，且比较容易辨识，所以应该以类型为基础，寻找各类文本的基本特征，将在功能、形式、内容上有关联、相似性的文本类型归并为大类，建立文献系统，可以保证充分尊重文献创制者和使用者的主观意识。中山大学图书馆基于这一认识，研究设计了《中山大学民间历史文献分类体系》的编制思路，即在确定一级类目按文书内容进行分类的前提下，以馆藏近 40 万件徽州民间历史文献为样本，逐件开展文本和内容分析，全面提取文书原始类名，在此基础上，深入分析各个类名的概念和类型属性，结合现有徽州民间历史文献分类研究成果，对原始类名进行聚类分析，形成二、三级类目，再逐级根据实际类目分布情况，灵活采用类型、内容分类标准，进一步开展上一级类目的聚类分析，由下而上最终形成四级分类体系。

三、编制流程

图 3-1　中山大学图书馆民间历史文献分类体系编制流程

（一）选择样本

《中山大学民间历史文献分类体系》的编制以该馆藏近 40 万件徽州民间历史文献为样本。这批样本文献原始保存状态和记录较好，数量大，文献形成时间自明代至 20 世纪 50 年代，地点涵盖古徽州一府六县，类型含契约、税票、分家书、会书、账簿、戏曲、诉讼、公文、证书证件等多种。

（二）提取类名

原始类名包含文书内容信息和类型信息，当文书类型能直接体现文书内容时，原始类名则为文书类型名，如分家书、会书等；而当文书类型不能体现文书内容时，初始类名应为文书类型名加内容，如合同、账簿等。

原始类名的提取基本原则为照录原文，如契约类文书的类型提取大多参考首题，即文书第一句信息，如“立断骨出卖契人……”，文书类型照录原文则为“断骨出卖契”。文书本身确无具体名称的再据文书内容自行拟定，自拟题名需备注详细的文书内容，如单张文书内容为某户家庭的各项收支记录，但文书本身无名称，文书类型则自拟为“账单（家庭收支记录）”。

（三）类名聚类

按照自四级基本类目逐级聚类的编制流程，在完成原始类名去重合并工作后，根据不同的聚类标准，逐级开展各级类目的分析、聚类和概念界定工作。其中，四级类目即由去重合并后的原始类名形成。其余各级类目聚类原则如下：

1. 三级类目

按照文书的内容属性对四级类目进行分析和聚类，对同一主题、同一对象的类目予以归纳总结、类名调整，形成三级类目。

例：赋役文书从四级类目到三级类目聚类：

四级类目	三级类目	四级类目	三级类目
产权证明书		补税票	
陈报单收据		吊税票	
共有产权说明书		订税票	
临时土地证		割税票	
丘亩图积丈量簿		过税票	
土地陈报单		计税票	
土地陈报单收据	土地陈报单	买业收税票	推收税票
土地陈报复查更正申请书		山税票	
土地陈报清理产业		上税票	
土地呈报单		收票	
土地登记表		收税票	
土地房产所有证		税票	
土地房产所有证存根		推票	

续表

四级类目	三级类目	四级类目	三级类目
土地房产所有证附土地证增表	土地陈报单	推票照会	推收税票
土地清查登记		推收税照会票	
土地清查登记表		推税票	
土地证费收据		签票	
土地证增表		佥票	
土地自报表		佥业票	
无契土地证明书		佥业归户	
新收土地登记表		佥业归户票	
业户陈报收据		寄税单	
业户土地陈报单		受寄税粮	
清查田亩联单		吊票	
遵宪清田执业方单		除票	

2. 二级类目

三级类目通过分析聚类形成二级类目的环节是一个综合应用多种聚类标准，较为复杂的环节。在充分考虑使用者需求和已有研究成果基础上，可从文书的产生、流传、利用和功能等不同角度对不同的三级类目开展聚类，形成不同聚类标准下的二级类目。每个二级类目下的三级类目则保持统一的聚类标准。

例赋役文书的三级类目从文书的功能用途角度进行聚类：

三级类目	二级类名	三级类目	二级类目
土地陈报文书	赋役登记记录	田赋串票	赋役缴纳记录
黄册		收粮单	
鱼鳞图册		由单	
归户册		户晓单	
实征册		保甲收据	
保甲、门牌		兵役、徭役记录	
其他		其他	

3. 一级类目

按照文献涉事性质，包括商业、土地财产、社会管理、户籍、诉讼等对二级类目进行分析和聚类，形成一级类目。

例：赋役文书的二级类目聚类：

二级类目	一级类目
赋役登记记录	赋役文书
赋役缴纳记录	
赋役转移记录	
赋役征收、催收记录	
赋役免征、缓征记录	
赋役协商记录	
其他	

（四）检验调整

民间历史文献四级分类体系形成后，为检验其在实际分类工作中的适用性和可操作性，继续选择一定量的文书进行分类调整工作，形成最终的分类体系。

（五）分类标记

参考《中国图书馆分类法》对形成的分类体系编号，形成民间历史文献分类表。

第四节　分类体系

《中山大学民间历史文献分类体系》包括分类体系主表和通用分类表。其中主表为三级分类体系，包括 12 个一级类目、74 个二级类目和 143 个三级类目。因四级类目涉及的文献类名数量巨大，在此分类体系中简省。而在实际文献著录工作中，整理编目人员可通过“资源类型”项登记文献的原始类目，并通过计算机进行分类号配置。通用复分表则包括时代复分表和地区复分表两种。

一、分类体系表

■ WA 行政文书

WA01 公文、公牍
- WA0101 谕札
- WA0102 敕书
- WA0103 咨文
- WA0104 移会
- WA0105 照会
- WA0106 奏折
- WA0107 禀帖
- WA0108 勘合
- WA0100 其他

WA02 政令、律例
- WA0201 密令
- WA0202 禁约
- WA0203 告示
- WA0204 诰命
- WA0205 功牌
- WA0206 宪牌
- WA0200 其他

WA03 证件
- WA0301 证书
- WA0302 国民身份证
- WA0303 通行证
- WA0300 其他

WA00 其他

■ WB 赋役户籍

WB01 赋役登记记录

WB0101 土地陈报单

WB0102 黄册

WB0103 鱼鳞图册

WB0104 归户册

WB0105 实征册

WB0106 保甲、门牌

WB0100 其他

WB02 赋役缴纳记录

WB0201 田赋串票

WB0202 收粮票

WB0203 由单

WB0204 户晓单

WB0205 保甲收据

WB0206 兵役、徭役记录

WB0200 其他

WB03 赋役转移记录

WB0301 推单

WB0302 推收税票

WB0300 其他

WB04 赋役催收记录

WB0401 滚单

WB0402 赋役缴纳通知

WB0400 其他

WB00 其他

■ WC 土地关系与财产文书

WC01 土地产业记录

WC0101 置产簿

WC0102 抄契簿

WC0103 产业清单

WC0100 其他

WC02 土地财产交易（关系）记录

WC0201 买卖文书

WC0202 典当文书

WC0203 租佃文书

WC0204 托管承管文书

WC0205 借贷文书

WC0206 倒契

WC0207 兑换文书

WC0200 其他

WC03 契税

WC0301 契税执照

WC0302 契税收据

WC0303 契尾

WC0304 验契纸

WC0300 其他

WC04 分家继承

WC0401 分家书

WC0402 继书

WC0403 招赘书

WC0400 其他

WC00 其他

WC0001 包契纸

WC0002 印花税票

■ WD 诉讼文书

WD01 互控文书

WD0101 诉词

WD0102 证词

WD0100 其他

WD02 审判文书

WD0201 催状

WD0202 传讯票

WD0203 拘票

WD0204 验词（取证词）

WD0205 批语

WD0206 判词

WD0200 其他

WD03 息讼文书

WD0301 甘结

WD0302 和解书

WD0303 其他

WD04 诉讼案卷

WD0401 卷宗

WD0402 讼词稿

WD0403 抄招

WD0400 其他

WD00 其他

■ WE 商业经营文书

WE01 商业合同及股份文约

WE0101 合伙经营合同

WE0102 承揽合同

WE0103 赔偿合同

WE0104 清白结算合同

WE0105 买卖合同

WE0106 股份文约

WE0100 其他

WE02 商业执照、税照、印照

WE0201 执照

WE0202 税照

WE0203 印照

WE0200 其他

WE03 商业账簿

WE0301 商业收支账

WE0302 盘货账

WE0300 其他

WE04 商业票据

WE0401 发票

WE0402 收据

WE0403 货单

WE0404 凭票

WE0400 其他

WE00 其他

WE0001 广告纸

WE0002 宣传单

WE0003 包装纸

WE0000 其他

■ WF 宗族文书

WF01 家谱、氏族及人丁登记

WF0101 宗谱

WF0102 世系

WF0103 人物事略

WF0100 其他

WF02 祭祀、祭祠

WF0201 祭谱

WF0202 祭祀文

WF0203 神主牌位

WF0200 其他

WF03 宗族议事文书

WF0301 族法家规

WF0302 照会

WF0303 轮值排序

WF0304 宗族合约

WF0300 其他

WF04 族产管理文书

WF0401 账簿

WF0400 其他

WF00 其他

■ WG 社会关系与社会事务文书

WG01 会社文书

WG0101 会社文约、会务及章程

WG0102 会社财产及经营

WG0100 其他

WG02 社会往来文书

WG0201 日记信札

WG0202 投师文约

WG0403 兰谱

WG0400 其他

WG03 社会事务文书

WG0301 乡规乡约

WG0302 捐资票据

WG0303 议事合同

WG0300 其他

WG00 其他

■ WH 民俗文书

WH01 婚俗文书

WH0101 两造命理单

WH0102 成婚择吉单

WH0103 婚书

WH0104 礼单

WH0105 喜帖

WH0106 离婚协议

WH0100 其他

WH02 丧葬文书

WH0201 吊文

WH0202 讣告

WH0203 葬文

WH0204 哀章

WH0205 墓葬图址

WH0200 其他

WH03 佛道文书

WH0301 测命

WH0302 风水择吉

WH0303 科仪

WH0304 签文

WH0305 请神祈福

WH0300 其他

WH04 医药文书

WH0401 医书

WH0402 药方

WH0400 其他

WH00 其他

■ WI 科试教育文书

WI01 科举文书

WI0101 蒙书

WI0102 制仪书

WI0103 科试试卷

WI0104 捷报

WI0105 学案

WI0106 小抄

WI0100 其他

WI02 学校教育

WI0201 作业

WI0202 试卷

WI0203 习字本

WI0204 成绩单

WI0205 奖状

WI0206 证书

WI0200 其他

WI00 其他

■ WJ 文学与艺术文书

WJ01 诗文

WJ0101 诗歌

WJ0102 散文

WJ0100 其他

WJ02 小说

WJ03 曲艺

WJ0301 曲本

WJ0302 唱本

WJ0300 其他

WJ04 书画

WJ0401 书法

WJ0402 绘画

WJ0403 其他

WJ05 杂记

WJ00 其他

■ WK 类书与工具书

WK01 类书

WK0101 商用类书

WK0102 日用类书

WK02 工具书

WK0201 字典

WK0202 词典

■ WL 其他文书

二、标记制度

标记符号也称分类号，是类目的代号。体系分类法的标记符号必须具备固定类目位置、排列类目次序、表达类目体系结构等功能。因此，体系分类法的标记符号通常采用具有固定数序特征的字母或数字符号编制。

（一）分类法标记

如前文所述，不同性质的民间历史文献的分类参考不同的分类方法。因此，标记系统的第一部分标识功能设置为显示分类体系的类别，标识符包括字母 S、D、B、W。字母 S 表示四部分类法，适用于书籍；字母 D 表示现代档案分类法，适用于 1949 年以后的非书籍类文献；字母 B 表示博物馆分类方法，适用于器物、图幅、书画等；字母 W 表示本稿之民间历史文献分类法，适用于 1949 年以前的文书。

（二）分类体系标记

《中山大学民间历史文献分类法》的编号制度参考《中国图书馆分类法》采用层累制。所谓层累制，是根据文献类目的不同等级和需求，分配不同位数的号码和数字的编号方法。标识符号的第一位统一为 W；第二位则用字母 A 至 L 标识分类体系的第一级类目，如 WA 类为行政文书类，WB 赋役文书类，WC 类为土地与财产关系文书类，WD 类为诉讼文书类等。二级类目和三级类目分别由两位数字（01—99）标识。例：

WB 赋役文书

WB01 赋役登记记录

　WB0101 土地陈报单

　WB0102 黄册

　WB0103 鱼鳞图册

　WB0104 归户册

　WB0105 实征册

　WB0106 保甲、门牌

　WB0100 其他文书

WB02 赋役缴纳记录

　……

WB03 赋役转移记录

　……

WB04 赋役催收记录

　……

WB00 其他

（三）特殊性标记

1. 其他类文书标记

为保证分类体系的可扩展性、动态性和连续性，分类体系二、三级类目均设置了其他文书项，以 00 标识。如赋役文书二级类目中的其他文书编号为 WB00，二级类目赋役登记记录文书中其他文书的分类号为 WB0100。

2. 占位处理

为保证文书分类号的体例、数位一致，二、三级类目均用两位数字标识，分类数量未达两位数时，十字位用 0 占位。如实征册的分类号为 WB0105 而非 WB15。

三、通用复分表

复分表附在分类表之后，是分类表各级类目组配复分的依据。通用复分表包括时代复分表和地区复分表两类，只能对类目起复分作用，不能单独使用。

（一）时代复分表

该表依文书所属时代标准划分，由于徽州民间历史文献时间跨度为宋朝至建国前，时代复分表分为以下几类，基本结构如下：

–a …… 宋

–b …… 元

–c …… 明

–d …… 清

–e …… 民国

（二）地区复分表

该表依据徽州地区行政区划标准划分，基本结构如下：

–1 …… 歙县

–2 …… 休宁县

–3 …… 祁门县

–4 …… 黟县

–5 …… 绩溪县

–6 …… 婺源县

四、类目说明

一级类目是民间历史文献的基本大类，是对民间历史文献涉及学科或知识领域的概括和总结。《中山大学民间历史文献分类体系》包含 12 个大类。

（一）行政文书

官府在处理行政事务时产生的文书。该类文书应具有以下特点：由法定作者制发；具有法定的权威性和效用性；有特定的行文格式、行文规则。据此特点，赋役、诉讼及各类执照等类型文书中部分也应归入行政文书类，但赋役、诉讼等文书类型复杂且相对独立，宜单独立类。同时，因执照类文书内容多数为商业、赋役类执照，本分类体系将执照归入各相应主题类。行政文书下分四类，包括 WA01 公文、公牍；WA02 政令与律例；WA03 证件；WA00 其他。

（二）赋役文书

与赋役征收相关的文书。这类文书包括：赋役征收的依据文书，如土地陈报单、黄册、归户清册、鱼鳞册等；赋役征收缴纳凭证性文书，如田赋执照、田赋串票、纳粮执照、上下忙串票等；赋役转移文书，如推税票、收税票等。赋役文书下分五类：WB01 赋役登记记录；WB02 赋役缴纳记录；WB03 赋役转移记录；WB04 赋役催收记录；WB00 其他。

在其他已有的徽州文书分类体系中，部分将推单归入土地关系与财产大类，本分类体系基于推单是土地所有权发生变化后对纳税人变更的约定，所推内容实际是税而非土地，因此归入赋役文书。

（三）土地关系与财产文书

土地关系与财产文书数量巨大，是民间历史文献的主体，类目划分较为复杂。该类文书的主体仅指个人或家庭，凡主体为商业机构或宗族组织的土地、财产相关文书则分别入商业文书类或宗族文书类。土地关系与财产文书下分五类，主要类目如下：

1. 土地财产记录文书

记录个人或家庭土地、财产的文书，包括：置产簿、抄契簿、产业清单等对土地财产的记录性文书，和记录个人或家庭开支情况的家计账本。

2. 土地财产交易记录文书

土地财产交易形式可分为买卖、典当、租佃、倒契、兑换、找价添价、托管承管等类，依据交易形式可将土地财产交易记录文书下分：买卖文书、典当文书、租佃文书、倒契、兑换文书、找价文书、托管及承管文书七类。

3. 契税文书

契税文书包括契税凭证、契税收据、契尾、验契纸等。归入此类原因在于：契税通常是由土地、财产交易产生，是反映土地关系和财产的重要内容，并从保存方式来看，契税文书通常与交易文书保存于一起，二者密不可分。

4. 分家继承文书

分家继承的对象一般是土地、钱财、债务等，其本质是土地与财产关系的变更，并且分家的主体一般以个人或家庭为单位，满足本分类体系对土地关系与财产文书的定义，因此归入此类。分家继承文书下设分家书、继书、招赘书、其他四类。

（四）诉讼文书

在诉讼过程中产生的文书。从文书制作的角度来看，部分诉讼文书如传票、拘票、堂票等可归入行政文书类，但为了保证同一主题的文献集中、不交叉分类的原则，本稿单立诉讼文书为一类。根据形式来分，诉讼文书可分为散件诉讼文书和簿册类诉讼文书，散件文书的具体类型如禀状、证词、催票、和解书等归纳总结为互控文书、审判文书及息讼文书；簿册类诉讼文书则可按照性质分为官府留底后流于民间的案卷卷宗、民间抄写官府认可的抄招及民间抄写的讼词稿三类。为保持分类体系体例的一致，诉讼文书类目省略散件、簿册这一分类层级，下设类目：WD01 互控文书，包括诉词、证词；WD02 审判文书，包括催状、传讯票、拘票、验词、批语、判词；WD03 息讼文书，如甘结、和解书等；WD04 诉讼案卷，包括卷宗、诉讼词稿和抄招三类；WD00 其他。前三个类目是针对散件诉讼文书的分类，第四个类目则是簿册类诉讼文书的分类。

（五）商业文书

与商业经营活动相关的文书，商业文书类型多样，大致可分为：WE01 商业合同及股份文约；WE02 商业执照、税照、印照；WE03 商业账簿；WE04 商业票据。广告纸、宣传单、包装纸等入其他类。

（六）宗族文书

宗族文书的判定以文书主体的身份为标准，凡不能确定宗族身份的文书均不入此类。由于宗族身份在祭祀、族务、族产管理等活动中比较明确，而在土地买卖、赋役立户等事项中，宗族身份是模糊难以确定的，因此在判定时需格外注意。宗族文书类分为 WF01 家谱、氏族及人丁登记；WF02 祭祀、祭祠文书；WF03 宗族议事文书，包括族法家规、照会、轮值排序、宗族合约等；WF04 族产管理文书。

（七）社会关系与社会事务文书

反映民众社会交往、社会活动，以及参与社会事务等方面的文书，包括：WG01 会社文书；WG02 社会往来文书，如日记信札；WG03 社会事务文书；WG00 其他。

1. 会社文书

徽州地区钱会活动比较普遍，会社文书则是对这种钱会活动的原始记录资料。包括会社文约、会务及章程与会社财产及经营文书两大类，是研究民间金融发展的重要资料。

2. 社会往来文书

个人在社会交往过程中产生的相关文书，如日记信札、投师文约、兰谱等。

3. 社会事务文书

个人、家族或社会组织处理社会事务时产生的文书，如乡规乡约、捐资票据等。

（八）民俗文书

反映婚姻、丧葬、宗教信仰等民间社会习俗的相关文书，包括WH01婚俗文书；WH02丧葬文书；WH03佛道文书；WH04医药文书；WH00其他。本书系首次在民间历史文献分类体系中设立民俗文书类。

1. 婚俗文书

婚俗文书包括婚俗礼仪有关的全部文书，该级类目又可分为两造命理单、成婚择吉单、婚书、礼单、喜帖、离婚协议等类。

2. 丧葬文书

有关丧葬礼仪的文书，如吊文、讣告、葬文、哀章、墓葬园址等。

3. 佛道文书

用于测命、风水择吉、请神祈福等堪舆活动，或反映某种宗教信仰的相关文书。佛道文书按使用用途划分为：WH0301测命；WH0302风水择吉；WH0303科仪；WH0304签文；WH0305请神祈福等。

4. 医药文书

雕版刻印的医书、药书归入书籍类，参考古籍四部分类法分类。民间历史文献中医药文书主要指单张的药单、药方、自编医书等，其中有许多民间偏方。因这类文书与民间习俗有一定的关联，且数量不多，单独立类略显单薄，因此归入民俗文书。医药文书包括：WH0401医书；WH0402药方等。

（九）科试教育文书

科试教育文书按不同教育形式分为WI01科举文书、WI02学校教育文书及WI00

其他。科举文书下设蒙书、制仪书、科试试卷、小抄、捷报、学案等类；学校教育文书下设教科书、作业、试卷、习字本、成绩单、证书等类。

（十）文学与艺术文书

包括语言、文学及艺术相关的文书。下设 WJ01 诗文，包括诗歌、散文，具体的文书类型有打油诗、自作诗、散文、随笔、杂记、序言等；WJ02 小说，主要指抄本的自创小说，刻版印刷的小说归入书籍大类；WJ03 曲艺；WJ04 书画；WJ05 杂记；WJ00 其他。

（十一）类书与工具书

类书是指辑录各种书中的材料，按门类、字韵等编排以备查检的资料性书籍，包括商用类书与日用类书。二级类目包括：WK01 类书，其下可分为商用类书、日用类书等。WK02 工具书，如字典、词典等。

（十二）其他文书

为保持文书的可扩展性，本分类体系设立其他文书项。凡无法归入以上十一个大类的文书均入此类。

第四章

编目著录与元数据规范

第一节　研究与发展现状

民间历史文献的编目著录是按照一定的编目规则，分析、描述和著录每一种文献信息资源的形式和内容特征，按照一定的顺序组织著录款目形成目录，从而实现文献的典藏管理、信息揭示和检索利用的目的，是民间历史文献整理工作的重要内容。

民间历史文献编目著录款目和著录规则由文献整理的目标决定。随着文献信息揭示与呈现方式的不同和发展，从传统的目录、图录，到具有不同检索功能的数据库目录，民间历史文献的编目著录款目和著录规则在不断地发展和变化。本书以徽州民间历史文献为例，选择相关的文书汇编、论著、民间历史文献元数据相关研究论文和其他相关参考著述为对象，考察徽州民间历史文献从传统出版到数字化建设发展过程中，文献编目著录和元数据规范的研究与发展情况，并简要梳理相关的档案著录规则和历史田野考察中民间历史文献的信息登记制度，为民间历史文献元数据规范的制定提供参考。因贵州、浙江、福建、广东、山西、四川、台湾等地出现的文书，以及敦煌文书、明清档案等历史文献资源数量庞大、论著丰富，在此仅考察、研究其中个别文献类型的研究成果，以资借鉴。

一、传统目录著录

公藏机构或私人研究者通过目录汇编、全文释录、图录汇编等方式对徽州民间历史文献进行目录信息和内容揭示，以供学者检索和研究，是民间历史文献整理的主要传统方式。这些传统整理方式一般辅助目录索引工具，帮助使用者检索文献实物，查阅文献内容，其目录著录项目普遍较为简单，仅有文献编号、题名等基本信息。

（一）目录汇编

目录汇编是通过对文献基本信息编制目录予以揭示的一种出版形式，代表成果有《徽州历史档案总目提要》《徽州文书类目》等。其中，《徽州历史档案总目提要》的条目“由标题、时间、检索号（或藏地）组成，少数条目或有注释，或有照片参见和注释”[①]。《徽州文书类目》著录款目由原件编号、题名构成：“各条目所拟题名包括时间、地点、事主、事由、附件诸项内容”，“每件（册）文书的编号统一由12位阿拉伯数字组成，依次代表种类、朝代、年号、年份、月份和馆藏契纸序号”。[②]由此可见，目录汇编形式的出版物一般仅提供文献编号、标题（题名）、收藏地等信息项，并通过编号、标题的编制规则提供诸如年代、地点、人物、事由、文献类别等要素。

（二）全文释录

徽州文书整理初期，研究者对徽州地区契约文书的整理出版多选择全文释录的方式，按照文献原有体例格式逐录文献内容，甚至进一步对文献内容进行历史、文献学考证、注释和分析研究，具有较高的学术价值。代表成果有《明清徽州庄仆文约辑存——明代徽州庄仆制度之侧面的研究》[③]、《明清徽州土地契约文书选辑及考释》[④]、《明清徽州社会经济资料丛编》（第一辑）[⑤]、《明清徽州社会经济资料丛编》（第二辑）[⑥]、《窦山公家议校注》[⑦]、《中国历代契约会编考释》[⑧]、《美国哈佛大学哈佛燕京图书

① 严桂夫．徽州历史档案总目提要［M］．合肥：黄山书社，1996：凡例．
② 王钰欣等．徽州文书类目［M］．合肥：黄山书社，2000：编辑体例．
③ 傅衣凌．明代徽州庄仆文约辑存——明代徽州庄仆制度之侧面的研究［J］．文物，1960（2）：11—20.
④ 陈学文．明清徽州土地契约文书选辑及考释［J］．中国农史，2002（3）：47—59.
⑤ 安徽省博物馆．明清徽州社会经济资料丛编（第一辑）［M］．北京：中国社会科学出版社，1988.
⑥ 中国社会科学院历史研究所．明清徽州社会经济资料丛编（第二辑）［M］．北京：中国社会科学出版社，1990.
⑦ 周绍泉，赵亚光．窦山公家议校注［M］．合肥：黄山书社，1993.
⑧ 张传玺．中国历代契约会编考释［M］．北京：北京大学出版社，1995.

馆藏明代徽州方氏亲友手札七百通考释》①、《清至民国婺源县村落契约文书辑录》②、《中国历代契约粹编》③等。

《明清徽州庄仆文约辑存——明代徽州庄仆制度之侧面的研究》对收录的徽州民间历史文献以全文释录的形式提出相关史学研究观点。《明清徽州土地契约文书选辑及考释》著录了所收徽州民间历史文献的题名，并录其全文，解说和评论文献体例和内容。

其他全文释录汇编成果一般著录有文献编号、题名、存藏地等款目。其中，题名拟定规则趋于相同，包括年代、地点、事主、文献类型等要素。《明清徽州土地契约文书选辑及考释》和《中国历代契约会编考释》中每件文献的题名："包含立契年代、地点、契主姓名、契约性质和红、白、官版契诸要素。"④《清至民国婺源县村落契约文书辑录》的文书题名包括六个字段，即"乡镇—村落—编号—年代—文书性质—事件"，⑤文献归户信息较为完整。《中国历代契约粹编》提供了题名、注释等款目，其中契约题名包含"立契年代、地点、契主姓名、契约性质和红、白契诸要素"，注释分条批注，"注［一］为本契之出处。其他注以考证年代、地名、官制、器物、制度、契约性质、古今字义等为主"。⑥这种注释侧重对文献中字词的解释，便于读者解读或研究文献内容。

另有部分全文释录成果提供了相关文献的统计总表，其栏目设计体现了编者对文献内容的分析和研究水平，这对契约文书研究和收藏机构文书元数据设计具有重要的参考价值。

《明清徽州社会经济资料丛编》（第一辑）在附表《卖田契》《卖地契》《卖山契》《卖塘契》的统计中，分列时间、地点、卖者、买者、出卖原因、数量（亩）、价格（两）、馆藏号等 8 个栏目。⑦《明清徽州社会经济资料丛编》（第二辑）在附表《宋代土地买卖文契总表》《元代土地买卖文契总表》《明代卖地文契总表》《明代卖屋基田地文契总表》《明代卖园文契总表》《明代卖塘文契总表》《明代卖山文契总表》中分列

① 陈智超．美国哈佛大学哈佛燕京图书馆藏明代徽州方氏亲友手札七百通考释［M］．合肥：安徽大学出版社，2001.

② 黄志繁等．清至民国婺源县村落契约文书辑录［M］．北京：商务印书馆，2014.

③ 张传玺．中国历代契约粹编［M］．北京：北京大学出版社，2014.

④ 张传玺．中国历代契约会编考释［M］．北京：北京大学出版社，1995：凡例．

⑤ 黄志繁，邵鸿，彭志军．清至民国婺源县村落契约文书辑录［M］．北京：商务印书馆，2014：凡例．

⑥ 张传玺．中国历代契约粹编［M］．北京：北京大学出版社，2014：凡例．

⑦ 中国社会科学院历史研究所．明清徽州社会经济资料丛编（第一辑）［M］．北京：中国社会科学出版社，1988：581—603.

藏契单位、原藏契号码、立契时间、地点（县—都—图—保）、卖*人姓名、契首称谓、契尾称谓、*来源、买*人姓名、与卖*人关系、卖*原因、*面积（亩—分—厘—毫—系—忽）、价额、佃人姓名、租额、契别、备注等17个栏目。①*是指具体产业类型，如田土、地、屋基田地、园、塘、山。

《窦山公家议校注》在附表一《徽州祁门善和里程氏东房派族田一览表（据《窦山公家议》卷四《田地议》制）》设立7类13个栏目，包括坐落，自有田亩数，租额（租谷、租鸡），与他人共有田及该得分籍、租额（共有田亩数、租额、东房该得田亩数、东房该得租额），买受他人田亩、租额（田亩数、租额），该保东房田亩总数，租额（租谷、租鸡）等。② 该著之附表《田产状况表》《山地状况表》《军业田土状况表》中设立了7类15个栏目，包括坐落、土名、字号、种类和亩步（田、丘数、塘、地、块数、山）、租佃情况、租额（租谷、租鸡、租膳、租银）、备注等。③ 有关土地契约文书的统计表《〈布政公誊契簿〉中买田土契表》设立有13个栏目，包括立契时间、地点（县—都—图—保）、卖田人姓名、契首称谓、契尾称谓、田土来源、买田人姓名、与卖田人关系、卖田原因、田土面积（亩—分—厘—毫—系—忽）、价额、租额、备注等。④ 这与《明清徽州社会经济资料丛编》（第二辑）无大差异。

上述徽州民间历史文献汇编著述的附表栏目设计详细，全面标记了土地买卖契约的关键信息，如时间、地点、买卖双方人物、买卖关系、标的物面积价值租额等。列表统计的整理方法对考察某一时代、某一类型土地交易的社会经济全貌有较大的参考价值，其栏目设计为民间历史文献中以契约誊抄簿和抄契簿为代表的文献统计、分析、著录工作提供了参考。

其他地区民间历史文献的汇编成果，也有一定的参考价值，如《清代地契史料》（1985），其附表项目包括：编号、年代、公元、买主姓名、产业种类（水田—旱地—房屋）、田地共价、亩价、地址、备考等栏目。⑤《民国地契档案史料》在《契格简表》中设立新编号、原契号、产业（田—地—房）、单价、契价、收租、产业所在地址、佃户、期契日期（发契日期）、备考等栏目信息，在《官契简表》设立新编号、原契号、业主、原业主、产业（田—地—房）、卖价、田地座落、立契年月、载粮等栏目信息，

---

① 中国社会科学院历史研究所．明清徽州社会经济资料丛编（第二辑）［M］．北京：中国社会科学出版社，1990：5—6，14—18，131—168，273—312，365—382，400—405，416—419，561—610.

② 周绍泉，赵亚光．窦山公家议校注［M］．合肥：黄山书社，1993：141.

③ 周绍泉，赵亚光．窦山公家议校注［M］．合肥：黄山书社，1993：143.

④ 周绍泉，赵亚光．窦山公家议校注［M］．合肥：黄山书社，1993：314.

⑤ 熊敬笃．清代地契史料［M］．成都：四川省新都县档案局，新都县档案馆，1985：143—154.

详细地统计各年契约信息。[①] 又如清水江文书汇编成果中，《贵州苗族林业契约文书汇编（1736—1950）》（史料篇）在文书的释文前著录其编号、契名、卖主、买主、地名、价银、年代、附注等详细信息。[②] 这些表格栏目或文书著录信息均是建立于对契约文书内容分析的基础上进行的信息揭示，这些成果对民间历史文献元数据的设计具有较高的参考价值。

（三）图录汇编

利用照相、扫描等技术对民间历史文献进行数字化影印出版，可为研究者客观地呈现文献的原文原貌，促进研究者对文献内容的使用。已出版的徽州民间历史文献影印图录汇编成果有《徽州千年契约文书》（宋·元·明编）[③]、《徽州千年契约文书》（清·民国编）[④]、《徽州文书》（1—6 辑）[⑤]、《徽州歙县程氏文书·解说》[⑥]、《安徽师范大学馆藏徽州文书》[⑦]、《中国徽州文书·民国编》（第一辑）[⑧]、《中国徽州文化博物馆馆藏文物集·徽州文书卷》[⑨]、《安徽师范大学馆藏千年徽州契约文书集萃》[⑩]、《中国徽州文书·民国编》（第二辑）[⑪]、《徽州合同文书汇编》[⑫]、《中国明朝档案总汇》（第一册）[⑬] 等。

---

① 熊敬笃 . 民国地契档案史料［M］. 成都：四川省新都县档案局；新都县档案馆，1985：36—50，53—64.

② 唐立，杨有庚，武内房司等 . 贵州苗族林业契约文书汇编（1736—1950 年）第二卷史料篇［M］. 东京：东京外国语大学国立亚非语言文化研究所，2002.

③ 中国社会科学院历史研究所，王钰欣，周绍泉等 . 徽州千年契约文书（宋·元·明编）［M］. 石家庄：花山文艺出版社，1991.

④ 中国社会科学院历史研究所，王钰欣，周绍泉等 . 徽州千年契约文书（清·民国编）［M］. 石家庄：花山文艺出版社，1991.

⑤ 刘伯山 . 徽州文书（1—6 辑）［M］. 桂林：广西师范大学出版社，2005—2017.

⑥ ［日］臼井佐知子 . 徽州歙县程氏文书·解说［M］. 东京：东京外国语大学大学院地域文化研究科，2006.

⑦ 周向华 . 安徽师范大学馆藏徽州文书［M］. 合肥：安徽人民出版社，2009.

⑧ 黄山学院 . 中国徽州文书·民国编（第一辑）［M］. 北京：清华大学出版社，2010.

⑨ 陈琪 . 中国徽州文化博物馆馆藏文物集［M］. 杭州：西泠印社出版社，2013.

⑩ 李琳琦，马勇虎 . 安徽师范大学馆藏千年徽州契约文书集萃［M］. 芜湖：安徽师范大学出版社，2014.

⑪ 黄山学院 . 中国徽州文书·民国编（第二辑）［M］. 合肥：合肥工业大学出版社，2016.

⑫ 俞江 . 徽州合同文书汇编［M］. 桂林：广西师范大学出版社，2017.

⑬ 中国第一历史档案馆，辽宁省档案馆 . 中国明朝档案总汇（第一册）［M］. 桂林：广西师范大学出版社，2001.

《徽州千年契约文书》著录了每件文献图像的原件编号（藏契号码）、原件尺寸："号码内容包括地区、形式、历史时期和具体朝代。其中〔HZ〕代表徽州地区，〔S〕代表散件，〔B〕代表簿册，〔Y〕代表鱼鳞图册，〔四〇〇〕代表清代，〔五〇〇〕代表民国时期。清代从顺治到宣统各朝依次为至。朝代所代表的数字后的四位数，则为该朝文书的顺序号。"①《徽州文书》著录项包括：编号、题名、尺寸，题名包含年代、事主、事由、类型等信息。《安徽师范大学馆藏徽州文书》著录项包括：序号、文书提要、尺寸、公元年，文书提要项包含年代、事主、事由、类型等信息。《中国徽州文化博物馆馆藏文物集》著录所收录徽州文书的款目包括：朝代、名称、尺寸、内容注释（册数、卷数、版本、文书提要、钤印等信息）。黄山学院编《中国徽州文书·民国编》著录有标题、尺寸等项目，其中标题包含年代、所属县、事主、文书类型等信息。"为了克服内容分类固定化之后带来的局限，配合纸质本影印件发行"，"配套制作《中国徽州文书》各编的目录检索光盘，便于不同学者根据各自的研究需要，从类、目、子目、朝代、年号、年序、县名、都名、图名、土名、字号、事主、受业人、白契、赤契、原始编号等不同角度进行多方面的目录检索"。② 由此可见，黄山学院在机构内对所藏徽州文书制定了更为详细的著录项，编成了便于机器检索分析的文献目录。《徽州合同文书汇编》的著录项包括合同编号、标题、文书原件尺寸，其中标题由时间、当事者、事项和合同性质等信息组成。部分汇编图录还提供录文、提要等信息。《中国明朝档案总汇》（第一册）对文献著录的项目有题名、年代。其中，题名含文书事主、事件、文献类型。

（四）图文汇编

在已有的徽州文书汇编成果中，有一部分属于图文汇编成果，如《田藏契约文书粹编》。这类成果将文献影印图像、目录和全文释录结合于一体，进一步满足使用者的利用需求。其中，图像、目录的著录信息包括：文献统一编号、名称、尺寸、录文、钤印、英文提要。"契约名称，不分红契、白契，均据契约发生的年代、主体、行为、标的拟定。可知发生地的契约，依发生时间行政隶属注明发生地。""凡契约文书上加盖的各级印鉴，录文只于每件之后注明［加盖某某印］"，"凡契约中的花押、指迹，

① 中国社会科学院历史研究所，王钰欣，周绍泉等．徽州千年契约文书（宋·元·明编）［M］．石家庄：花山文艺出版社，1991：编辑体例．

② 黄山学院．中国徽州文书民国编（第一辑）［M］．北京：清华大学出版社，2010：体例．

录文均于当事人名下注明［押］”，“凡契约上加贴印花或税票者，均于录文后注明。印花、税票上加盖印鉴的，照原印鉴文字著录”。[①] 该书对文献信息的著录可说是较为全面，尤其是关于钤印等内容的著录值得借鉴。

纵观上述各类汇编成果对民间历史文献信息的目录揭示实践，可以发现，目前民间历史文献的目录著录主要从不同的文献出版需求和目标出发，揭示文献编号、题名、收藏地、尺寸等基本信息（见表 4–1），同时，这些成果在凡例或编辑体例中详细规定了各著录项目的编制和著录规则，有效地保证了文献目录的学术严谨性和规范性，尤其是“标题”“题名”“文书提要”等著录款目的规则详细、全面。这显现了学界在对民间历史文献，尤其是契约等类文书的题名著录规则上基本持一致观点，即文献题名应揭示文献时代、地点、事主、事由、文献类型等基本要素，这一思想对民间历史文献的元数据标准发展具有重要的指导意义。

表 4–1　徽州民间历史文献汇编论著的著录项

序号	论著名称	著录项（附表栏目）	汇编形式
1	徽州历史档案总目提要	标题、时间、检索号（或藏地） 注释、照片参见	目录
2	徽州文书类目	原件编号、题名 题名规则：时间 + 地点 + 事主 + 事由 + 附件 编号依次代表种类、朝代、年号、年份、月份和馆藏契纸序号	目录
3	明清徽州庄仆文约辑存	无	全文
4	明清徽州土地契约文书选辑及考释	题目	全文
5	明清徽州社会经济资料丛编（第一辑）	时间、地点、卖者、买者、出卖原因、数量（亩）、价格（两）、馆藏号	全文
6	明清徽州社会经济资料丛编（第二辑）	藏契单位、原藏契号码、立契时间、地点（县—都—图—保）、卖 * 人姓名、契首称谓、契尾称谓、* 来源、买 * 人姓名、与卖 * 人关系、卖 * 原因、* 面积（亩—分—厘—毫—系—忽）、价额、佃人姓名、租额、契别、备注 。	全文

① 田涛等 . 田藏契约文书粹编 1408—1969［M］. 北京：中华书局，2001：凡例 .

续表

序号	论著名称	著录项（附表栏目）	汇编形式
7	窦山公家议校注	坐落，自有田亩数，租额（租谷、租鸡），与他人共有田及该得分籍、租额（共有田亩数、租额、东房该得田亩数、东房该得租额），买受他人田亩、租额（田亩数、租额），该保东房田亩总数，租额（租谷、租鸡） 坐落、土名、字号、种类和亩步（田、丘数、塘、地、块数、山）、租佃情况、租额（租谷、租鸡、租膳、租银）、备注 立契时间、地点（县—都—图—保）、卖田人姓名、契首称谓、契尾称谓、田土来源、买田人姓名、与卖田人关系、卖田原因、田土面积（亩—分—厘—毫—系—忽）、价额、租额、备注	全文
8	中国历代契约会编考释	题名 题名规则：立契年代—地点—契主姓名—契约性质—红、白、官版契诸要素	全文
9	清至民国婺源县村落契约文书辑录	命名 命名规则：乡镇—村落—编号—年代—文书性质—事件	全文
10	中国历代契约粹编	标题、注释 标题规则：力求包含立契年代、地点、契主姓名、契约性质和红、白契诸要素 注释契约出处、考证年代、地名、官制、器物、制度、契约性质、古今字义	全文
11	徽州千年契约文书（宋·元·明编）（清·民国编）	原件编号、原件尺寸 编号规则：包括地区、形式、历史时期和具体朝代	图录
12	徽州文书（1—6 辑）	编号、题名、尺寸 题名规则：时间 + 地点 + 事主	图录
13	安徽师范大学馆藏徽州文书	序号、文书提要、尺寸、公元年 文书提要规则：年代 + 地点（县）+ 事主 + 文书类型	图录
14	中国徽州文书 · 民国编（第一辑）（第二辑）	题名、尺寸 题名规则：年代 + 地点（县）+ 事主 + 文书类型 + 附契	图录

续表

序号	论著名称	著录项（附表栏目）	汇编形式
15	中国徽州文化博物馆馆藏文物集	朝代、名称、尺寸、内容注释（册数、卷数、版本、文书提要、钤印）	图录
16	徽州合同文书汇编	合同编号、标题、文书原件尺寸 标题规则：时间＋当事者＋事项＋合同性质	图录
17	中国明朝档案总汇（第一册）	题名、年代 题名规则：文书事主—事件—文献类型	图录
18	田藏契约文书粹编	文献统一编号、名称、尺寸、录文、钤印、英文提要	图录全文

然而，上述汇编成果在文献目录著录方面同样存在很多不足，主要是缺少对民间历史文献内容、主题、相关资源、物理特征，以及文献收藏、典藏、利用等信息的详细揭示。但其中少数汇编成果为民间历史文献的详细目录发展、元数据标准设计、本体研究提供了可贵的学术借鉴，如《明清徽州社会经济资料丛编》《窦山公家议校注》的附表栏目设计。

二、数据库元数据

随着数字时代的到来，部分收藏机构尝试研究和开发民间历史文献专题数据库，力求多角度、全方位、深层次地揭示文献信息，实现文献资源的发布、检索与研究分析等多重功能，充分发挥民间历史文献的学术价值，服务于学术研究。目前，已具有一定技术和发展基础的民间历史文献数据库有：敦煌文献数字图书馆①，中国地方历史文献数据库②，厦门大学中国地方史与民间文献数据库（未开放），清水江文书数据库（建设中，未开放），中山大学馆藏徽州民间历史文献数据库（建设中），台湾日志数据库③，台湾历史数位图书馆—淡新档案、明清台湾行政档案、古契书④，台湾大学典藏

① 敦煌文献数字图书馆 .［DB/OL］.http：//dunhuang.hanjilibrary.com/index.aspx.

② 又称“上海交通大学馆藏地方历史文献数据库”.［DB/OL］.http：//dfwx.datahistory.cn/pc/.

③ 台湾日志数据库 .［DB/OL］.http：//tbmc.infolinker.com.tw/twchrapp/start.htm.

④ 台湾历史数位图书馆 .［DB/OL］.http：//thdl.ntu.edu.tw/THDL/RetrieveDocs.php.

数位化计划—伊能嘉矩手稿、淡新档案、田代文库、歌仔册等[①]，云南民间古文书[②]，台中县立文化中心—古文书藏品展示[③]，台湾中部平埔族群古文书数位典藏[④]，台湾大学图书馆—岸里大社文书[⑤]，“国家”文化资料库—古文书[⑥]等。

建立民间历史文献元数据规范与著录规则是文献数据化和数据库建设的必要前提和基础。对公藏机构而言，民间历史文献元数据标准和规范的设计，必须从民间历史文献的特性出发，制定既符合现代目录学规范，又符合文献管理需求，同时能够满足学术研究需要的元数据规范。尤其是面对民间历史文献在内容上呈现大量手书、异体字、简体字、书体多样性等特征，存在全文数字化的难度和成本较高的背景下，民间历史文献元数据标准与规范的研究和设计决定了文献信息揭示的全面性、科学性、深入性和系统性，深刻地影响着民间历史文献数字化发展的质量和水平。

（一）徽州民间历史文献元数据

目前，徽州民间历史文献的元数据研究有初步的发展。来自安徽黄山学院、上海交通大学和中山大学的民间历史文献研究团队在此领域开展了相关的研究活动和实践。

黄山学院将徽州文书原件和数字图像结合起来综合描述，在该校的徽州文书数字图书馆建设中，元数据设计有 5 项，包含 15 个元素，具体为：（1）标识项元素，包括统一标识、类名、类型；（2）内容可选项元素，包括人名、地域、年代、来源；（3）外观可选项元素，包括形制、物理特征；（4）文档结构项元素，包括图片数量、图片顺序；（5）实例说明项元素，包括图片编号、图像格式、文件大小、使用权限。[⑦]该校还进一步扩展文书著录项目，“归纳设计为编号项、题名项、类别项、事主项、地点项、年代项、载体形态项、细节记载项、附注项 9 大著录项目，每个大项下根据需要相应

① 台湾大学典藏数位化计划 .［DB/OL］.http：//www.darc.ntu.edu.tw/newdarc/index.jsp.

② 云南民间古文书 .［DB/OL］.http：//yunnanfa.digital.ntu.edu.tw/DHC_YunNanOldDeeds/CustomizedHome.php.

③ 台中县立文化中心 . 古文书藏品展示 .［DB/OL］.http：//ca.tchcc.gov.tw/histbook/.

④ 台湾中部平埔族群古文书数位典藏 .［DB/OL］.http：//ca.tchcc.gov.tw/pingpu/.

⑤ 岸里大社文书 .［DB/OL］.http：//www.lib.ntu.edu.tw/CG/resources/Taiwan/taiwan_al_a.htm.

⑥ “国家”文化资料库—古文书 .［DB/OL］.http：//nrch.cca.gov.tw/ccahome/oldbook.

⑦ 张晓峰，何广龙 . 徽州文书数字图书馆元数据标准设计［J］. 图书馆工作与研究，2009（12）：47—49.

设立若干小项目”，[①] 详细规定了各大项的著录规则和特殊事项。

上海交通大学以构建可互操作的契约文书数据库服务系统为目标，对所藏地方历史文献中的契约文书，包括徽州文书、石仓契约文书等在内进行了全面的文献分析，设计构建出 3 大属性模块共 18 个描述型元数据元素集。其中，为容特征模块元素包括：名称、事主、归户、事由、描述、地域、年号日期、公历日期、标的、金额；物理特征模块元素包括：页数、尺寸、材质、附注；身份识别特征模块元素，包括：类型、标识符、档案号、语种。其中事主、归户、标的、金额是其自定义元素。[②]

2014 年，中山大学图书馆对馆藏徽州民间历史文献建立了相关的元数据建设方案，提出元数据由必要项目和选择项目组成，必要项目包括财产登记项、载体形态项、馆藏信息项；选择项目包括题名项、摘要项、时间项、地点项、关联人物与团体项、文书类型项、归户项、分类项和附注项等 12 个项目。[③] 2016 年，该馆进一步增订为 20 个描述型元数据元素集，核心元素包括题名、责任者、主题（关键词）、文书内容与注释、文书时间、文书地点、文书类型、资源形式、标识、语种、相关资源、权限，定制元素有物理形态、保存状况、版本、馆藏信息，文书特别元素有收藏信息、关联人、谱系、归户，[④] 确立了中山大学图书馆藏徽州民间历史文献的元数据框架。

（二）其他类型契约文书元数据

除徽州民间历史文献外，其他地区的文书或契约文书资源也在数据库建设中形成了相关的元数据规范。如台湾历史数位图书馆 THDL 系统收录的古契书来源多达 117 处，“各批数位化契书采用的诠释栏位都不一致”。[⑤] 从陈诗沛的博士论文及检索数据库栏目可见其部分著录项目：档名、出处、题名、立契者、人名（团体）、交易地点、地点、立契时间、分类等。

① 张晓峰．徽州文书著录项目构成设计［J］．大学图书情报学刊，2012，30（02）：77.

② 张洁，李芳，汤萌．契约文书描述元数据规范设计与应用［J］．图书情报工作，2017，61（08）：106—111.

③ 王蕾，申斌．徽州民间历史文献整理方法研究——以中山大学图书馆馆藏为例［J］．图书馆论坛，2014（4）：120—126.

④ 王蕾，薛玉，肖鹏等．民间历史文献数字人文图书馆构建——以徽州文书数字人文图书馆实践反思为例［J］．图书馆论坛，2018（3）：30—36.

⑤ 陈诗沛．资讯技术与历史文献分析［D］．台北：台湾大学，2011：46.
项洁，陈诗沛，杜协昌．台湾古契约文书全文资料库的建置［C］// 第三届台湾古文书与历史研究学术研讨会论文，2009：1—19.

清水江文书数据库系统建设中，项目组参考都柏林核心元数据编制其描述型元数据：题名、主要责任者、其他责任者、日期、出版者、附注、关键词，另有3个类型核心元素，包括载体形态、收藏历史和馆藏信息，以及可扩展的个别元素。①

孙俊对国家图书馆藏古旧契书文献开展了机读目录格式分析研究，根据古籍元数据标准提出古旧契约的元数据框架，拟定15个核心元素，包括：题名、主要责任者、其他责任者、日期、出版者、附注、相关资源、主题、时空范围、语种、类型、格式、标识符、来源、权限；6个古文献类型核心元素，包括：版本类型、载体形态、收藏历史、文献保护、馆藏信息、展览（借出史）。“这些元素和修饰词基本满足记录古旧契约内容、载体形态、年代、地域、主题、破损、定级、流传、收藏及展览借出情况等特征的需要”。②

（三）契约文书元数据研究进展

由上述研究和实践成果可见，民间历史文献中契约文书的著录研究现已相对全面，通过对比分析可以发现：（1）各收藏机构或个人提出的元数据设计框架基本参考了都柏林核心元素集，或古文献核心元素集创建；（2）涉及文献内容特征、物理特征、文献管理等方面，各收藏机构均设计了相应的元数据项目。例如，题名、人物、地点、时间、物理形态、编号、类型、收藏信息、馆藏信息等要素各机构均有涉及。再如契约文书的提要描述、特色信息，有些机构或个人设计了描述（内容与注释）、事由、主题、关键词、相关资源、金额、谱系等元素，有些则不揭示。（3）为契约文书特别定制元素的研究还未全面开展，定制元素较少，目前仅有标的（交易地点）、归户、金额、谱系、事由等文书特别定制元素；（4）目前各收藏机构或个人主要集中于契约文书的元数据研究与设计，尚未对民间历史文献著录提出总体的元数据方案。（表4—2）

① 王英学.清水江文书数字对象描述元数据设计及著录规范[J].原生态民族文化学刊，2015，7(03)：59—62.

② 孙俊.古旧契约机读目录格式与DC元数据标准探讨［J］.文津学志，2016（00）：281—293.

表 4-2　不同机构或个人所设计的契约文书描述元数据比较

文书元数据 \ 机构或个人		黄山学院	上海交通大学	中山大学（2017）	THDL 古契书	王英学	孙俊
内容特征	题名	题名项	名称	题名	题名	题名	题名
	人物信息	事主项	事主	责任者 关联人	立契者； 人名 / 团体	主要责任者； 其他责任者； 出版者；	主要责任者； 其他责任者； 出版者；
	地点信息	地点项	地域； 标的； 归户	文书地点； 归户	地点； 交易地点		时空范围
	时间信息	年代项	年号日期； 公历日期；	文书时间	立契时间	日期	日期
	提要描述		描述； 事由	文书内容与注释； 主题 / 关键词		关键词	主题
	特色信息		金额	相关资源； 谱系； 版本			相关资源； 版本类型
物理特征		载体形态项； 细节记载项； 附注项	页数； 尺寸； 材质； 附注	物理形态； 保存状况； 附注		载体形态； 附注	载体形态； 文献保护； 附注
文献管理	编号	编号项	标识符； 档案号	标识符	档名		标识符
	类型	类别项	类型	资源形式； 文书类型	分类		类型
	收藏			收藏信息； 馆藏信息	出处	收藏历史； 馆藏信息	来源； 收藏历史； 馆藏信息； 展览借出史
	其他		语种	语种； 权限			语种； 格式； 权限

三、档案著录与元数据

民间历史文献从其产生、流传与使用方式看，部分文献实际上具有档案属性。台北故宫博物院和台北“中央研究院”对清代档案的收藏范围划定为“黄册及其他随本进呈并缴存之件，试题、试卷及其相关之档案”。[①] 现代档案工作标准规定私人或私人组织在社会活动中形成的为私人所有的档案属于私人档案。[②] 这些档案实际上是民间历史文献的重要部分。在民间历史文献中，如行政类文书中的公文、政令，赋役户籍类文书中的赋役户籍登记文书，诉讼类文书中的审判文书、案卷，科举教育类文书中的学案、通知，等等，均具有档案性质。因此，在民间历史文献目录著录、元数据标准设计和研究中应充分借鉴档案著录相关标准。

（一）国际档案著录标准

《国际标准——档案著录规则（总则）》（*ISAD*［*G*］：*General International Standard Archival Description*）[③] 是目前国际上被应用最广的档案著录标准，尤其是其中的档案多级著录原则、著录项目被各类机构在制定相关档案著录规则时广泛参考借鉴与应用。所谓档案多级著录规则，“即档案著录必须首先开始从全宗著录起，由全宗逐级向下著录到类别，然后再由类别著录至案卷、文件的规则”。[④] “档案著录规则必须反映档案的来源原则、尊重全宗原则以及档案实体分级别（层次）管理原则，而多级著录规则就是这些原则在档案著录中的实际运用与体现”。[⑤] 在著录项目上，《国际标准——档案著录规则（总则）》把全部著录项目分为7个大项26个小项，包括：（1）特征说明项，含档号、标题、著录级别、载体形态（数量、体积或尺寸）；（2）背景信息项，含责任者名称、行政管理沿革 / 生平传记、档案历史沿革、直接收集来源、

① 台北故宫博物院和台北“中央研究院”藏清代档案概况．［EB/OL］．［2017-07-02］.http：//www.sohu.com/a/ 153679843_523187.

② 中华人民共和国档案行业标准档案工作基本术语［J］．贵州档案，2001（5）.

③ Archives I C. *ISAD*（*G*）：*General International Standard Archival Description*［J］. Archivaria，2000.

④ 张正强．论《国际标准——档案著录规则（总则）》的主要著录规则、特点及启示［J］．档案学研究，2013（3）：75—80.

⑤ 张正强．论《国际标准——档案著录规则（总则）》的主要著录规则、特点及启示［J］．档案学研究，2013（3）：75—80.

移交情况；（3）内容与结构项，含范围与内容、鉴定与销毁、保管期限、新增接收文件、整理体系；（4）查阅与利用条件项，含查阅管理条件、复制管理条件、档案材料的语种 / 文字、物理特征、检索工具；（5）相关档案材料项，含原件的留存与收藏地、复制件的留存与收藏地、相关的著录单位、出版附注；（6）一般性附注项；（7）著录控制项，含编制方式、编制时间、编制人员。

（二）中国档案著录标准

我国的档案著录行业标准主要有中华人民共和国行业标准《档案著录规则》和《明清档案著录细则》，两者在著录项目与结构体系上趋于一致。我国台湾地区则有关于明清档案的著录规则《档案著录规则——明清档案（草案）》。

《档案著录规则》（DA/T 18—1999）的著录项目共分七项，每项分若干著录单元（小项）：（1）题名与责任说明项，含正题名、并列题名、副题名及说明题名文字、文件编号、责任者、附件；（2）稿本与文种项，含稿本、文种；（3）密级与保管期限项，含密级、保管期限；（4）时间项；（5）载体形态项，含载体类型、数量及单位；（6）附注与提要项，含附注、提要；（7）排检与编号项，含分类号、档案馆代号、档号、电子文档号、缩微号、主题词或关键词。①

《明清档案著录细则》（DA/T 8—1994）结合明清档案的特点和明清档案工作的实际情况，制定著录项目为6大项：（1）题名与责任者，含题名、责任者；（2）文种（或文本）项；（3）时间项；（4）附注项，含责任者注、时间注、载体类型及形态注、语种注、档案实体状况注；（5）排检与编号项，含分类号、档案馆（室）代号、档号、缩微号、主题词；（6）提要项。②

台北故宫博物院图书文献处、“中央研究院”历史语言研究所编《档案著录规则——明清档案（草案）》③的著录项目有：（1）类型；（2）著录层次；（3）登录号；（4）品名及事由；（5）贴黄及释文；（6）文件别、文本、版本；（7）语文；（8）文向、图像；（9）质材；（10）数量；（11）装潢、高广；（12）责任者；（13）批示；（14）

---

① 中华人民共和国行业标准档案著录规则 DA/T 18—1999［J］. 中国档案，1999（9）：14—17.

② 中国第一历史档案馆《明清档案著录细则》编纂小组 . 明清档案著录细则 DA/T 8—1994［S］. 国家档案局，1995.

③ 台北故宫博物院图书文献处，“中央研究院”历史语言研究所 . 档案著录规则——明清档案（草案）.［EB/OL］. http：//www.docin.com/p—93892323.html&endPro=true.

典藏沿革；（15）保存状况；（16）使用限制；（17）备注；（18）关连、主题、关键词；（19）征集方式；（20）版权声明；（21）参考文献；（22）出版。此外，台湾历史数位图书馆 THDL 数据库系统为所收录的部分明清台湾行政档案设立著录项目包括：档名、出处、标题、作者、日期、全文。[①]

以上档案著录规则涉及档案管理工作中档案确认与识别、来源与保管、主题内容与文献信息提取、使用与利用、相关档案资源、编目著录等工作。这同样是民间历史文献元数据标准研究和设计中考虑的内容。尤其是如《国际标准——档案著录规则（总则）》的多级著录规则是民间历史文献应深入参考借鉴的内容。民间历史文献具有文献包之间、文献包与包内单件文献之间、单件文献之间的多级关联，其中的包、件在某种条件下具有档案卷宗的含义，因此民间历史文献元数据设计应充分考虑对文献层级关系的揭示。

四、历史田野考察信息登记

除公藏机构通过征集、购买获得的民间历史文献之外，在民间现场仍存留着大量的民间历史文献，以及不同载体形式的各类文献资源。在区域史、人类学、社会学、民俗学等田野聚落调查过程中，研究者收集的民间历史文献主要是具有文字信息或图案信息的碑刻、楹联、匾额、门牌、牌位、家谱、族谱、重要文献、乡规民约、宗教科仪书等。

广东省人民政府地方志办公室制《广东省自然村落历史人文普查表》的田野考察内容包括：（1）重要碑刻、楹联、匾额；（2）家谱、族谱；（3）重要文献；（4）乡规民约；（5）族规与家训。其中，“重要文献，含圣旨、家信、委任状、契证、侨批等文书，以及村志、村史、村情、古村落丛书等文献”，“家信、委任状、契证记中华人民共和国成立前的；侨批、村志、村史、村情、古村落丛书等时间不限”。[②] 这些包含文字、图案等信息的文献，均属于民间历史文献范畴。与公藏机构藏民间历史文献不同的是，田野考察中收集的民间历史文献中有部分是对当地留存实物的复制或数字化。

① 陈诗沛．资讯技术与历史文献分析［D］．台北：台湾大学，2011：32.

② 广东省人民政府地方志办公室．广东省自然村落历史人文普查表［EB/OL］.http://www.docin.com/p-2067036950.html.

《广东省自然村落历史人文普查表》中关于重要碑刻、楹联、匾额的信息登记内容主要包括：碑帖名称、产生年代、现存地 3 项，附文献原文、照片；关于家谱、族谱、重要文献的信息登记内容包括家（族）谱名称、纂修者、产生年代 3 项，附原件或复印件；关于乡规民约的信息登记项包括名称、制订时间 2 项，附原文；关于族规与家训的信息登记项包括名称、制订时间、出处 3 项，附原文。中山大学历史地理研究中心的聚落调查工作用表《族谱（契约、文书）信息田野登记表》（见附录三），对民间历史文献的信息登记内容主要包括：所在地点、族谱 / 契约名称、编修时间、外在物理形态（册数，是否完整，是否棉纸、线装）、存放包装形式等信息。同时，还详细登记田野考察工作管理信息，包括：调查时间、编号、拍照人、照片整理人、保存人。

由此可见，田野考察中对民间历史文献的信息著录侧重于文献来源、产生时间、外在形态等信息，对民间历史文献内容的揭示少有涉及。

第二节　描述型元数据设计

一、编制思路

民间历史文献的描述型元数据编制需要从元数据功能、著录对象、文献资源形式与特征、录入操作需求、使用需求等多方面考虑。编制者除了研究制定用于揭示文献主要外观、形式与内容的基本元数据元素之外，还需要根据著录对象与资源形式的特征研究设计定制元素，再综合著录工作操作方法、使用需求，设计出符合收藏机构文献组织、信息揭示、学科服务规范的元数据框架与著录细则。

（一）功能设计

元数据须具有帮助实现对文献信息资源的定位、管理、描述、检索、选择、评估等功能。

资源定位，指提供民间历史文献资源本身位置的信息，如馆藏地、编号等，据此可准确获知信息对象之所在，便于信息获取。

资源管理，指提供民间历史文献来源、递藏、使用权限、图像资源编号等信息，据此可对民间历史文献的典藏、使用权限、图录信息对应检索等实现管理。

资源描述，指描述、揭示民间历史文献的内容特征、外在物理特征、保存状况特征等方面的属性。这是元数据最基本的功能，为后续的检索、选择和评估功能奠定基础。

资源检索，指通过元数据项目组织民间历史文献信息并建立文献间的关系，为使用者提供多层次、多途径的检索体系，从而有利于使用者便捷快速地发现其真正需要的信息资源。

资源选择，支持使用者在不必看到文献资源本身或全部原文的情况下，能够对文献对象有基本的了解和认识，从而决定对文献资源的取舍。

资源评估，指为著录者、使用者提供有关资源和资源利用等方面的统计功能与信息，并针对资源及资源利用提供留言、评价、纠错等功能与信息，从而为文献管理者提高文献资源管理质量提供依据，为使用者选择和利用文献提供依据。

具有资源评估功能的元数据属于管理元数据，在数据库开发中须另行设计。

（二）著录对象

随着史学研究的发展，将传世文献、民间历史文献与田野考察资料综合使用和研究的方法日趋获得重视。只有全面地掌握和利用民间历史文献资料，才能更大程度地客观还原区域的社会经济文化实态。“华南学派”[①] 是当前这一研究范式的实践者，此外，王振忠等学者也先后呼吁和强调要在田野中收集口述和文献资料，以及将文献放回到具体的社会环境中。[②] 与此同时，随着图书馆特藏文献资源建设的发展，将馆藏民间历史文献重新放入民间历史现场，与田野考察深入结合，才能更深入地补充馆藏民间历史文献的缺漏，完善文献的原生社会历史文化信息，进一步揭示与还原馆藏文献原始价值。

在此，值得注意的是，田野考察资料侧重对实物、文献来源与外在形态等信息的记录，对民间历史文献的内容特征较少涉及。因此，研究机构或公藏机构在对田野考

① 梁庆寅，郑振满，陈春声，张小军，刘志伟，张侃，黄向春，张应强，郑莉，李宗翰．学术共同体［J］．开放时代，2016（04）：11—42.

② 王振忠．在田野中解读历史：徽州文书与实地考察［J］．探索与争鸣，2009（06）：60—63.

察资料的收集整理工作中需要加强对民间历史文献内容信息的揭示。与此相对应的是，在围绕民间历史文献研究设计元数据规范与著录规则时，著录对象不应局限于馆藏文献资源，还应包括田野聚落调查过程中收集的民间历史文献资源。

（三）资源形式

民间历史文献的资源形式大致可分为纸质文献和非纸质文献。纸质文献按形态与内容可分为文书、书籍、字画（纸张载体）、碑帖、报纸等类，非纸质文献按材质可分为缣帛、竹木、金石、皮类和其他材质等类。每一类文献根据内容、用途等分类标准又可进一步分为不同具体形式的文献（见表 4–3）。

表 4–3　民间历史文献与藏品种类与形式

文献种类		文献形式
纸质类	文书	公文、契约、书信、票据、证件、账簿等
	书籍	古籍、教科书、家谱等
	字画	书法、绘画、舆图、宣传画、广告单、剪纸、年画、民间美术平面作品、日用纹样图例、照片、包装纸等
	碑帖	墓志、造像、画像、法帖等
	报刊	报纸、期刊
缣帛类	帛书	公文、两造命理、绢本书画等
	服装道具	戏服、旗幡
	绢帛函套	装书袋、锦盒、经折本套函
竹木类	竹木文献	卜签、腰牌、匾额、楹联、简牍
	印章模具	印章、版刻、
	装具	木匣、木盒、木箱、木桶、竹篓
金石类	铭文	烛台、酒器、乐器等铭文
	碑刻	石碑、石刻
	印章	玉石印章
皮类		羊皮纸、皮封面
其他	日用器物	

文书是民间历史文献的主要类型，所占数量比例最大。文书特征主要表现在：

（1）类型与内容多样性。民间历史文献根据文书性质、形式或内容等不同分类标准可类分为12个一级类目、72个二级类目，可见其类型与内容的丰富性和多样性。例如，二级类目“土地财产交易（关系）记录”分买卖文书、典当文书、租佃文书、托管承管文书、借贷文书、倒契、兑换文书等。根据文书内容属性，每个二级类目下又可进一步划分出更为丰富的三级类目。例如三级类目中包括出卖契、议契、当约、转典字、摒契、拼字、退批、交换契、加价批、托约、洗找契、抵借字、倒批、顶契、兑契、对易契等。其中“卖、当、典、佃、租、赁、拼、顶、抵、兑、收、倒、包、继”等是交易形式类别，“契、约、字、批、领、书、文”是文种类别。每一类文书的体例大体相同，但内容信息不一。

（2）文书具有区别于普通图书和网络数字化资源的显著特征。文书在内容上具有明显的原生性、唯一性、关联性和非组织性；在产生与保存上具有过程性、历史延续性；在收藏与整理上具有归户性等特征。当前，文书研究和整理界尚未形成统一、规范的文书元数据标准。尽管部分机构选择以都柏林核心元数据集为文书元数据设计基础，但适应和揭示文书特性的定制元数据元素研究和实践未形成统一和规范。

书籍是民间历史文献的重要资源形式。整理者可根据装帧形式和特点对民间历史文献中的书籍加以鉴别和类分。民间历史文献中的书籍一般在内容上贴近或反映普通民众的日常文化需求，部分书籍因出版范围和社会影响力局限，尚不见于各类古籍书目或数据库，因此具有稀见独特的价值。民间历史文献中书籍类文献元数据规范和著录规则参照目前通行的有关古籍、图书、期刊、家谱的元数据规范。

民间历史文献中还存在少量碑帖、报纸等类文献，参照目前通行的碑帖拓片、报纸元数据规范和著录规则。

此外，民间历史文献中还有很多字画类文献，一般包括传统书法、绘画、舆图，以及民间广泛存在的宣传画、广告单、剪纸、年画、民间美术平面作品、日用纹样图例、照片、包装纸等。这些文献的元数据规范和著录规则需要根据文献内容和形式特征研究和定制元素。

对于部分非纸质文献资源如器物等是否属于民间历史文献仍需学界进一步研究探讨，但在典藏管理时应作为藏品登记，参考文物藏品的元数据规范和著录规则。

（四）需求导向

民间历史文献元数据规范的编制要以学术研究、用户需求为导向。元数据元素的制定首先须尊重民间历史文献的原始性、归户性等内容属性与特征，其次要结合数字信息时代的学术研究方法和用户对文献内容深度分析的需求及变化，积极探究民间历史文献之间的关联属性，如人物关系、地点关联、文献与田野调查实物的关联等。

二、设计原则

（一）可扩展性原则

遵循元数据设计的可扩展性原则。民间历史文献的形式、类型和内容具有丰富性、多样性，以及区别于其他文献的独特性。其元数据元素设计和标准方案可具备根据不同的民间历史文献的信息揭示需求，增加相应的元素。新增元素不能与已有元素有任何语义上的重复。如有必要对元素的语义进行更进一步限定时，可据具体的民间历史文献的体例、内容使用子元素或修饰词的方式向下扩展。

（二）互操作性原则

遵循元数据设计的互操作性原则。在编制民间历史文献元数据规范时，应充分考虑不同收藏机构间元数据标准之间的互通性。研究设计者可参考都柏林核心元数据集，及其他通行的元数据国际标准，提高民间历史文献自建元数据标准的互操作性和通用性。

（三）实用性原则

根据民间历史文献编目著录的实际工作条件、功能、服务和发展目标，元数据标准的编制应坚持实用性原则，充分考虑编目著录人员的录入实用性与效率，充分考虑用户检索时的使用习惯和检索便捷性。

（四）关联原则

民间历史文献元数据标准遵循关联原则，是由民间历史文献的资源特性决定的。民间历史文献之间具有错综复杂、形式与性质多样的关联性，例如：契约文书间的上下手关联，文书所涉相关人物具有族群关联、谱系关系、交易关系等，同一地点的文书具有不同的时空关联，甚至田野考察文献的发现地点与馆藏文献资源来源的关联等。因此，民间历史文献的元数据标准设计应考虑文献关联特征，揭示和提供资源间多维度的联结。

三、参考标准

GB/T 25100—2010 信息与文献都柏林核心元数据元素集
GB/T 3792.6—2009 普通图书著录规则
GB/T 3792.7—2008 古籍著录规则
DA/T 18—1999 中华人民共和国行业标准档案著录规则
DA/T 8—1994 明清档案著录细则
国家图书馆古籍元数据规范与著录规则
国家图书馆地方志元数据规范与著录规则
国家图书馆家谱元数据规范与著录规则
国家图书馆拓片元数据规范与著录规则
国家图书馆舆图元数据规范与著录规则
WW/T 0020—2008 文物藏品档案规范

第三节　描述型元数据规范

中山大学图书馆参考一般图书、中文古籍、拓片、舆图、档案、文物藏品等国内外通用元数据标准，尤其是都柏林核心元数据（DC）标准基础上，充分考虑民间历史文献特性和实际整理需求，制定了中山大学图书馆民间历史文献元数据规范与著录规则，推进民间历史文献信息揭示的标准化、规范化、数据化发展，为民间历史文献数据库、数字图书馆甚或数字人文平台的建设发展奠定基础。

一、元数据元素集

民间历史文献描述型元数据规范复用“简单 DC”（DCMES）核心元数据集和古文献系列资源核心元素集，结合文献编目著录实践经验进一步予以修正与调整，形成 3 大模块 21 个元素的元数据集，具体包括：（1）内容特征模块：10 个核心元素、4 个文书特别元素；（2）物理特征模块：2 个元素；（3）文献资源管理模块：5 个元素。这一描述型元数据集可遵循扩展规则进行扩展（见表 4–4）。

表 4–4　民间历史文献元数据规范元素总表

模块	元素及子元素	元素修饰词	必备性可重复性
内容特征模块	1. 题名 Title	正题名	必备、可重复
		客观题名	

续表

<table>
<tr><th>模块</th><th colspan="2">元素及子元素</th><th>元素修饰词</th><th>必备性可重复性</th></tr>
<tr><td rowspan="28">内容特征模块</td><td colspan="2" rowspan="4">2. 人物与机关团体
Creator or Contributor</td><td>名称</td><td rowspan="4">有则必备、可重复</td></tr>
<tr><td>身份角色</td></tr>
<tr><td>户籍 / 所在地</td></tr>
<tr><td>其他属性</td></tr>
<tr><td rowspan="3">3. 时间 Date</td><td>文献产生时间</td><td></td><td rowspan="3">有则必备、可重复</td></tr>
<tr><td rowspan="2">其他涉及时间</td><td>时间</td></tr>
<tr><td>时间说明</td></tr>
<tr><td rowspan="2">4. 涉事地点
Place</td><td>涉事地名</td><td>类属 / 字号 / 土名 / 四至（面积）/ 其他</td><td rowspan="2">有则必备、可重复</td></tr>
<tr><td>地点说明</td><td></td></tr>
<tr><td colspan="2">5. 内容提要 Abstract</td><td></td><td>非必备、可重复</td></tr>
<tr><td colspan="2" rowspan="4">6. 附注 Description</td><td>钤印 / 花押注</td><td rowspan="4">非必备、可重复</td></tr>
<tr><td>书写文字注</td></tr>
<tr><td>著录考释 / 考证注</td></tr>
<tr><td>著录项补充说明</td></tr>
<tr><td colspan="2">7. 录文 Full text</td><td></td><td>非必备、不可重复</td></tr>
<tr><td colspan="2">8. 主题 / 关键词 Subject/Keywords</td><td></td><td>必备、可重复</td></tr>
<tr><td rowspan="6">9. 相关资源
Relation</td><td rowspan="5">相关文献资源</td><td>所属包信息附注</td><td rowspan="6">非必备、可重复</td></tr>
<tr><td>附属资料</td></tr>
<tr><td>契尾 / 执照 / 并契</td></tr>
<tr><td>从编 / 合订</td></tr>
<tr><td>与其他文献关系</td></tr>
<tr><td>相关研究资源</td><td></td></tr>
<tr><td colspan="2">10. 语种 Language</td><td></td><td>必备、不可重复</td></tr>
<tr><td colspan="4">文书特别元素 4 个</td></tr>
<tr><td colspan="2">11. 归户 Household</td><td></td><td>有则必备、可重复</td></tr>
<tr><td colspan="2" rowspan="3">12. 谱系 Pedigree</td><td>姓名</td><td rowspan="3">非必备、可重复</td></tr>
<tr><td>亲属关系</td></tr>
<tr><td>所属支系</td></tr>
</table>

续表

模块	元素及子元素		元素修饰词	必备性可重复性
内容特征模块	13. 金额 Amount of Money		金额数量	非必备、可重复
			金额说明	
	14. 赋役 Corves and Taxes		徭役	非必备、可重复
			税种 / 税额	
物理特征模块	15. 载体形态信息 Physical Description	材质		必备、可重复
		载体形式		
		尺寸		
		页数 / 数量		
		附件		
		其它		
	16. 保存状况信息 Preservation and Conservation	破损描述		必备、可重复
		破损定级		
文献资源管理模块	17. 标识符 Resource Identifier		财产登记号	必备、不可重复
			其他编号	
	18. 资源类型 Type			必备、不可重复
	19. 馆藏信息 Location	分类号		必备、不可重复
		馆藏地点		
		电子图像编号		
	20. 收藏信息 Collection Information	原始保存地		非必备、可重复
		征集时间		
		征集方式		
		价格		
	21. 权限 Rights			非必备、可重复

二、元素设计说明

（一）元素模块

1. 内容特征模块

描述、揭示民间历史文献的内容、主题、相关文献资源等信息。核心元素包括：题名、人物与机关团体、时间、涉事地点、内容提要、附注、录文、主题 / 关键词、相关资源、语种等，文书特别元素包括：归户、谱系、金额、赋役等。部分元素具备子元素、元素修饰词，进一步揭示和限定各种元素的著录内容。

2. 物理特征模块

记录民间历史文献的形制、载体形态、破损情况等外在信息。元素包括载体形态信息、保存状况信息两项，分别有多项子元素，进一步揭示和限定各元素的著录内容。

3. 文献资源管理模块

揭示、登记有关民间历史文献的识别、保管、来源、使用与利用等方面信息，便于收藏机构管理与评估文献资源。元素包括：标识符、资源类型、馆藏信息、收藏信息、权限。

（二）与 DC 核心元素映射关系

1. 民间历史文献描述型元数据所包含的 10 个内容特征模块核心元素、2 个物理特征模块元素，及 5 个文献资源管理模块元素，已涵盖一般资源形态的通用元素项。文书、书籍、字画、报纸等纸质文献资源和器物形式资源均适用。

2. 民间历史文献描述型元数据直接采用 DC 元数据元素标签和定义的元素包括：题名、内容与注释（内容提要、附注、录文）、相关资源、主题 / 关键词、资源类型、语种、识别符、权限、载体形态、保存状况、馆藏信息（分类号、馆藏地点）、收藏信息。在针对具体资源形态进行著录时，元素修饰词名称可根据资源形式变化或扩展。

3. 民间历史文献描述型元数据非直接采用 DC 元数据元素标签，而是根据文献特性定制的元素包括：人物与机关团体、时间、涉事地点。

人物与机关团体元素：运用归纳法制定。现行国际通用元数据规范中，有与普通图书、古籍、期刊、碑帖、舆图、报纸等纸质资源相对应的元素或元素修饰词。例如关于人物的元素，一般图书的元数据中设为责任者，古籍元数据设为主要责任者、其他责任者、出版者，拓片元数据设为主要责任者、其他责任者。民间历史文献因其所涉人物的角色特征和关系复杂多样，其元数据规范中对所涉人物设定为：人物与机关团体。整理者在文献整理实践中可根据图书、古籍、拓片文书等资源形态对应的人物元数据规范的元素、元素修饰词进行著录。

时间、涉事地点元素：运用概念分离方法制定。在DC核心元素集中，时间、涉事地点的标签一般是日期和时空范围。对于民间历史文献而言，文献中相关的时间或地点信息太多，如果仅在一个元素项中揭示容易混淆，故将时间信息与地点信息分别著录。民间历史文献的时间元素又分为文献产生时间和其他涉及时间，地点元素著录文献内容中所有的涉事地点信息，文献的归户地信息另行著录。与此同时，时间、涉事地点元素还具有时间说明、地点属性说明等元素修饰词，通过这些元素修饰词项为后续深度文献分析发掘提供接口。

（三）文书特别元素

文书是民间历史文献中数量最多的资源类型，根据文书内容的特性和信息揭示的需求，文书特别元素设计为：归户、谱系、金额、赋役。

书籍、报纸、拓片、舆图、照片、器物等其他类型的文献如能确定归户信息，也适用并须著录该项元素。以归户元素为接口可为徽州民间历史文献某一户籍下涉及的文献资源提供关联性揭示和检索途径。

第四节　元数据著录规则

一、适用范围

本规则以中山大学图书馆藏各类民间历史文献和研究者在田野考察过程中收集的各种类型与形式的民间历史文献为著录对象总结而成，适用于各类型民间历史文献的元数据描述和著录。

二、著录单位

民间历史文献的著录单位是在内容和形式上完整并可独立存在的一件或一组文献。对于大量散页文书，如果多页文书在内容上具有连续性关系，如一封多页书写的书信、规章制度，或一本装订失效的簿册等，均以内容连贯、完整为原则，视为一个著录单位。无法确定前后关系的书籍，一册即一个著录单位。

三、著录用文字与符号

（一）著录用文字规范化

1. 正文以规范繁体汉字（宋体五号字）据实著录。

2. 外文与少数民族文字据实著录。

3. 异体字与俗体字据标准汉字著录。无法确定字形、字义的异体字或俗体字暂以黑方格“■”替代并加以说明文字构成部件（如“左某右某”、“上某下某”、“外某内某”等）。

4. 各著录项中原有缺字或存疑待考者，以“□”表示。

5. 财产登记号项、物理形态项、馆藏信息项、收藏信息项等数字使用阿拉伯数字，并以西文正文（Calibri）5号著录。其他著录项中的数字以小写汉字著录，特殊著录情况包括：“廿”改为“二十”、“卅”改为“三十”，“乙”改为“一”。

6. 图形及符号照录，无法照录的可改为其他形式的相应内容，并加“［ ］”号。

（二）著录用符号规范化

1. 为识别各著录项目、单元（小顶）及其内容，根据不同情况和需求使用下列标识符号。

/ 用于同一著录项目下所著录内容之间的分隔。

（ ）用于财产登记号项中页数、页码、数量的编号。用于著录项目中整理者或编目人员对于特殊情况的文字标注。

《》用于题名项中簿册、书籍等类型文献的原有标题。

“”用于标记附注项中钤印完整信息的释文。

〔 〕用于整理者及编目人员根据文献相关内容考证得出的：（1）假借字所指的本字；（2）异体字、俗体字对应的可确定的规范繁体字；（3）错别字更正后的正确字。每一字对应一个“〔 〕”。

□ 用于替代残缺文字和未考证出的数字。两个以上及难以计数的残缺文字用三个“□”号。

■ 用于替代字迹模糊、异体字、俗体字等无法识别和录入的文字。

× 用于尺寸中长宽高之间的符号，一般情况下在著录系统中自动生成。

…… 用于节略内容。

［ ］用于图形及符号无法照录的情况下改为其他形式的相应内容。

2. 重复著录一个项目或单元时，标识符号相应重复。

3. 不著录的项目或单元，标识符同时省略。

四、著录项目

民间历史文献描述型元数据包含 21 个元素，基本满足文献著录需求，但并非所有元素适用于民间历史文献的各种资源类型。根据民间历史文献资源类型的划分，文书、书籍、字画、碑帖、包装、器物等文献类型的著录项目如表 4–5。

表 4–5 民间历史文献各资源类型对应的著录项目

	民间历史文献资源类型			
著录项目	文书	书籍	字画 / 碑帖 / 报纸	器物
题名	●	●	●	●
人物与机关团体	●	●	◎	◎
时间	●	●	◎	◎
涉事地点	◎	◎	◎	◎
内容提要	●	◎	◎	◎
附注	◎	◎	◎	◎
录文①				
主题 / 关键词	●	●	◎	◎
相关资源	◎	◎	◎	◎
语种	●	●	●	●
归户	◎	◎	◎	◎
谱系	◎	○	○	○
金额	◎	○	○	○
赋役	◎	○	○	○
载体形态信息	●	●	●	●
保存状况信息	●	●	●	●
标识符	●	●	●	●

① 录文则根据收藏机构发布需求进行选择，非必须。

续表

	民间历史文献资源类型			
资源类型	●	●	●	●
馆藏信息	●	●	●	●
收藏信息	◎	◎	◎	◎
权限	◎	◎	◎	◎

（注：●表示必备著录项，该资源类型的相关文献信息必须著录。◎表示可选著录项，该资源类型有此元素的相关信息时著录，无相关文献信息时，著录项不必出现。○表示不适用的著录项。）

五、著录项目的内容结构

民间历史文献元数据规范和著录规则对每一著录项目的术语和内容定义规定了 11 个项目属性，促进著录项目说明的规范性、一致性（见表 4-6）。

表 4-6　民间历史文献著录项目的术语定义属性表

序号	属性名	属性定义	约束
1	名称	赋予术语的唯一标记。	必备
2	标签	元素或子元素（元素修饰词）在本元数据规范中的可读标签	必备
3	定义	元素或子元素（元素修饰词）在本元数据规范中的定义	必备
4	子元素（元素修饰词）	是对元素的语义进行修饰，提高元素的专指性和精确性的词如有子元素（元素修饰词），给出其在本规范中的标签	有则必备
5	注释	对元素或子元素（元素修饰词）定义的其他说明	可选
6	编码体系修饰词	用于帮助解析某个术语值的上下文信息或解析规则	有则必备
7	必备性	说明元素或子元素（元素修饰词）是否必须著录	必备
8	可重复性	说明元素或子元素（元素修饰词）是否可以重复著录，形成多条该项著录信息	必备
9	著录内容	所著录的资源信息	可选

续表

序号	属性名	属性定义	约束
10	著录说明	对著录工作的进一步规定与说明	可选
11	著录范例	对子元素（元素修饰词）著录的典型实例	可选

六、著录细则

（一）题名

名称：Title。

标签：题名。

定义：赋予民间历史文献资源的名称。

元素修饰词：正题名、客观题名。

注释：

1. 正题名是准确概括和描述文献内容及特征，并具有检索价值和功能，为人们所普遍理解和认同的文献主要名称。一般由著录者根据原始文献内容、类型等自行拟定。

2. 客观题名是文献原始记载的题名、书名、名称。

3. 各类型民间历史文献的正题名著录规则，可根据文献具体类型、体例、内容编制。

必备性：必备。

可重复性：可重复。

著录内容：

1. 一般文书题名由文献产生时间、文献撰著者个人或单位、文献内容主题（事由）和文献资源形式组成。个别信息无法找到可缺省，但文献资源形式不可缺省。

2. 散件文书题名由文书正文中表达文书内容、主题的字句组成，优先选取文书起首字句，起首字句残缺者则选取文书结尾落款字句，起首和结尾字句不一致者，以起首字句为题名。

3. 图书、古籍、簿册类文书题名据正文卷端所题著录。卷端题名不足以反映内容，或原书卷端未题书名者，选取该书版权页、书名页、卷末、内封、牌记、目录、序文、凡例、版心或题签所题书名著录。原标题加“《》”，区别于著录者拟定的正题名。

4. 古籍、图书、报纸、期刊、碑帖、舆图的题名著录规则依据相应的通用元数据著录规则。

著录范例：

例 1：清乾隆五十八年六月吴步青仝侄吴耀文等立出卖田契

例 2：民国二十一年歙县旧二十六区三段毕应高第一期田赋征收券执照

例 3：明崇祯十六年六月九日父王可位同母李氏立阄书分单

例 4：绩溪县六都拱字号鱼鳞册

例 5：《天和合科仪》

例 6：胡开文墨坊对联

（二）人物与机关团体

名称：Creator or Contributor。

标签：人物与机关团体。

定义：对文献的创建负有主要责任，或对文献具有其他责任，或文献中出现具有身份角色与职能的相关个人或机关团体。

元素修饰词：名称、身份角色、户籍 / 所在地、其他说明。

必备性：有则必备。

可重复性：可重复。

著录内容：

1. 人物一般包括某一家户、家族、会社中的个人或人群。

2. 文书类文献一般著录文书订立人、收执人、中间人、执笔人、亲属关系人，及其他人物与机关团体。

3. 书籍类文献一般著录作者、编者、撰者、修者、点评人、出版者，及其他人物与机关团体。

4. 字画、碑帖、器物等类文献一般著录文献创作者、其他贡献者、出版者及其相关信息。

5. 人物与机关团体如能确定其户籍（所在地），照原文录入相关信息。

著录说明：

1. 人物与机关团体数量如大于十个，仅著录其中较有相关性的前十个，其余可省略不录，但须增加一条著录内容为“等”的著录信息。

2. 某一文献的人物与机关团体项中的户籍（所在地）信息如在本著录项目中已登记，

不必在地点项重复著录，地点项仅著录其他涉事地点。

著录范例：

例 1：沈健文 / 推税人 / 歙县二十七都三图十甲

例 2：韩愈 / 撰者

例 3：陈三 / 工匠

（1）名称

名称：Name。

标签：名称。

定义：人物姓名、机关团体的名字。

注释：多个人物或机关团体可著录多条信息。

必备性：非必备。

可重复性：可重复。

（2）身份角色

名称：Role。

标签：身份角色。

定义：人物或机关团体在文献中体现出的职务、身份、角色、动作行为方式、责任方式。

著录内容：根据文献内容确定人物或机关团体与文献之间的关系，一般照录文献中字句，如立契人、买主、卖主、推税人、纳税人、册里、颁发机构、收执机构、作者、编者、辑者、创作者等。

必备性：非必备。

可重复性：可重复。

（3）户籍 / 所在地

名称：Registration or Location。

标签：户籍 / 所在地。

定义：人物或机关团体在文献中的户籍、所在地信息。

注释：注意与民间历史文献“归户”著录项进行区别，本著录项目中的户籍 / 所在地是指文献中出现的人物或机关团体的，而非文献的归户地。

著录内容：人物或机关团体前缀的县、都、图、甲、户等信息。

必备性：非必备。

可重复性：可重复。

（4）其他说明

名称：Statement of the Creator or Contributor。

标签：其他说明。

定义：人物或机关团体在文献中的其他相关信息。

著录内容：关于人物的字、谥号、生卒年、名称、责任方式，机关团体名称、责任方式等的补充说明。

必备性：非必备。

可重复性：可重复。

（三）时间

名称：Date。

标签：时间。

定义：民间历史文献资源中涉及的时间信息。

子元素：文献产生时间、其他涉及时间。

元素修饰词：时间、时间说明。

编码体系修饰词：年号纪年、公元纪年。

编码体系修饰词注释：

1. 中国年号纪年前加中国朝代名，按帝王年号、纪年、纪月、纪日内容顺序著录。年号纪年信息不全者可不著录。著录参考规范档《中国历史朝代名称著录规范表》。

2. 公元纪年使用国际通用纪年法。民间历史文献数据库系统应具备公元纪年与年号。

预设能与年号纪年对应换算的功能，自动根据输入的年号纪年转换输出公元纪年，以减少查找对应的工作量。

必备性：有则必备。

可重复性：可重复。

著录内容：

1. 文献产生时间根据不同文献资源类型的具体情况判断。

2. 文书、字画、碑帖等类文献产生时间一般照录文末或落款时间信息，书籍产生时间一般著录刊刻、出版时间。

3. 账簿、会书、黄册等类文献一般著录账簿设立的时间，或账簿中最早的记录时间；

抄契簿、置产簿等类文献如缺少设立时间，则著录最晚契约的时间作为抄契簿完成时间。

4. 没有产生时间或产生时间不明者，根据其内容、形式、载体特征等考证时间，可考证者，加“［ ］”著录，不可考者则不著录。

5. 时间说明一般据文献内容判断、自拟，如：文献再批时间、文献附注时间、契尾颁发时间等。

6. 原文记某某元年者照录。干支纪年、月份统一换算和使用中文数字表示，如正月、元月、巧月、榴月等别名改为对应的月份数字；日期中如出现“初几日”，不著“初”字；仅标记干支年或仅记月份，且不可考者，原文照录；吉日等无法确定具体时间者，省略不录。

著录说明：

1. 著录信息包含时间内容与时间说明。

2. 文献产生时间与其他涉及时间分条著录。

3. 文献产生时间若可考证和确定者，必须著录。

4. 根据文献性质不同，其他涉及时间可全部著录或部分著录。

5. 文献时间数量如大于 10 个，仅录前 10 个，增加“等”字。其余省略不录。

著录范例：

例 1：清同治三年十一月四日 / 订立时间

例 2：清乾隆二十三年十二月十日 / 契尾时间

（四）涉事地点

名称：Place。

标签：涉事地点。

定义：民间历史文献文本中涉及的非归户地点或空间信息。

子元素：涉事地名、地点说明。

元素修饰词：类属、字号、土名、四至（面积）、其他。

注释：资源涉及的地点或空间信息可以是一个地名或地理坐标。

必备性：非必备。

可重复性：可重复。

著录内容：

1. 涉事地名中类属指产业种类，著录范围如：田、地、山、塘、屋基地、小买田等，照录原文地点名称。

2. 涉事地名所属行政区、字号、土名、四至、地址等信息照录原文。

3. 地点说明一般照录原文，即地点名称前出现的表示地点属性的词语；原文无表示地点属性词语者，著录者根据文献内容判断和自拟，如：田业、地业、山业、塘业、屋基业、标的物、发行地、公文有效区域、寄信地址、收信地址等。

著录说明：

1. 本著录项目中的地点是文献内容中出现的涉事地，而非文献的归户地。注意与民间历史文献“归户”著录项进行区别。

2. 文献中的人物与机关团体的户籍 / 所在地非本著录项内容，不必在本项重复出现。

3. 文献涉事地点数量如大于 15 个，仅录其中较有相关性的前 15 个，加“等”字著录，其余省略不著。

著录范例：

例 1：（地点名称）小买田 / 石东司 / 三亩六分

（地点说明）交易产业

例 2：（地点名称）歙县十二都七图

（地点说明）公文颁发地

（五）内容提要

名称：Abstract。

标签：内容提要。

定义：对民间历史文献资源内容的简介与描述。

著录说明：

1. 不同类型的民间历史文献采取不同的揭示要素，例如契约合同文书的内容提要由“年代 + 文书订立人 + 订立原因 + 契约文书类型”组成。

2. 著录者根据文献内容拟定，尽量采用文献原有字句。没有文字内容者，如字画、器物等不必著录。

3. 一般不超过 200 个汉字。

4. 多张文献黏连，或一张纸上书写多份文献者分别撰写提要。

必备性：有则必备。

可重复性：可重复。

著录范例：

例 1：汪连贵将土名九黄山阴坏小买熟地一业出退与玄恩公清明会名下为业。（并契）汪连贵今租到玄恩公清明会名下土名九黄山阴坏小买熟地一业。

（六）附注

名称：Description。

标签：附注。

定义：对民间历史文献资源著录项目的补充说明。

元素修饰词：钤印 / 花押注、书写文字注、著录考释 / 考证注、著录项补充说明。

注释：依元素修饰词项目顺序著录，其他补充说明，列于其后。

必备性：非必备。

可重复性：可重复。

著录内容：

1. 文献中原官方文件编号。
2. 文献中印章、花押（十字押、正字押、福字、〇字押）、指迹。
3. 文献背面，或其他位置出现的非正文的零星字句。
4. 文献中批注、再批等信息。
5. 未写完、颠倒书写等情况。
6. 著录、记载或考订文献的文献和依据。
7. 著录各个项目中需要解释和补充的事项。
8. 根据文献具体情况需要在附注项中说明的事项。

（七）录文

名称：Full text。

标签：录文。

定义：使用规范汉字记录每件民间历史文献的全部文字，利用排版方法尽可能还原文献体例特征。

注释：目前仅应用于字画、碑帖，有文字内容之器物或一定页数以内的特定类别文书，页数较多的簿册文书和书籍一般不予全文录入，减少人工成本。

必备性：可选。

可重复性：不可重复。

（八）主题 / 关键词

名称：Subject/Keywords。

标签：主题 / 关键词。

定义：与民间历史文献内容相关且具有揭示功能的非控主题词、关键词，包括文献内容中出现的人物、事件等。

注释：可参考现行主题词表。数据库设计词表技术和词表开放系统，允许吸收用户和著录人员的关键词，建成词表规范档。

著录说明：

1. 主题 / 关键词的概括一般不超过 5 个词语，每个词语间用“/”隔开。

必备性：必备。

可重复性：不可重复。

（九）相关资源

名称：Relation。

标签：相关资源。

定义：与民间历史文献有各种关联的其他文献资源信息，以及与文献内容，包括人物、事件等相关的研究文献。

注释：此著录项旨在实现数据库内资源在内容上的关联。

子元素：相关文献资源、相关研究资源。

必备性：可选。

可重复性：可重复。

1. 相关文献资源

名称：Related Documents。

标签：相关文献资源。

定义：与民间历史文献有各种关联的其他文献资源信息。

元素修饰词：所属包信息附注、附属资料、契尾 / 执照 / 并契、丛编 / 合订、与其他文献关系。

注释：

（1）所属包信息附注指民间历史文献在清点过程中收录的每一件文献所在包的批注信息，例如中山大学图书馆在《民间历史文献逐包登记表》上登记的包附注项。

（2）附属资料包括该文献黏连或脱落的散叶、附带的夹页、封面、目录、印花票等。

（3）与其他文献关系具体指，经过考证确认，该文献与本包内、其他包内的民间历史文献的关系，或与非本馆藏的其他民间历史文献之间的关联。

必备性：可选。

可重复性：可重复。

著录内容：

（1）文献黏连或脱落的散叶、附带夹页、封面、目录、印花票等情况说明。需要著录附带文献的种类、数量。

（2）与契约文书关联的契尾、买契执照、官草契纸、并契、上下手契等情况。需要著录相关文献资源的年代、文书类型等信息。

（3）书籍的丛编、合订情况。需要著录丛编名称、合订册名称及数量。

（4）与其他文献的关系，需要著录其他相关文献类别、文献编号、藏地等可以快速查阅、联结的信息。

著录范例：

例（1）：附买契执照 / 契尾。

例（2）：第 32 页夹带散页纸片 1 张 / 印花票 5 枚。

2. 相关研究资源

名称：Related Research Resources。

标签：相关研究资源。

定义：与文献内容，包括人物、事件等相关的研究文献。

注释：此项著录与文献资源相关的研究资料，如与人名、地名相关的考据资料。

必备性：可选。

可重复性：可重复。

（十）语种

名称：Language。

标签：语种。

定义：民间历史文献资源内容所使用的语言种类。

著录内容：

1. 此项著录民间历史文献使用的主体语种，偶尔出现的其他语种不必著录。

2. 一般缺省为“汉语”。

必备性：必备。

可重复性：不可重复。

（十一）归户

名称：Household。

标签：归户。

定义：民间历史文献实物在使用和效用期内隶属的家户、家族、会社或其他群体。

注释：户是一种行政管理的登记单位。归户的描述一般按省、府、州、县、都、图、户层级描述。

必备性：有则必备。

可重复性：可重复。

著录说明：

1. 根据文献来源历史、文献具体内容判断著录，一般以文献最终所属者户籍为准。

2. 归户地不在涉事地点项重复著录。

著录范例：

例 1：徽州府歙县三十一都二图四甲朱时文户

（十二）谱系

名称：Pedigree。

标签：谱系。

定义：文献涉及与文献创作者相关的人物亲属关系。

元素修饰词：姓名、亲属关系、所属支系。

必备性：非必备。

可重复性：可重复。

著录内容：

1. 亲属关系一般著录人物之间的关系类别，使用文献原文中显示人物关系的语词，如无法判断，则不著录。

2. 所属支系一般著录文献原文中直接说明的支系关系，如：某公支下某堂。

著录说明：

1. 著录须明确区分谱系间的层级关系，分层标识登记，避免重复。

2. 著录多个人物间的亲属关系时，首先，以某一人物 A 为起点，著录与人物 B 的第一层谱系关系，再著录与人物 C 的第二层谱系关系，将人物 A 的所有层级关系登记完整；其次，以人物 B 为起点，著录与人物 E/F/G 等的谱系关系，直至其所有谱系层级关系登记完整。依次类推。

3. 夫妻、父子、母子关系一般仅著录其中两人，避免识别混乱。兄弟、姐妹等关系可多人并列著录。

4. 相同两个人物间的谱系关联无须重复登记。

著录范例：

例 1：胡广义 / 胡广远 / 胡广堂 / 兄弟

胡广义 / 胡门方氏 / 夫妻

胡门方氏 / 胡启发 / 母子

胡启发 / 胡启明 / 胡启进 / 兄弟

（十三）金额

名称：Amount of Money。

标签：金额。

定义：民间历史文献资源中涉及的与财产交易相关的货币数目。

元素修饰词：金额数量、金额说明。

注释：遵从民间历史文献原文的金额表示法。金额说明根据文献内容判断拟定。

必备性：可选。

可重复性：可重复。

著录内容：

1. 契约文书中的交易价。

2. 账簿、账单类文献中的往来账目金额。

3. 会书会单中的会银数等。

4. 纸币、门票、车船票等票面金额。

著录范例：

例 1：足银十五两 / 交易价

例 2：二十洋元 / 会银

（十四）赋役

名称：Corves and Taxes。

标签：赋役。

定义：民间历史文献资源中关于徭役、税收的种类和数量。

元素修饰词：徭役种类、税种 / 税额。

注释：徭役包括兵丁役、力役、杂役等种类。税收包括田税、山税、地税、塘税、屋税、交易税等种类，具体缴纳形式以钱、粮上缴。赋役以钱的形式上缴的，注意与著录项目“金额”区分。

必备性：可选。

可重复性：可重复。

著录内容：

1. 契约、税票类文献中的田税、山税、地税、塘税、屋税、交易税。

2. 合同、黄册、鱼鳞册、归户册等账册中的徭役、赋税等。

著录范例：

例 1：田税 / 二分九厘九毛

例 2：地税 / 壹分正

（十五）载体形态信息

名称：Physical Description。

标签：载体形态信息。

定义：民间历史文献的物理形态或外在形制信息。

子元素：材质、载体形式、尺寸、页数 / 数量、附件、其他。

注释：根据文献实物情况登记。载体形式指纸质文献的装订方式、器物的外观形制。

必备性：必备。

可重复性：可重复。

著录内容：

1. 根据文献载体材料确定材质和材料类别，著录范围包括：纸、竹、木、棉布、绸、帛、玉、石、皮、铜等。纸质载体省略著录。

2. 载体形式著录民间历史文献实物形态，著录范围包括：散叶、簿册、胶装、订书装、线装、经折装、卷轴装、蝴蝶装、包背装等。

3. 尺寸著录民间历史文献实物的长宽高，单位为厘米。

4. 页数/数量著录方法：散件脱胶文书、报纸的张数；簿册文书、书籍、期刊、宣传册、档案等类文献含文字图案内容的页数；器物的实体数量。量词用“页”“件”表述。

5. 附件著录与民间历史文献主体相分离，装订方式与主体不同的附加资料或物品，或保存该文献的装具，如：函套、信封、木匣、书盒等。

（十六）保存状况信息

名称：Preservation and Conservation。

标签：保存状况信息。

定义：对民间历史文献资源的保存状态、破损程度的描述与级别认定。

子元素：破损描述、破损定级。

注释：

1. 参考《古籍特藏破损定级标准》（WH/T 22—2006）制定适用于民间历史文献的破损情况描述与分类定级标准，为文献资源提供16种类型的破损状态描述，及3个定级级别。

2. 16种类型的破损状态描述依次为：良好、霉蚀、虫蛀、鼠啮、烬毁、破洞、残缺、磨损、撕裂、断裂、黏连、污渍、絮化、脆化、线断、漫漶（详见第二章）。

3. 破损等级包括：一级、二级、三级。（详见第二章）破损类别为良好的文献无须登记破损等级。

必备性：必备。

可重复性：可重复。

著录内容：除“良好”不可与其他破损描述种类并列外，其他破损描述可根据徽州民间历史文献实际情况填写。

著录范例：

例 1：虫蛀 / 线断

二级

（十七）标识符

名称：Resource Identifier。

标签：标识符。

定义：每件民间历史文献著录单位所具备的系统唯一标识符。

元素修饰词：财产登记号、其他编号。

注释：

1. 财产登记号是民间历史文献资源的收藏单位财产编号，也是每件文献实物、数字化资源的系统唯一标识符号。财产登记号由批次号、箱号、包号、件号等级别号码组成。

2. 批次号是收藏单位购入文献的时间次序，以英文字母分配的号码。

3. 箱号是批次号和包号之间的控制性编号，由 2 位数字组成。

4. 包号是揭示文献入藏时在某一箱中原始状态最重要的标识，由 3 位数字组成。

5. 件号是单件文献的 4 位编号。

6. 其他编号是非收藏单位文献编号的相关编号，例如田野考察时所拍文献给定的编号，编号规则自成系统。

必备性：必备。

可重复性：不可重复。

术语类型：元素。

著录内容：馆藏整理时编定的财产登记号；其他非馆藏民间历史文献资源的编号。

著录范例：A010010001

（十八）资源类型

名称：Type。

标签：资源类型。

定义：民间历史文献资源的内容所属的特征和类型。

注释：一般可分为纸质文献（文书、书籍、字画、碑帖、报纸）和器物，其中每一类型下细分具体的资源形式。

必备性：必备。

可重复性：不可重复。

著录内容：

1. 纸质文献中的文书著录文书的具体形式，范围包括：卖契、典契、当契、合同、议合墨、公文、税票、账簿、分家书、会书、投词、归户清册、孝单、祖宗簿等，原则上不判断文本，照录原文。

2. 其他类纸质文献按一般公认的资源形式名称著录，范围包括：古籍、图书、报纸、期刊、书法、绘画、宣传画、剪纸、邮票、纸币、包装纸等。

3. 器物类资源类型著录器物的具体形式，按一般公认的资源形式名称著录，范围包括：木匣、木盒、石碑等。

4. 没有通用的资源形式名称的文献，参考类似形式的文献判断类型，根据内容拟定。

5. 无相关资源类型信息或无法判断者不著录。

著录范例：

例 1：典契

例 2：租批

例 3：收税票

例 4：婚嫁礼金清单

例 5：会书

例 6：药单

例 7：归户清册

（十九）馆藏信息

名称：Location。

标签：馆藏信息。

定义：民间历史文献所属收藏机构提供的馆藏信息。

子元素：分类号、馆藏地点、电子图像编号

注释：

1. 分类号是根据民间历史文献分类分析后形成的类目代号。由编目人员根据文献主题、内容、类型确定其分类号。（具体说明见第三章）

2. 馆藏地点是资源物理载体在所属收藏机构中的具体典藏位置。

3. 电子图像编号是每件民间历史文献资源实体所对应的数字档案编号。一般情况下，单页文献只有一个电子图像档编号，多页文献或器物具有一个财产登记号对应多个电子图像的关系。编号方式为："财产登记号"加"电子档案序号"，如，A010010001（1）。

4. 馆藏信息项著录信息为整理人员管理文献资源使用，不对外开放。

必备性：必备。

可重复性：不可重复。

著录范例：

例 1：WA0202

6 楼库房铁柜 51–5

A010010001（1）/A010010001（2）

（二十）收藏信息

名称：Collection Information。

标签：收藏信息。

定义：民间历史文献资源的获得方式及相关流传信息。

元素修饰词：原始保存地、征集地点、征集时间、征集方式、价格。

注释：

1. 原始保存地著录民间历史文献原出处。如有相关信息，照实填写。

2. 征集时间、征集方式和价格如有相关信息，照实填写。

3. 该项著录信息为整理人员管理文献资源使用，不对外开放。

必备性：非必备。

可重复性：可重复。

（二十一）权限

名称：Rights。

标签：权限。

定义：民间历史文献资源的所有者权利信息或被赋予的权利信息。

注释：一般包括知识产权、版权、其他各种产权或使用权。这里用于著录民间历史文献资源的版权信息和相关使用或访问权限。

必备性：必备。

可重复性：可重复。

七、著录实例

为进一步说明和验证著录细则的实用性，发现和修正问题，本节提供徽州民间历史文献的著录实例。

（一）总体说明

著录实例来源于中山大学图书馆藏徽州民间历史文献。根据该馆徽州文书分类法划分，著录对象选择一级类目下较常见、较具有代表性的文献，以及部分书籍、碑帖等类文献，总计 15 种。

文献主题类目与其具体文本类型对应关系见表 4–7。每一类目下仅举个别较有代表性的例子，未包括全部类别；部分文献主题类目因文献本身内容中可著录信息较少，未提供著录实例。

著录实例以著录表格形式呈现，"录文""相关资源""语种""权限""收藏信息""馆藏地点"等项缺省。部分文本无须体现的著录项，如谕札、归户清册、田赋串票、推收税票、商业文书、科教文献、典籍中的"谱系"，宗谱、科教文献、典籍、碑帖中的"金额"、"赋役"，典籍中的"涉事地点"、"归户"，在实例的著录表中缺省。

表 4-7　著录实例文本类型对应关系表

文献形式	主题类目	具体文本类型
文书	行政—公文公牍	谕札
	赋役户籍	归户清册、田赋串票、推收税票
	土地关系与财产关系	买卖类型的契约、阄书
	诉讼	诉讼卷宗
	商业经营	盘货账、商业票据
	宗族	宗谱、宗族合约
	社会关系与社会事务	会书
	民俗	
	科试教育	会课试卷
	文学与艺术	
	类书与工具书	
书籍	典籍	《周易读本》
碑帖		《法师玄秘塔碑铭并序》

（二）著录实例

1. 谕札

民间历史文献著录表

录入人：WGL 录入时间：2018.5.1	审核人：YM 审核时间：2018.5.7			
标识符	B230080001			
题名	清乾隆三十九年八月八日婺源县正堂为严催契税事发札			
人物与机关团体	（名称）	（身份角色）	（户籍 / 所在地）	（人物其他说明）
	张蓈	纳税人	婺源县四十六都二图二甲	
	翟□	婺源县正堂		

续表

<table>
<tr><td rowspan="3">时间</td><td>文献产生时间</td><td colspan="8">清乾隆三十九年八月</td></tr>
<tr><td rowspan="2">其他涉及时间</td><td colspan="3">（时间）</td><td colspan="5">（时间说明）</td></tr>
<tr><td colspan="3"></td><td colspan="5"></td></tr>
<tr><td rowspan="3">涉事地点</td><td rowspan="2">涉事地名</td><td>（类属）</td><td>（字号）</td><td>（土名）</td><td>（四至 / 面积）</td><td>（其他）</td><td rowspan="3">赋役</td><td>（税种）</td><td>（税额）</td></tr>
<tr><td></td><td></td><td></td><td></td><td></td><td></td><td></td></tr>
<tr><td>地点说明</td><td colspan="5"></td><td></td><td></td></tr>
<tr><td colspan="2">归户</td><td colspan="8"></td></tr>
<tr><td colspan="2" rowspan="2">金额</td><td colspan="2">（金额数量）</td><td colspan="6">（金额说明）</td></tr>
<tr><td colspan="2"></td><td colspan="6"></td></tr>
<tr><td colspan="2">赋役</td><td colspan="2">（徭役）</td><td colspan="6"></td></tr>
<tr><td colspan="2">内容提要</td><td colspan="8">清乾隆三十九年八月八日，婺源县正堂为催征契税事发札，令四十六都二图二甲张鄗于札到该户时即刻查明检出户内未印白契以及老典各契，赴县呈报，照价输税，以凭粘用司尾印截执据。</td></tr>
<tr><td colspan="2">附注</td><td colspan="8">“内发”印 / “婺源县印■■司尾”印 / 朱批</td></tr>
<tr><td colspan="2">主题 / 关键词</td><td colspan="8">催征契税 / 乾隆 / 札 / 婺源</td></tr>
<tr><td colspan="2">资源类型</td><td colspan="8">谕札</td></tr>
<tr><td colspan="2" rowspan="3">载体形态信息</td><td colspan="2">材质</td><td colspan="2">纸</td><td colspan="2">页数 / 数量</td><td colspan="2"></td></tr>
<tr><td colspan="2">载体形式</td><td colspan="2">散页</td><td colspan="2">附件</td><td colspan="2"></td></tr>
<tr><td colspan="2">尺寸</td><td colspan="2"></td><td colspan="2">其他</td><td colspan="2"></td></tr>
<tr><td colspan="2" rowspan="2">保存状况信息</td><td colspan="2">破损描述</td><td colspan="6">脆化 / 边缘磨损</td></tr>
<tr><td colspan="2">破损定级</td><td colspan="6">三级</td></tr>
<tr><td colspan="2" rowspan="2">馆藏信息</td><td colspan="2">分类号</td><td colspan="6">WA0101</td></tr>
<tr><td colspan="2">电子图像编号</td><td colspan="6">B230080001.tif</td></tr>
</table>

2. 归户清册

民间历史文献著录表

<table>
<tr><td colspan="11">录入人：WGL　　审核人：YM
录入时间：2018.5.2　　审核时间：2018.5.6</td></tr>
<tr><td colspan="2">标识符</td><td colspan="9">A070100004</td></tr>
<tr><td colspan="2">题名</td><td colspan="9">清光绪二十二年十一月歙县二十五都二图十甲章奕安户归户清册</td></tr>
<tr><td colspan="2" rowspan="3">人物与机关团体</td><td colspan="2">（名称）</td><td colspan="2">（身份角色）</td><td colspan="3">（户籍 / 所在地）</td><td colspan="2">（人物其他说明）</td></tr>
<tr><td colspan="2">章奕安</td><td colspan="2">户主</td><td colspan="3">歙县二十五都二图十甲</td><td colspan="2"></td></tr>
<tr><td colspan="2">陈翰周</td><td colspan="2">册书</td><td colspan="3"></td><td colspan="2"></td></tr>
<tr><td rowspan="3">时间</td><td>文献产生时间</td><td colspan="9">清光绪二十二年十一月</td></tr>
<tr><td rowspan="2">其他涉及时间</td><td colspan="4">（时间）</td><td colspan="5">（时间说明）</td></tr>
<tr><td colspan="4"></td><td colspan="5"></td></tr>
<tr><td rowspan="11">涉事地点</td><td rowspan="11">涉事地名</td><td>（类属）</td><td>（字号）</td><td>（土名）</td><td>（四至 / 面积）</td><td>（其他）</td><td rowspan="11">赋役</td><td>（税种）</td><td>（税额）</td></tr>
<tr><td>田</td><td>忘字二千三百九十八号</td><td>岑根</td><td></td><td></td><td>田税</td><td>一亩五分三毛七糸</td></tr>
<tr><td>田</td><td>又字四百〇四号</td><td>岑根</td><td></td><td></td><td>田税</td><td>八分七厘五糸</td></tr>
<tr><td>田</td><td>又字三千三百六十二号</td><td>曹坑</td><td></td><td></td><td>田税</td><td>七分五毛一糸</td></tr>
<tr><td>田</td><td>又字三千三百六十三号</td><td>曹坑</td><td></td><td></td><td>田税</td><td>二分三厘九毛七糸</td></tr>
<tr><td>田</td><td>又字三千三百六十五号</td><td>曹坑</td><td></td><td></td><td>田税</td><td>七分七厘二毛八糸</td></tr>
<tr><td>田</td><td>又字三千三百六十六号</td><td>曹坑</td><td></td><td></td><td>田税</td><td>二分二厘七毛一糸</td></tr>
<tr><td>田</td><td>又字三千三百六十八号</td><td>曹坑</td><td></td><td></td><td>田税</td><td>一亩六毛三糸</td></tr>
<tr><td>地</td><td>忘字四百三十八号</td><td>下方■</td><td></td><td></td><td>地税</td><td>一分九厘六毛四糸八忽</td></tr>
<tr><td>田</td><td>又字四百五十二号</td><td>沙丘</td><td></td><td></td><td>田税</td><td>一分六厘六毛六糸二忽</td></tr>
<tr><td>地</td><td>又字五百六十一号</td><td>洪村坞口</td><td></td><td></td><td>地税</td><td>六厘九毛二糸</td></tr>
</table>

续表

<table>
<tr><td rowspan="7">涉事地点</td><td rowspan="6">涉事地名</td><td>（类属）</td><td>（字号）</td><td>（土名）</td><td>（四至/面积）</td><td>（其他）</td><td rowspan="7">赋役</td><td>（税种）</td><td>（税额）</td></tr>
<tr><td>山</td><td>又字五百六十二号</td><td>洪村坞口</td><td></td><td></td><td>山税</td><td>一厘八毛七糸五忽</td></tr>
<tr><td>地</td><td>又字五百六十二号</td><td>青龙山</td><td></td><td></td><td>地税</td><td>六厘八毛三糸六忽</td></tr>
<tr><td>山</td><td>又字五百六十二号</td><td>青龙山</td><td></td><td></td><td>山税</td><td>九厘三毛七糸五忽</td></tr>
<tr><td>地</td><td>忘字四百零三号</td><td>岑根</td><td></td><td></td><td>地税</td><td>四分九厘五毛三糸二忽二微</td></tr>
<tr><td>山</td><td>又字一千五百三十号</td><td>东山■</td><td></td><td></td><td>山税</td><td>五毫</td></tr>
<tr><td>地点说明</td><td colspan="5">产业</td><td></td><td></td></tr>
<tr><td colspan="2">归户</td><td colspan="8">歙县二十五都二图十甲</td></tr>
<tr><td colspan="2" rowspan="2">金额</td><td colspan="2">（金额数量）</td><td colspan="6">（金额说明）</td></tr>
<tr><td colspan="2"></td><td colspan="6"></td></tr>
<tr><td colspan="2">赋役</td><td colspan="2">（徭役）</td><td colspan="6"></td></tr>
<tr><td colspan="2">内容提要</td><td colspan="8">清光绪二十二年十一月歙县二十五都二图十甲章奕安忘字三百九十八号、忘字四百〇四号、忘字三百六十二号等十余号土地归户清册</td></tr>
<tr><td colspan="2">附注</td><td colspan="8">“陈翰周记”印/“歙县二十五都二图十甲柱经处陈翰周记”印</td></tr>
<tr><td colspan="2">主题/关键词</td><td colspan="8">归户产业登记/歙县/光绪</td></tr>
<tr><td colspan="2">资源类型</td><td colspan="8">归户清册</td></tr>
<tr><td colspan="2" rowspan="3">载体形态信息</td><td colspan="2">材质</td><td>纸</td><td colspan="2">页数/数量</td><td colspan="3">7</td></tr>
<tr><td colspan="2">载体形式</td><td>簿册</td><td colspan="2">附件</td><td colspan="3"></td></tr>
<tr><td colspan="2">尺寸</td><td></td><td colspan="2">其他</td><td colspan="3"></td></tr>
<tr><td colspan="2" rowspan="2">保存状况信息</td><td colspan="2">破损描述</td><td colspan="6">良好</td></tr>
<tr><td colspan="2">破损定级</td><td colspan="6"></td></tr>
<tr><td colspan="2" rowspan="2">馆藏信息</td><td colspan="2">分类号</td><td colspan="6">WB0104</td></tr>
<tr><td colspan="2">电子图像编号</td><td colspan="6">A070100004（1）.tif
A070100004（2）.tif
A070100004（3）.tif
A070100004（4）.tif
A070100004（5）.tif
A070100004（6）.tif
A070100004（7）.tif</td></tr>
</table>

3. 田赋串票

民间历史文献著录表

<table>
<tr><td colspan="5">录入人：WGL
录入时间：2018.5.1</td><td colspan="5">审核人：YM
审核时间：2018.5.7</td></tr>
<tr><td colspan="2">标识符</td><td colspan="8">B230490241</td></tr>
<tr><td colspan="2">题名</td><td colspan="8">民国二十六年歙县旧二十六区四段程忠户第一期田赋串票</td></tr>
<tr><td colspan="2" rowspan="2">人物与
机关团体</td><td colspan="2">（名称）</td><td colspan="2">（身份角色）</td><td colspan="2">（户籍 / 所在地）</td><td colspan="2">（人物其他说明）</td></tr>
<tr><td colspan="2">程忠</td><td colspan="2">户主 /
纳税人</td><td colspan="2">歙县旧二十六区
四段</td><td colspan="2"></td></tr>
<tr><td rowspan="3">时间</td><td>文献产
生时间</td><td colspan="8">民国二十六年</td></tr>
<tr><td rowspan="2">其他涉
及时间</td><td colspan="3">（时间）</td><td colspan="5">（时间说明）</td></tr>
<tr><td colspan="3"></td><td colspan="5"></td></tr>
<tr><td rowspan="4">涉事
地点</td><td rowspan="3">涉事
地名</td><td>（类属）</td><td>（字号）</td><td>（土名）</td><td>（四至 /
面积）</td><td>（其他）</td><td rowspan="4">赋役</td><td>（税种）</td><td>（税额）</td></tr>
<tr><td>田</td><td></td><td></td><td>一亩一厘</td><td></td><td>正税</td><td>银币二角七分五厘</td></tr>
<tr><td></td><td></td><td></td><td></td><td></td><td>附税</td><td>银币二角七分五厘</td></tr>
<tr><td>地点
说明</td><td colspan="5">纳税产业</td><td></td><td></td></tr>
<tr><td colspan="2">归户</td><td colspan="8">歙县旧二十六区四段程忠户</td></tr>
<tr><td colspan="2" rowspan="2">金额</td><td colspan="2">（金额数量）</td><td colspan="6">（金额说明）</td></tr>
<tr><td colspan="2"></td><td colspan="6"></td></tr>
<tr><td colspan="2">赋役</td><td colspan="2">（徭役）</td><td colspan="6"></td></tr>
<tr><td colspan="2">内容提要</td><td colspan="8">民国二十六年歙县旧二十六区四段户主程忠完纳第一期田赋正税及附税</td></tr>
<tr><td colspan="2">附注</td><td colspan="8">印章验讫</td></tr>
<tr><td colspan="2">主题 / 关键词</td><td colspan="8">民国 / 歙县 / 田赋完纳</td></tr>
<tr><td colspan="2">资源类型</td><td colspan="8">田赋串票</td></tr>
<tr><td colspan="2" rowspan="3">载体形态信息</td><td colspan="2">材质</td><td colspan="2">纸</td><td colspan="2">页数 / 数量</td><td colspan="2"></td></tr>
<tr><td colspan="2">载体形式</td><td colspan="2">散页</td><td colspan="2">附件</td><td colspan="2"></td></tr>
<tr><td colspan="2">尺寸</td><td colspan="2"></td><td colspan="2">其他</td><td colspan="2"></td></tr>
<tr><td colspan="2" rowspan="2">保存状况信息</td><td colspan="2">破损描述</td><td colspan="6">良好</td></tr>
<tr><td colspan="2">破损定级</td><td colspan="6"></td></tr>
<tr><td colspan="2" rowspan="2">馆藏信息</td><td colspan="2">分类号</td><td colspan="6">WB0201</td></tr>
<tr><td colspan="2">电子图像编号</td><td colspan="6">B230490241.tif</td></tr>
</table>

4. 推收税票

民间历史文献著录表

<table>
<tr><td colspan="5">录入人：WGL</td><td colspan="5">审核人：YM</td></tr>
<tr><td colspan="5">录入时间：2018.5.1</td><td colspan="5">审核时间：2018.5.7</td></tr>
<tr><td colspan="2">标识符</td><td colspan="8">B230490247</td></tr>
<tr><td colspan="2">题名</td><td colspan="8">清乾隆三十二年四月歙县三十六都四图七甲庄志兆户收税票</td></tr>
<tr><td colspan="2" rowspan="4">人物与机关团体</td><td colspan="2">（名称）</td><td colspan="2">（身份角色）</td><td colspan="3">（户籍 / 所在地）</td><td>（人物其他说明）</td></tr>
<tr><td colspan="2">王叙和 / 王永元</td><td colspan="2">册里</td><td colspan="3">歙县三十六都四图十甲</td><td></td></tr>
<tr><td colspan="2">庄紊泓</td><td colspan="2">推出人</td><td colspan="3">歙县三十六都四图十甲</td><td></td></tr>
<tr><td colspan="2">庄志兆</td><td colspan="2">接收人</td><td colspan="3">歙县三十六都四图七甲</td><td></td></tr>
<tr><td rowspan="3">时间</td><td>文献产生时间</td><td colspan="8">清乾隆三十二年四月</td></tr>
<tr><td rowspan="2">其他涉及时间</td><td colspan="4">（时间）</td><td colspan="4">（时间说明）</td></tr>
<tr><td colspan="4"></td><td colspan="4"></td></tr>
<tr><td rowspan="4">涉事地点</td><td rowspan="3">涉事地名</td><td>（类属）</td><td>（字号）</td><td>（土名）</td><td>（四至 / 面积）</td><td>（其他）</td><td rowspan="4">赋役</td><td>（税种）</td><td>（税额）</td></tr>
<tr><td>地</td><td>严字
三千三百三十号</td><td>潘青下
石桥头</td><td></td><td></td><td>地税</td><td>五厘七毫
五系</td></tr>
<tr><td>地</td><td>严字
三千三百三十一号</td><td>潘青下
石桥头</td><td></td><td></td><td>地税</td><td>二分七厘一
毫二糸五忽</td></tr>
<tr><td>地点说明</td><td colspan="5">纳税产业</td><td></td><td></td></tr>
<tr><td colspan="2">归户</td><td colspan="8">歙县三十六都四图七甲庄志兆户</td></tr>
<tr><td colspan="2" rowspan="2">金额</td><td colspan="3">（金额数量）</td><td colspan="5">（金额说明）</td></tr>
<tr><td colspan="3"></td><td colspan="5"></td></tr>
<tr><td colspan="2">赋役</td><td colspan="3">（徭役）</td><td colspan="5"></td></tr>
<tr><td colspan="2">内容提要</td><td colspan="8">清乾隆三十二年四月歙县三十六都四图十甲庄紊泓户推入三十六都四图七甲庄志兆户收税票</td></tr>
<tr><td colspan="2">附注</td><td colspan="8">“三十六都四图十甲册里王叙和印” / “王永元记” 印 / “空白” 印</td></tr>
<tr><td colspan="2">主题 / 关键词</td><td colspan="8">地税推割 / 收税票 / 歙县 / 乾隆</td></tr>
<tr><td colspan="2">资源类型</td><td colspan="8">收税票</td></tr>
<tr><td colspan="2" rowspan="3">载体形态信息</td><td colspan="2">材质</td><td colspan="2">纸</td><td colspan="2">页数 / 数量</td><td colspan="2"></td></tr>
<tr><td colspan="2">载体形式</td><td colspan="2">散页</td><td colspan="2">附件</td><td colspan="2"></td></tr>
<tr><td colspan="2">尺寸</td><td colspan="2"></td><td colspan="2">其它</td><td colspan="2"></td></tr>
</table>

续表

<table>
<tr><td rowspan="2">保存状况信息</td><td>破损描述</td><td>良好</td></tr>
<tr><td>破损定级</td><td></td></tr>
<tr><td rowspan="2">馆藏信息</td><td>分类号</td><td>WB0302</td></tr>
<tr><td>电子图像编号</td><td>B230490247.tif</td></tr>
</table>

5. 契约

民间历史文献著录表

<table>
<tr><td colspan="6">录入人：YM</td><td colspan="4">审核人：</td></tr>
<tr><td colspan="6">录入时间：2018.5.6</td><td colspan="4">审核时间：</td></tr>
<tr><td colspan="2">标识符</td><td colspan="8">A200060003</td></tr>
<tr><td colspan="2">题名</td><td colspan="8">清光绪十八年三月汪启发立杜卖大买田契附清光绪二十年四月契尾</td></tr>
<tr><td colspan="2" rowspan="6">人物与
机关团体</td><td colspan="2">（名称）</td><td colspan="2">（身份角色）</td><td colspan="2">（户籍 / 所在地）</td><td colspan="2">（人物其他说明）</td></tr>
<tr><td colspan="2">汪启发</td><td colspan="2">立契人</td><td colspan="2"></td><td colspan="2"></td></tr>
<tr><td colspan="2">许</td><td colspan="2">受业人</td><td colspan="2"></td><td colspan="2"></td></tr>
<tr><td colspan="2">汪荣方</td><td colspan="2">凭亲房</td><td colspan="2"></td><td colspan="2"></td></tr>
<tr><td colspan="2">许正光 / 许元尧 / 许■林 / 宋遂生</td><td colspan="2">凭中人</td><td colspan="2"></td><td colspan="2"></td></tr>
<tr><td colspan="2">宋进美</td><td colspan="2">代笔人</td><td colspan="2"></td><td colspan="2"></td></tr>
<tr><td colspan="2" rowspan="3">谱系</td><td colspan="4">（姓名）</td><td colspan="2">（亲属关系）</td><td colspan="2">（所属支系）</td></tr>
<tr><td colspan="6"></td><td colspan="2"></td></tr>
<tr><td colspan="6"></td><td colspan="2"></td></tr>
<tr><td rowspan="3">时间</td><td>文献产生时间</td><td colspan="8">清光绪十八年三月</td></tr>
<tr><td rowspan="2">其他涉及时间</td><td colspan="4">（时间）</td><td colspan="4">（时间说明）</td></tr>
<tr><td colspan="4">清光绪二十年四月</td><td colspan="4">契尾颁发时间</td></tr>
<tr><td rowspan="4">涉事地点</td><td rowspan="4">涉事地名</td><td>（类属）</td><td>（字号）</td><td>（土名）</td><td>（四至 / 面积）</td><td>（其他）</td><td rowspan="4">赋役</td><td>（税种）</td><td>（税额）</td></tr>
<tr><td>田</td><td>文字
六百七十三号</td><td>高山</td><td></td><td></td><td>田税</td><td>一亩二分九厘六毛</td></tr>
<tr><td>塘</td><td>文字
六百七十三号</td><td>高山</td><td></td><td></td><td>塘税</td><td>七系</td></tr>
<tr><td></td><td></td><td></td><td></td><td></td><td>契尾税银</td><td>一钱二分六厘</td></tr>
</table>

续表

<table>
<tr><td>涉事地点</td><td>地点说明</td><td colspan="3">标的物</td><td>赋役</td><td></td><td></td></tr>
<tr><td colspan="2">归户</td><td colspan="6">汪启发</td></tr>
<tr><td colspan="2" rowspan="2">金额</td><td colspan="2">（金额数量）</td><td colspan="4">（金额说明）</td></tr>
<tr><td colspan="2">曹坪纹银四两二钱</td><td colspan="4">交易金额</td></tr>
<tr><td colspan="2">赋役</td><td colspan="2">（徭役）</td><td colspan="4"></td></tr>
<tr><td colspan="2">内容提要</td><td colspan="6">清光绪十八年三月汪启发因欠少正用将承祖遗田业塘业凭中出与许名下为业。</td></tr>
<tr><td colspan="2">附注</td><td colspan="6">“仓房挂号讫”印 /“歙县？”印</td></tr>
<tr><td colspan="2">主题 / 关键词</td><td colspan="6">杜卖田塘产业 / 歙县</td></tr>
<tr><td colspan="2" rowspan="2">相关资源</td><td>相关文献资源</td><td colspan="5">清光绪二十年四月契尾</td></tr>
<tr><td>相关研究资源</td><td colspan="5"></td></tr>
<tr><td colspan="2">资源类型</td><td colspan="6">杜卖契</td></tr>
<tr><td colspan="2" rowspan="3">载体形态信息</td><td>材质</td><td>纸</td><td>页数 / 数量</td><td colspan="3"></td></tr>
<tr><td>载体形式</td><td>散页</td><td>附件</td><td colspan="3"></td></tr>
<tr><td>尺寸</td><td></td><td>其他</td><td colspan="3"></td></tr>
<tr><td colspan="2" rowspan="2">保存状况信息</td><td>破损描述</td><td colspan="5">撕裂 / 破洞</td></tr>
<tr><td>破损定级</td><td colspan="5">三级</td></tr>
<tr><td colspan="2" rowspan="2">馆藏信息</td><td>分类号</td><td colspan="5">WC0201</td></tr>
<tr><td>电子图像编号</td><td colspan="5">A200060003.tif</td></tr>
</table>

6. 阄书

民间历史文献著录表

<table>
<tr><td colspan="3">录入人：YM
录入时间：2018.5.7</td><td colspan="2">审核人：
审核时间：</td></tr>
<tr><td>标识符</td><td colspan="4">B220560001</td></tr>
<tr><td>题名</td><td colspan="4">明崇祯十六年六月初九父王可位同母李氏立阄书</td></tr>
<tr><td rowspan="5">人物与机关团体</td><td>（名称）</td><td>（身份角色）</td><td>（户籍 / 所在地）</td><td>（人物其他说明）</td></tr>
<tr><td>王可位 / 李氏</td><td>立分单人</td><td></td><td></td></tr>
<tr><td>王观祖 / 王观老 / 王观云 / 王观龙 / 王观达</td><td>受业人</td><td></td><td></td></tr>
<tr><td>周君宠</td><td>代笔人</td><td></td><td></td></tr>
<tr><td>王子成 / 李六旬 / 余怀泉</td><td>中间人</td><td></td><td></td></tr>
</table>

续表

<table>
<tr><td colspan="2" rowspan="10">谱系</td><td colspan="4">（姓名）</td><td colspan="2">（亲属关系）</td><td colspan="2">（所属支系）</td></tr>
<tr><td colspan="4">王子成 / 王可位</td><td colspan="2">伯侄</td><td colspan="2"></td></tr>
<tr><td colspan="4">李六旬 / 王可位</td><td colspan="2">舅母外甥</td><td colspan="2"></td></tr>
<tr><td colspan="4">余怀泉 / 王可位</td><td colspan="2">亲家翁女婿</td><td colspan="2"></td></tr>
<tr><td colspan="4">王可位 / 李氏</td><td colspan="2">夫妻</td><td colspan="2"></td></tr>
<tr><td colspan="4">王可位 / 王观祖</td><td colspan="2">父子</td><td colspan="2"></td></tr>
<tr><td colspan="4">王观祖 / 王观老 / 王观云 / 王观龙 / 王观达</td><td colspan="2">兄弟</td><td colspan="2"></td></tr>
<tr><td colspan="4">王观祖 / 方氏</td><td colspan="2">夫妻</td><td colspan="2"></td></tr>
<tr><td colspan="4">王观老 / 余氏</td><td colspan="2">夫妻</td><td colspan="2"></td></tr>
<tr><td colspan="4">郑敬川 / 方含辉 / 詹敬山 / 余汝道 / 程观德</td><td colspan="2">邻居</td><td colspan="2"></td></tr>
<tr><td rowspan="3">时间</td><td>文献产生时间</td><td colspan="8">明崇祯十六年六月初九</td></tr>
<tr><td rowspan="2">其他涉及时间</td><td colspan="3">（时间）</td><td colspan="5">（时间说明）</td></tr>
<tr><td colspan="3"></td><td colspan="5"></td></tr>
<tr><td rowspan="8">涉事地点</td><td rowspan="7">涉事地名</td><td>（类属）</td><td>（字号）</td><td>（土名）</td><td>（四至/面积）</td><td>（其他）</td><td rowspan="8">赋役</td><td>（税种）</td><td>（税额）</td></tr>
<tr><td>小买田</td><td></td><td>石东司</td><td>三亩六分</td><td></td><td></td><td></td></tr>
<tr><td>小买田</td><td></td><td>石东司</td><td>二亩九分</td><td></td><td></td><td></td></tr>
<tr><td>小买田</td><td></td><td>耒兴塘
石东司</td><td>三亩一分</td><td></td><td></td><td></td></tr>
<tr><td>小买田</td><td></td><td>■吹■</td><td>四亩</td><td></td><td></td><td></td></tr>
<tr><td>小买田</td><td></td><td>石东司</td><td>三亩二分</td><td></td><td></td><td></td></tr>
<tr><td>小买田</td><td></td><td></td><td>五亩一分</td><td></td><td></td><td></td></tr>
<tr><td>地点说明</td><td colspan="5">家业田产</td><td></td><td></td></tr>
<tr><td colspan="2">归户</td><td colspan="8"></td></tr>
<tr><td colspan="2" rowspan="6">金额</td><td colspan="3">（金额数量）</td><td colspan="5">（金额说明）</td></tr>
<tr><td colspan="3">价银四两</td><td colspan="5">长房分田价</td></tr>
<tr><td colspan="3">价银三两三糸</td><td colspan="5">二房分田价</td></tr>
<tr><td colspan="3">价银三两</td><td colspan="5">三房分田价</td></tr>
<tr><td colspan="3">价银三两</td><td colspan="5">四房分田价</td></tr>
<tr><td colspan="3">价银三两</td><td colspan="5">五房分田价</td></tr>
<tr><td colspan="2">赋役</td><td colspan="3">（徭役）</td><td colspan="5"></td></tr>
</table>

续表

内容提要	明崇祯十六年六月初九父王可位同母李氏约定三子四子五子婚娶之日兄弟凑银数并分家业田产，亲族邻居中见为证。			
附注	花押			
主题 / 关键词	分家 / 王可位 / 田产分配			
资源类型	阄书			
载体形态信息	材质	纸	页数 / 数量	
	载体形式	散页	附件	
	尺寸		其他	
保存状况信息	破损描述	脆化 / 虫蛀 / 污渍		
	破损定级	三级		
馆藏信息	分类号	WC0401		
	电子图像编号	B220560001.tif		

7. 诉讼卷宗

民间历史文献著录表

录入人：YM		审核人：		
录入时间：2018.5.7/5.9		审核时间：		
标识符	A070060307			
题名	《南观庵坟山卷底》			
人物与机关团体	（名称）	（身份角色）	（户籍 / 所在地）	（人物其他说明）
	章耀光 / 程景铃	经承		
	舒丙中	官案		
	胡元 / 张全 / 章永 / 张本	差		
	王嘉赞 / 王沄	一词原告		
	程维合 / 程清	二词原告		
	程灶妹 / 程金海	盗砍松木人		
	汪灶领 / 程汪妹	坟保地保		
	周启 / 章棋 / 周本 / 张正			
	胡县主	审案人		
	程茂顺 / 程士魁 / 程士祥		十一都一图二甲	

续表

<table>
<tr><td rowspan="2" colspan="2">谱系</td><td colspan="4">（姓名）</td><td colspan="2">（亲属关系）</td><td colspan="2">（所属支系）</td></tr>
<tr><td colspan="4">程维合程清 / 程灶妹程金海</td><td colspan="2">叔侄</td><td colspan="2"></td></tr>
<tr><td rowspan="7">时间</td><td>文献产生时间</td><td colspan="8"></td></tr>
<tr><td rowspan="6">其他涉及时间</td><td colspan="4">（时间）</td><td colspan="4">（时间说明）</td></tr>
<tr><td colspan="4">清道光十三年十月十三日</td><td colspan="4">一词递投</td></tr>
<tr><td colspan="4">清道光十三年十一月十八日</td><td colspan="4">二词递投</td></tr>
<tr><td colspan="4">清道光十三年十二月三日</td><td colspan="4">三词递投</td></tr>
<tr><td colspan="4">清道光十三年十二月八日</td><td colspan="4">四词递投</td></tr>
<tr><td colspan="4">清道光十四年三月十八日</td><td colspan="4">五词递投</td></tr>
<tr><td rowspan="4">涉事地点</td><td rowspan="3">涉事地名</td><td>（类属）</td><td>（字号）</td><td>（土名）</td><td>（四至 / 面积）</td><td>（其他）</td><td rowspan="4">赋役</td><td>（税种）</td><td>（税额）</td></tr>
<tr><td>山</td><td>积字四十八号</td><td>南观庵坟山</td><td></td><td></td><td></td><td></td></tr>
<tr><td>山</td><td></td><td>王洪禄山</td><td></td><td></td><td></td><td></td></tr>
<tr><td>地点说明</td><td colspan="5">涉案地</td><td></td><td></td></tr>
<tr><td colspan="2">归户</td><td colspan="8"></td></tr>
<tr><td rowspan="2" colspan="2">金额</td><td>（金额数量）</td><td colspan="7">（金额说明）</td></tr>
<tr><td></td><td colspan="7"></td></tr>
<tr><td colspan="2">赋役</td><td>（徭役）</td><td colspan="7"></td></tr>
<tr><td colspan="2">内容提要</td><td colspan="8">经五次庭审，含一词至五词及每次庭审过程记录。南观庵坟山案中，一词原告王嘉赞、王沄状告盗砍其南观庵坟山松林的程灶妹、程金海并将其抓捕；程维合、程清申诉说明两家山地相接处的归属、税收纠纷。</td></tr>
<tr><td colspan="2">附注</td><td colspan="8"></td></tr>
<tr><td colspan="2">主题 / 关键词</td><td colspan="8">南观庵坟山 / 盗砍松林 / 属地纠纷 / 卷宗</td></tr>
<tr><td colspan="2">资源类型</td><td colspan="8">诉讼案卷</td></tr>
<tr><td rowspan="3" colspan="2">载体形态信息</td><td>材质</td><td colspan="3">纸</td><td colspan="2">页数 / 数量</td><td colspan="2">12</td></tr>
<tr><td>载体形式</td><td colspan="3">簿册</td><td colspan="2">附件</td><td colspan="2"></td></tr>
<tr><td>尺寸</td><td colspan="3"></td><td colspan="2">其他</td><td colspan="2"></td></tr>
<tr><td rowspan="2" colspan="2">保存状况信息</td><td>破损描述</td><td colspan="7">虫蛀 / 残缺</td></tr>
<tr><td>破损定级</td><td colspan="7">二级</td></tr>
<tr><td rowspan="2" colspan="2">馆藏信息</td><td>分类号</td><td colspan="7">WD0401</td></tr>
<tr><td>电子图像编号</td><td colspan="7">P1090039.JPG/P1090040.JPG/P1090041.JPG/P1090042.JPG/P1090043.JPG/P1090044.JPG/P1090045.JPG/P1090046.JPG/P1090047.JPG/P1090048.JPG/P1090049.JPG/P1090050.JPG</td></tr>
</table>

8. 盘货账

民间历史文献著录表

<table>
<tr><td colspan="5">录入人：YM</td><td colspan="5">审核人：</td></tr>
<tr><td colspan="5">录入时间：2018.5.17</td><td colspan="5">审核时间：</td></tr>
<tr><td colspan="2">标识符</td><td colspan="8">A040080030</td></tr>
<tr><td colspan="2">题名</td><td colspan="8">谢荣增兄等委办货品明细单</td></tr>
<tr><td colspan="2" rowspan="5">人物与
机关团体</td><td colspan="2">（名称）</td><td colspan="2">（身份角色）</td><td colspan="2">（户籍 / 所在地）</td><td colspan="2">（人物其他说明）</td></tr>
<tr><td colspan="2">谢荣增</td><td colspan="2">委办人</td><td colspan="2"></td><td colspan="2"></td></tr>
<tr><td colspan="2">黄士贤</td><td colspan="2">委办人</td><td colspan="2"></td><td colspan="2"></td></tr>
<tr><td colspan="2">炳炎</td><td colspan="2">委办人</td><td colspan="2"></td><td colspan="2"></td></tr>
<tr><td colspan="2">叶新荣</td><td colspan="2">委办人</td><td colspan="2"></td><td colspan="2"></td></tr>
<tr><td rowspan="3">时间</td><td>文献产生时间</td><td colspan="8"></td></tr>
<tr><td rowspan="2">其他涉及时间</td><td colspan="4">（时间）</td><td colspan="4">（时间说明）</td></tr>
<tr><td colspan="4"></td><td colspan="4"></td></tr>
<tr><td rowspan="3">涉事地点</td><td rowspan="2">涉事地名</td><td>（类属）</td><td>（字号）</td><td>（土名）</td><td>（四至 / 面积）</td><td>（其他）</td><td rowspan="3">赋役</td><td>（税种）</td><td>（税额）</td></tr>
<tr><td></td><td></td><td></td><td></td><td></td><td></td><td></td></tr>
<tr><td>地点说明</td><td colspan="5"></td><td></td><td></td></tr>
<tr><td colspan="2">归户</td><td colspan="8"></td></tr>
<tr><td colspan="2" rowspan="5">金额</td><td colspan="3">（金额数量）</td><td colspan="5">（金额说明）</td></tr>
<tr><td colspan="3">五元</td><td colspan="5">谢荣增委办货物当收价</td></tr>
<tr><td colspan="3">三元</td><td colspan="5">叶新荣委办货物当收价</td></tr>
<tr><td colspan="3">二元</td><td colspan="5">新记已收</td></tr>
<tr><td colspan="3">五元</td><td colspan="5">先记已收</td></tr>
<tr><td colspan="2">内容提要</td><td colspan="8">谢荣增兄委办上自被絮、长官尺等物资，黄士荣兄委办严州九德堂虎骨木等货物明细单……收新记二元，收先记五元。</td></tr>
<tr><td colspan="2">附注</td><td colspan="8"></td></tr>
<tr><td colspan="2">主题 / 关键词</td><td colspan="8">委办货物 / 商业</td></tr>
<tr><td colspan="2" rowspan="2">相关资源</td><td colspan="2">相关文献资源</td><td colspan="6"></td></tr>
<tr><td colspan="2">相关研究资源</td><td colspan="6"></td></tr>
<tr><td colspan="2">资源类型</td><td colspan="8">盘货账</td></tr>
<tr><td colspan="2" rowspan="3">载体形态信息</td><td colspan="2">材质</td><td colspan="2">纸</td><td colspan="2">页数 / 数量</td><td colspan="2"></td></tr>
<tr><td colspan="2">载体形式</td><td colspan="2">散页</td><td colspan="2">附件</td><td colspan="2"></td></tr>
<tr><td colspan="2">尺寸</td><td colspan="2"></td><td colspan="2">其他</td><td colspan="2"></td></tr>
</table>

续表

<table>
<tr><td rowspan="2">保存状况信息</td><td>破损描述</td><td>良好</td></tr>
<tr><td>破损定级</td><td></td></tr>
<tr><td rowspan="2">馆藏信息</td><td>分类号</td><td>WE0302</td></tr>
<tr><td>电子图像编号</td><td>P1740326.jpg</td></tr>
</table>

9. 商业票据

民间历史文献著录表

<table>
<tr><td colspan="6">录入人：YM
录入时间：2018.5.17</td><td colspan="4">审核人：
审核时间：</td></tr>
<tr><td colspan="2">标识符</td><td colspan="8">B230370002</td></tr>
<tr><td colspan="2">题名</td><td colspan="8">清光绪十七年十一月十三日船票</td></tr>
<tr><td colspan="2" rowspan="4">人物与
机关团体</td><td colspan="2">（名称）</td><td colspan="2">（身份角色）</td><td colspan="2">（户籍/所在地）</td><td colspan="2">（人物其他说明）</td></tr>
<tr><td colspan="2">蒋观寿</td><td colspan="2">船户</td><td colspan="2">淳安县</td><td colspan="2"></td></tr>
<tr><td colspan="2">汪</td><td colspan="2">船客</td><td colspan="2">休宁县</td><td colspan="2"></td></tr>
<tr><td colspan="2">曹太来行</td><td colspan="2">船商</td><td colspan="2">杭江</td><td colspan="2"></td></tr>
<tr><td rowspan="3">时间</td><td>文献产生时间</td><td colspan="8">清光绪十七年十一月十三日</td></tr>
<tr><td rowspan="2">其他涉及时间</td><td colspan="4">（时间）</td><td colspan="4">（时间说明）</td></tr>
<tr><td colspan="4"></td><td colspan="4"></td></tr>
<tr><td rowspan="3">涉事地点</td><td rowspan="2">涉事地名</td><td>（类属）</td><td>（字号）</td><td>（土名）</td><td>（四至/面积）</td><td>（其他）</td><td rowspan="3">赋役</td><td>（税种）</td><td>（税额）</td></tr>
<tr><td></td><td></td><td></td><td></td><td>屯溪顶埠</td><td></td><td></td></tr>
<tr><td>地点说明</td><td colspan="5">目的地</td><td></td><td></td></tr>
<tr><td colspan="2">归户</td><td colspan="8"></td></tr>
<tr><td colspan="2" rowspan="4">金额</td><td colspan="2">（金额数量）</td><td colspan="6">（金额说明）</td></tr>
<tr><td colspan="2">三十文</td><td colspan="6">客膳每位每餐</td></tr>
<tr><td colspan="2">四文</td><td colspan="6">外走官坝/天井滩每位贴钱</td></tr>
<tr><td colspan="2">六十文</td><td colspan="6">挂找船钱</td></tr>
<tr><td colspan="2">内容提要</td><td colspan="8">光绪十七年十一月十三日杭江曹泰来行船票，淳安县船户蒋观寿揽到休宁县汪客三十三位名下随身行李，大小不计件照码单查收，客膳每位每餐计钱，水脚船钱、大小打滩、贴埠、贴纤、神福一应在杭付讫，送至屯溪顶埠交卸。</td></tr>
<tr><td colspan="2">附注</td><td colspan="8">“曹泰来行发票”印/其他印</td></tr>
<tr><td colspan="2">主题/关键词</td><td colspan="8">船运凭票/曹太来行/淳安县/休宁县</td></tr>
</table>

续表

资源类型	船票			
载体形态信息	材质	纸	页数 / 数量	
	载体形式	散页	附件	
	尺寸		其他	
保存状况信息	破损描述	良好		
	破损定级			
馆藏信息	分类号	WE0404		
	电子图像编号	B230370002.tif		

10. 宗谱

民间历史文献著录表

录入人：MZ 录入时间：2018.04.28			审核人：YM 审核时间：2018.5.7		
标识符		A150100001			
题名		《林氏宗谱》			
人物与机关团体		（名称）	（身份角色）	（户籍 / 所在地）	（人物其他说明）
		敦伦堂	纂辑人	竹山	
		章道生	付梓人	临川	
		林启镐	《林氏述编谱序》作序人		
		倪望重	撰叙人		
		吴广安	《林氏家谱序》作序人		
		允瀚	《合修林氏家乘》记述人		
		林启浩	《家谱叙》撰叙人		竹山二十一世
谱系		（姓名）		（亲属关系）	（所属支系）
时间	文献产生时间				
	其他涉及时间	（时间）	（时间说明）		
		清光绪五年冬至	《林氏述编谱序》作序时间		
		清光绪五年十至一月	作叙时间		
		清光绪乙卯冬至	《林氏家谱序》作序时间		
		清光绪五年十一月	《家谱叙》撰叙时间		

续表

<table>
<tr><td rowspan="3">涉事地点</td><td rowspan="2">涉事地名</td><td>（类属）</td><td>（字号）</td><td>（土名）</td><td>（四至 / 面积）</td><td>（其他）</td><td rowspan="3">赋役</td><td>（税种）</td><td>（税额）</td></tr>
<tr><td></td><td></td><td>竹山</td><td></td><td></td><td></td><td></td></tr>
<tr><td>地点说明</td><td colspan="5">林氏所在地</td><td></td><td></td></tr>
<tr><td colspan="2">归户</td><td colspan="8">竹山林氏</td></tr>
<tr><td colspan="2">内容提要</td><td colspan="8">《林氏宗谱》四卷</td></tr>
<tr><td colspan="2">附注</td><td colspan="8"></td></tr>
<tr><td colspan="2">主题 / 关键词</td><td colspan="8">宗谱 / 林氏 / 竹山</td></tr>
<tr><td colspan="2">资源类型</td><td colspan="8">宗谱</td></tr>
<tr><td colspan="2" rowspan="3">载体形态信息</td><td colspan="2">材质</td><td colspan="2">纸</td><td colspan="2">页数 / 数量</td><td colspan="2">96</td></tr>
<tr><td colspan="2">载体形式</td><td colspan="2">线装</td><td colspan="2">附件</td><td colspan="2"></td></tr>
<tr><td colspan="2">尺寸</td><td colspan="2"></td><td colspan="2">其他</td><td colspan="2"></td></tr>
<tr><td colspan="2" rowspan="2">保存状况信息</td><td colspan="2">破损描述</td><td colspan="6">虫蛀</td></tr>
<tr><td colspan="2">破损定级</td><td colspan="6">三级</td></tr>
<tr><td colspan="2" rowspan="2">馆藏信息</td><td colspan="2">分类号</td><td colspan="6">WF0101</td></tr>
<tr><td colspan="2">电子图像编号</td><td colspan="6">IMG_5334.jpg—IMG_5430.jpg</td></tr>
</table>

11. 宗族合约

民间历史文献著录表

<table>
<tr><td colspan="5">录入人：WGL　　审核人：YM
录入时间：2018.4.30　　审核时间：2018.5.7</td></tr>
<tr><td>标识符</td><td colspan="4">B220520011</td></tr>
<tr><td>题名</td><td colspan="4">清同治九年一月张宝善堂立禁革条约并同治二年一月张宝善堂立活葬规约</td></tr>
<tr><td rowspan="7">人物与机关团体</td><td>（名称）</td><td>（身份角色）</td><td>（户籍 / 所在地）</td><td>（人物其他说明）</td></tr>
<tr><td>聚元 / 有余 / 聚仪 / 聚俱 / 聚伟 / 聚傅 / 吉洪 / 钰芳 / 顺林 / 义进 / 有富</td><td>立革约人</td><td></td><td></td></tr>
<tr><td>有进</td><td>被革逐人</td><td></td><td></td></tr>
<tr><td>新高 / 张杨氏 / 庆荣 / 六庆 / 洪弟 / 顺林</td><td>立活葬规约人</td><td></td><td></td></tr>
<tr><td>聚仪</td><td>立活葬规约人</td><td></td><td>族长</td></tr>
<tr><td>聚俱 / 钰芳</td><td>立活葬规约人</td><td></td><td>房长</td></tr>
<tr><td>有进</td><td>被活葬人</td><td></td><td></td></tr>
</table>

续表

<table>
<tr><td colspan="2" rowspan="9">谱系</td><td colspan="4">（姓名）</td><td colspan="3">（亲属关系）</td><td colspan="2">（所属支系）</td></tr>
<tr><td colspan="4">聚元 / 有进</td><td colspan="3">亲叔侄</td><td colspan="2">张宝善堂</td></tr>
<tr><td colspan="4">有进 / 有余</td><td colspan="3">亲兄弟</td><td colspan="2">张宝善堂</td></tr>
<tr><td colspan="4">聚仪 / 聚傎 / 聚伟 / 聚傅 / 吉洪 / 钰芳 / 顺林 / 义进 / 有富</td><td colspan="3">亲族</td><td colspan="2">张宝善堂</td></tr>
<tr><td colspan="4">新高 / 有进</td><td colspan="3">清叔侄</td><td colspan="2">张宝善堂</td></tr>
<tr><td colspan="4">张杨氏 / 有进</td><td colspan="3">义婶侄</td><td colspan="2">张宝善堂</td></tr>
<tr><td colspan="4">庆荣 / 有进</td><td colspan="3">堂叔侄</td><td colspan="2">张宝善堂</td></tr>
<tr><td colspan="4">六庆 / 有进</td><td colspan="3">堂叔侄</td><td colspan="2">张宝善堂</td></tr>
<tr><td colspan="4">有进 / 洪弟</td><td colspan="3">堂兄弟</td><td colspan="2">张宝善堂</td></tr>
<tr><td rowspan="3">时间</td><td>文献产生时间</td><td colspan="9">清同治九年一月</td></tr>
<tr><td rowspan="2">其他涉及时间</td><td colspan="3">（时间）</td><td colspan="6">（时间说明）</td></tr>
<tr><td colspan="3">清同治二年一月</td><td colspan="6">立活葬规约时间</td></tr>
<tr><td rowspan="3">涉事地点</td><td rowspan="2">涉事地名</td><td>（类属）</td><td>（字号）</td><td>（土名）</td><td>（四至 / 面积）</td><td colspan="2">（其他）</td><td rowspan="3">赋役</td><td>（税种）</td><td>（税额）</td></tr>
<tr><td></td><td></td><td></td><td></td><td colspan="2"></td><td></td><td></td></tr>
<tr><td>地点说明</td><td colspan="6"></td><td></td><td></td></tr>
<tr><td colspan="2">归户</td><td colspan="9">张宝善堂</td></tr>
<tr><td colspan="2" rowspan="2">金额</td><td colspan="2">（金额数量）</td><td colspan="7">（金额说明）</td></tr>
<tr><td colspan="2"></td><td colspan="7"></td></tr>
<tr><td colspan="2">赋役</td><td colspan="2">（徭役）</td><td colspan="7"></td></tr>
<tr><td colspan="2">内容提要</td><td colspan="9">清同治九年一月，张宝善堂族人因不肖子孙有进无所不为，藐法欺孤，违条越例，合族公议将其逐革出祠，毋许入邨，倘敢强横，立即捆送。
清同治二年一月，张宝善堂族人因祠下不肖子孙有进无所不为，犯法多条，前尚赦过，今尤不改，反复行凶，未免将来族内遭荼毒，是以族内长幼合同公禀将有进按族例活埋以减祸根，缘由事其余家属并弟等即行搬移出屋，不得容留。</td></tr>
<tr><td colspan="2">附注</td><td colspan="9">再批 / 又批 / 又例 / 再议注</td></tr>
<tr><td colspan="2">主题 / 关键词</td><td colspan="9">宗族公议 / 逐革 / 活葬 / 张宝善堂</td></tr>
<tr><td colspan="2" rowspan="2">相关资源</td><td colspan="2">相关文献资源</td><td colspan="7">并同治二年一月合约</td></tr>
<tr><td colspan="2">相关研究资源</td><td colspan="7"></td></tr>
<tr><td colspan="2">资源类型</td><td colspan="9">合约</td></tr>
<tr><td colspan="2" rowspan="3">载体形态信息</td><td colspan="2">材质</td><td colspan="3">纸</td><td colspan="2">页数 / 数量</td><td colspan="2"></td></tr>
<tr><td colspan="2">载体形式</td><td colspan="3">散页</td><td colspan="2">附件</td><td colspan="2"></td></tr>
<tr><td colspan="2">尺寸</td><td colspan="3"></td><td colspan="2">其他</td><td colspan="2"></td></tr>
</table>

续表

保存状况信息	破损描述	污渍
	破损定级	三级
馆藏信息	分类号	WF0304
	电子图像编号	B220520011.:if

12. 会书

民间历史文献著录表

录入人：MZ　　审核人：YM

录入时间：2018.04.29　　审核时间：2018.5.7

标识符	C010070062			
题名	《腾蛟表弟七贤会书》			
人物与机关团体	（名称）	（身份角色）	（户籍 / 所在地）	（人物其他说明）
	洪振达	首会人		
	腾蛟 / 兆璜 / 焕达 / 年生 / 松山 / 胡旺	入会人		
谱系	（姓名）	（亲属关系）	（所属支系）	
	焕达 / 洪振达	岳父女婿		
	洪振达 / 腾蛟	表兄弟		
	洪振达 / 兆璜 / 年生 / 松山 / 胡旺	亲兄弟		

时间	文献产生时间	清咸丰三年十二月	
	其他涉及时间	（时间）	（时间说明）
		清同治七年十二月	业情原奉征还日

涉事地点	涉事地名	（类属）	（字号）	（土名）	（四至 / 面积）	（其他）	赋役	（税种）	（税额）
	地点说明								

归户	腾蛟	
金额	（金额数量）	（金额说明）
	九成色实元银六十两	会银
赋役	（徭役）	
内容提要	清咸丰三年十二月立议会人洪振达邀到列位亲台名下玉成老七贤会一局计九成色实元银六十两整，约定会期、各期会银数。	

续表

<table>
<tr><td>附注</td><td colspan="4"></td></tr>
<tr><td>主题 / 关键词</td><td colspan="4">金融集资 / 会</td></tr>
<tr><td>资源类型</td><td colspan="4">会书</td></tr>
<tr><td rowspan="3">载体形态信息</td><td>材质</td><td>纸</td><td>页数 / 数量</td><td></td></tr>
<tr><td>载体形式</td><td>散页</td><td>附件</td><td></td></tr>
<tr><td>尺寸</td><td></td><td>其他</td><td></td></tr>
<tr><td rowspan="2">保存状况信息</td><td>破损描述</td><td colspan="3">虫蛀</td></tr>
<tr><td>破损定级</td><td colspan="3">二级</td></tr>
<tr><td rowspan="2">馆藏信息</td><td>分类号</td><td colspan="3">WG0101</td></tr>
<tr><td>电子图像编号</td><td colspan="3">C010070062.JPG</td></tr>
</table>

13. 会课试卷

民间历史文献著录表

<table>
<tr><td colspan="12">录入人：YM　　审核人：
录入时间：2018.5.14　　审核时间：</td></tr>
<tr><td colspan="2">标识符</td><td colspan="10">B230270003</td></tr>
<tr><td colspan="2">题名</td><td colspan="10">东山书院童生胡祥英会课试卷</td></tr>
<tr><td colspan="2" rowspan="2">人物与
机关团体</td><td colspan="2">（名称）</td><td colspan="3">（身份角色）</td><td colspan="3">（户籍 / 所在地）</td><td colspan="2">（人物其他说明）</td></tr>
<tr><td colspan="2">胡祥英</td><td colspan="3">童生</td><td colspan="3"></td><td colspan="2"></td></tr>
<tr><td rowspan="3">时间</td><td>文献产
生时间</td><td colspan="10"></td></tr>
<tr><td rowspan="2">其他涉
及时间</td><td colspan="4">（时间）</td><td colspan="6">（时间说明）</td></tr>
<tr><td colspan="4"></td><td colspan="6"></td></tr>
<tr><td rowspan="3">涉事
地点</td><td rowspan="2">涉事
地名</td><td>（类属）</td><td colspan="2">（字号）</td><td>（土名）</td><td colspan="2">（四至 / 面积）</td><td>（其他）</td><td rowspan="3">赋役</td><td>（税种）</td><td>（税额）</td></tr>
<tr><td></td><td colspan="2"></td><td></td><td colspan="2"></td><td>东山书院</td><td></td><td></td></tr>
<tr><td>地点
说明</td><td colspan="7">文献所属院校</td><td></td><td></td></tr>
<tr><td colspan="2">归户</td><td colspan="10">东山书院胡祥英</td></tr>
<tr><td colspan="2">内容提要</td><td colspan="10">东山书院会课第宿贰号，童生胡祥英，次取等第八名，论述内容为《废中权》。</td></tr>
<tr><td colspan="2">附注</td><td colspan="10"></td></tr>
<tr><td colspan="2">主题 / 关键词</td><td colspan="10">会课试卷 / 废中权</td></tr>
<tr><td colspan="2">资源类型</td><td colspan="10">会课卷</td></tr>
</table>

续表

<table>
<tr><td rowspan="3">载体形态信息</td><td>材质</td><td>纸</td><td>页数 / 数量</td><td>5</td></tr>
<tr><td>载体形式</td><td>胶粘</td><td>附件</td><td></td></tr>
<tr><td>尺寸</td><td></td><td>其他</td><td></td></tr>
<tr><td rowspan="2">保存状况信息</td><td>破损描述</td><td colspan="3">残缺 / 污渍</td></tr>
<tr><td>破损定级</td><td colspan="3">三级</td></tr>
<tr><td rowspan="2">馆藏信息</td><td>分类号</td><td colspan="3">WI0103</td></tr>
<tr><td>电子图像编号</td><td colspan="3">P1350884.jpg—P1350888.jpg</td></tr>
</table>

14. 典籍

民间历史文献著录表

<table>
<tr><td colspan="6">录入人：YM　　　　审核人：
录入时间：2018.5.14　　　　审核时间：</td></tr>
<tr><td colspan="2">标识符</td><td colspan="4">A160010001</td></tr>
<tr><td colspan="2">题名</td><td colspan="4">《周易读本》</td></tr>
<tr><td colspan="2" rowspan="2">人物与机关团体</td><td>（名称）</td><td>（身份角色）</td><td>（户籍 / 所在地）</td><td>（人物其他说明）</td></tr>
<tr><td>张氏</td><td>重校人</td><td>吴郡</td><td></td></tr>
<tr><td rowspan="3">时间</td><td>文献产生时间</td><td colspan="4"></td></tr>
<tr><td rowspan="2">其他涉及时间</td><td colspan="2">（时间）</td><td colspan="2">（时间说明）</td></tr>
<tr><td colspan="2"></td><td colspan="2"></td></tr>
<tr><td colspan="2">内容提要</td><td colspan="4">易经增订旁训卷一至卷三</td></tr>
<tr><td colspan="2">附注</td><td colspan="4"></td></tr>
<tr><td colspan="2">主题 / 关键词</td><td colspan="4">周易</td></tr>
<tr><td colspan="2" rowspan="2">相关资源</td><td>相关文献资源</td><td colspan="3">同文堂梓《五经旁训读本》</td></tr>
<tr><td>相关研究资源</td><td colspan="3"></td></tr>
<tr><td colspan="2">资源类型</td><td colspan="4">典籍</td></tr>
<tr><td colspan="2" rowspan="3">载体形态信息</td><td>材质</td><td>纸</td><td>页数 / 数量</td><td>100</td></tr>
<tr><td>载体形式</td><td>线装</td><td>附件</td><td></td></tr>
<tr><td>尺寸</td><td></td><td>其他</td><td></td></tr>
<tr><td colspan="2" rowspan="2">保存状况信息</td><td>破损描述</td><td colspan="3">良好</td></tr>
<tr><td>破损定级</td><td colspan="3"></td></tr>
<tr><td colspan="2" rowspan="2">馆藏信息</td><td>分类号</td><td colspan="3"></td></tr>
<tr><td>电子图像编号</td><td colspan="3">P1180633.JPG—P1180735.JPG</td></tr>
</table>

15. 碑帖

民间历史文献著录表

<table>
<tr><td colspan="8">录入人：YM　　审核人：WGL
录入时间：2018.5.7　　审核时间：2018.5.8</td></tr>
<tr><td colspan="2">标识符</td><td colspan="6">B230050001</td></tr>
<tr><td colspan="2">题名</td><td colspan="6">《法师玄秘塔碑铭并序》</td></tr>
<tr><td colspan="2" rowspan="5">人物与机关团体</td><td>（名称）</td><td>（身份角色）</td><td colspan="2">（户籍 / 所在地）</td><td colspan="2">（人物其他说明）</td></tr>
<tr><td>裴休</td><td>撰者</td><td colspan="2"></td><td colspan="2"></td></tr>
<tr><td>柳公权</td><td>书并篆额</td><td colspan="2"></td><td colspan="2"></td></tr>
<tr><td>邵达</td><td>刻玉册官</td><td colspan="2"></td><td colspan="2"></td></tr>
<tr><td>邵建</td><td>初镌人</td><td colspan="2"></td><td colspan="2"></td></tr>
<tr><td colspan="2" rowspan="2">谱系</td><td colspan="3">（姓名）</td><td colspan="2">（亲属关系）</td><td>（所属支系）</td></tr>
<tr><td colspan="3">邵达 / 邵建</td><td colspan="2">兄弟</td><td></td></tr>
<tr><td rowspan="4">时间</td><td>文献产生时间</td><td colspan="6"></td></tr>
<tr><td rowspan="3">其他涉及时间</td><td colspan="2">（时间）</td><td colspan="4">（时间说明）</td></tr>
<tr><td colspan="2"></td><td colspan="4"></td></tr>
<tr><td colspan="2"></td><td colspan="4"></td></tr>
<tr><td rowspan="3">涉事地点</td><td rowspan="2">涉事地名</td><td>（字号）</td><td>（土名）</td><td>（四至 / 面积）</td><td rowspan="3">赋役</td><td>（税种）</td><td>（税额）</td></tr>
<tr><td></td><td></td><td></td><td></td><td></td></tr>
<tr><td>地点说明</td><td></td><td></td><td></td><td></td><td></td></tr>
<tr><td colspan="2">归户</td><td colspan="6"></td></tr>
<tr><td colspan="2">内容提要</td><td colspan="6"></td></tr>
<tr><td colspan="2">附注</td><td colspan="6"></td></tr>
<tr><td colspan="2">主题 / 关键词</td><td colspan="6">法师玄秘塔碑</td></tr>
<tr><td colspan="2">资源类型</td><td colspan="6">碑帖</td></tr>
<tr><td colspan="2" rowspan="3">载体形态信息</td><td>材质</td><td>纸</td><td>页数 / 数量</td><td colspan="3">1</td></tr>
<tr><td>载体形式</td><td>散页</td><td>附件</td><td colspan="3"></td></tr>
<tr><td>尺寸</td><td></td><td>其他</td><td colspan="3"></td></tr>
<tr><td colspan="2" rowspan="2">保存状况信息</td><td>破损描述</td><td colspan="5">边缘磨损 / 撕裂 / 破洞</td></tr>
<tr><td>破损定级</td><td colspan="5">三级</td></tr>
<tr><td colspan="2" rowspan="2">馆藏信息</td><td>分类号</td><td colspan="5"></td></tr>
<tr><td>电子图像编号</td><td colspan="5">IMG_9914.JPG</td></tr>
</table>

第五章

民间历史文献保护与修复

第一节　保护现状

民间历史文献的相关研究逐渐兴起并成为热点，但主要聚焦于文书史料内容研究，而对文书本身的保护、传承研究比较薄弱，大量文书的保护条件和现状堪忧，亟待重视和研究。

一、民间历史文献的特殊性

（一）载体形态

民间历史文献具有不同的物理形态，大致可划分成纸质文献与器物。其中纸质文献包括散页文书、簿册文书、古籍、字画、拓片、报纸等，器物有竹制品、木制品、布帛文书、纺织装饰物、皮具、玉石器物、金属器物等。对大批量的民间历史文献而言，保护的对象不能仅局限于纸质文献，也应涉及不同物理形态的文献或器物，文献保护策略不能一概而论。

（二）载体状况

文献载体的化学成分及其制作方式对文献的耐用性和持久性影响很大。不同材料有不同的物理、化学和光学性能，这些性能直接影响文献的使用和文献载体的保存。[①]仅对纸质文献分析来看，多数民间历史文献的载体材质是宣纸、竹纸、毛边纸，没有

① 刘家真．文献保护学［M］．武汉：武汉大学出版社，1990：32—65.

经过特别的防蛀技术处理。因时间久远、保存不善、使用频繁等因素，民间历史文献的纸张已出现了不同程度的酸化、老化、虫蛀等变质情况。以中山大学图书馆为例，该馆藏徽州文书自明初至20世纪80年代，文献载体时代跨越极大。清代中后期至20世纪60年代的文书居多，很多文书出现了不同程度的酸化、老化、虫蛀等现象。

相对于古籍、民国书籍等文献，民间历史文献大多数载体形式为散页或简易装订的册页，集中在一起时不分纸张材质、大小、年代，因而页与页之间破损差异较大，这给收藏机构的文献保护工作带来了一定的难度。

（三）保藏环境

民间历史文献来源于民间私人家庭、社会基层机构、收集商等，原始保存环境各异。从文献在民间的功用来看，民间保藏者关注的是民间历史文献的实用性、社会功能，少有专门的保护措施和保护意识。例如，普通的日用书籍、账册等因翻阅、增补频率高而破损较重，部分文献还受油烟、污水、茶渍等污染，或鼠啮、虫蚀，或人为撕裂等。仅有少量的重要家谱、宗谱、土地契约等通过定制专门书盒、放置防蛀药包等措施被小心保管。此外，民间历史文献原始收藏中，破损严重的文书通常与无破损或破损不严重的文书叠放在一起，这种保存方式极容易使文献之间发生交叉污染和感染。

（四）整理方法

多数民间历史文献容易叠放和移动。普通民众或文献收购者对散页形式的民间历史文献进行保存和整理时，一般采取折叠、卷曲或揉成一团等方式处理，并用普通的报纸或塑料袋包裹，再堆叠于纸箱中。对此，公藏机构须对民间历史文献进行全面的二次整理，包括对叠、卷、团等形式的文献实施铺展、展平，对每件文献实施扫尘、去污、理清数量、分配财产登记号等工作。这些基础的整理工作是对民间历史文献所采取的基本、独特且必要的保护措施。

（五）保护标准与操作规范

目前尚未有关于民间历史文献的保护标准与操作规范，没有系统性的保护体系，收藏机构通常只能根据已有的古籍、图书文献保护规范制定相应的措施。这是抢救、保存和保护民间历史文献亟待研究、实践和发展的领域。民间历史文献可参考、借鉴的文献保护标准与规范大致包括：

《图书馆古籍特藏书库基本要求》（WH/T 24—2006）："中华古籍特藏保护计划"工作标准之一，为新建、改造古籍书库提供指导规范。标准规定了图书馆古籍特藏书库与文献保护和安全相关的基本条件，包括温湿度要求、光照和防紫外线要求、空气净化要求，以及书库建筑、消防、安防等文献安全灾害预防等。图书馆需要为馆藏珍贵文献提供良好的保存环境，以减缓文献载体的衰退、脆化与变色等，为馆藏文献配备消防、安防设施，以保障文献安全。

《古籍特藏破损定级标准》（WH/T 22—2006）："中华古籍特藏保护计划"工作标准之一。标准对破损古籍进行分类、合理定级，为制定修复保护计划提供准确数据。以纸质形式出现的民间历史文献也存在大量破损现象，其性质与古籍破损情况基本相同，故而古籍破损分类定级可对制定民间历史文献修复保护计划提供准确数据，对科学保护文献具有重要意义。

《古籍修复技术规范与质量要求》(GB/T 21712—2008)："中华古籍特藏保护计划"工作标准之一，标准主要内容为古籍修复技术规范与质量要求。线装古籍等中国传统纸质文献的修复方法，对以纸质文献为主的民间历史文献修复有参考价值，并在某些情况下可以直接适用其他纸质文献的修复方法。

《馆藏纸质文物保护修复档案记录规范》（WW/T 0027—2010）：为记录修复对象在修复过程前后的状态、修复工作中所使用的材料、流程、技法、工艺，标准规定了古籍修复过程中产生的各类操作文字、影像资料的统一格式、标准语言，以最大限度保持修复过程的完整信息。民间历史文献从收集打包、入公藏机构、整理编号、保护修复、提交数字化等各个环节，文献的物理状态可能因保存环境、处理措施不同而产生变化，图书馆作为收藏机构，也需要制定一系列记录规范以完整记录民间历史文献的物理状态信息。

《纸质档案数字化技术规范》（DA/T 31—2005）：标准规定了纸质档案数字化技术和管理要求，适用于采用扫描设备对纸质档案的数字化加工过程的管理。随着信息技术的不断发展，徽州文书数字化建设日益成为各收藏馆的重点建设目标。在数字化过程中，需要对扫描流程进行严格管理，避免扫描时不当操作对文书原件造成损伤；同时亦要保证复制品的质量，能满足内容阅读与后续数字人文开发的需要。

《照片档案管理规范》（CB/T 11821—2002）：标准规定了银盐感光材料照片档案的收集要求、整理程序和保管条件，也为档案馆等收藏机构的档案管理提供了指导标准。民间历史文献中有一部分资料属于历史档案，故而在实际文献管理与保护工作中须参考这些行业标准。

《档案装具标准》（DA/T 6—1992）：标准规定了几种主要档案装具的材质、格式、外观要求、整理规则，对民间历史文献的整理与文献保护具有一定的参考意义。

二、文献破损现状

（一）定性分析

民间历史文献的破损类型与古籍破损情况相似，因此可参考《古籍特藏破损定级标准》（WH/T 22—2006）的相关破损类别名称进行分析归纳。以中山大学图书馆藏民间历史文献为例，文献纸张破损形态主要包括：霉蚀、虫蛀、鼠啮、烬毁、破洞、残缺、磨损（文献纸张因保存不善、摩擦折叠频繁而出现的磨损残缺）、撕裂、断裂、粘连、污渍（包括油、水、茶、墨、灰尘等污渍）、絮化、脆化、线断、漫漶等15种。[①]相较于《古籍特藏破损定级标准》，借鉴与采用“霉蚀”“粘连”“虫蛀”“絮化”“撕裂”“缺损”“鼠啮”“烬毁”等术语，不采用其确定破损成因的“酸化”“老化”等术语，并增加“污渍”“破洞”（文献中出现的非虫蛀的人为损坏）、“断裂”、“磨损”等破损形式，这种文献破损定性方法便于整理工作者通过文献纸张物理形态进行判断和记录，对破损成因的判断相对较少，更具有操作性。

民间历史文献的破损种类较多，同一份文献的破损种类可能交叉，损害程度不一，情况复杂。其中，虫蛀、污渍、絮化、黏连、残缺是常见和严重的破损形态，霉蚀是极具危害性的破损类别。民间历史文献因遵循归户性收集和收藏原则，多种破损类型的文献混杂于其他完好的文献中，容易造成文献污染源的扩散，因此应通过特定装具对破损文献进行隔离和保护，或对破损文献及时进行修复。

文献的破损程度存在不同的级别，应根据破损级别对文献采取相应的保护和修复措施。以中山大学图书馆为例，该馆参考古籍、碑帖等文献的破损定级标准制定了民间历史文献破损定级标准，具体标准见第二章。其中一级破损文献处于高危状态，优先进行抢救性修复处理。二级破损文献一般通过展平处理后进行常规修复，三级破损文献受损程度较小，可不经过修复处理直接入藏。

---

① 详见本书第二章。

（二）定量分析

民间历史文献破损情况的定量分析是收藏机构制定文献保护整体计划的重要基础，一方面可掌握破损文献的具体数量和破损等级分布，另一方面可为文献修复计划的制定提供准确的数据参考依据。

中山大学图书馆是最早实施民间历史文献破损状况调查分析的单位，在此举该馆对馆藏徽州文书的抽样调查为例。对 21872 件徽州文书的破损类别进行统计可知（见表 5-1），民间历史文献的各种破损类别按其普遍性从高至低排序，依次为：虫蛀、破洞、残缺、污渍、撕裂、磨损（包括边缘磨损和折痕磨损）、黏连、絮化、断裂、掉渣、霉蚀、线断。文献的虫蛀情况最为严重；其次是破洞、残缺、污渍、撕裂、磨损、断裂、线断等因人为使用不善造成的破损；再次是粘连、絮化、掉渣等文献自然老化情况。霉蚀损害相对较少，情况较为可控。

表 5-1　徽州民间历史文献破损类别统计表①

（单位：件）

破损类别／文献形式	良好	污渍	虫蛀	粘连	霉蚀	撕裂	残缺	破洞	絮化	断裂	磨损	掉渣	线断
散件	12096	1886	4076	72	24	1302	2316	2658	66	65	509	42	0
簿册	224	173	265	12	7	47	232	34	11	2	17	13	20
其他	3	0	0	0	0	0	0	0	0	0	0	0	0
合计	12323	2059	4341	84	31	1349	2548	2692	77	67	526	55	20

另外一项对破损定级的统计分析可知（见表 5-2），在 38401 件纸质民间历史文献中，良好的文献占 56.5%，存在破损（包括一级至三级破损）的文献占 43.5%，破损比例相对非常高。其中三级破损占比 31.9%，这类破损文献本身已出现各种纸张变质现象，需采取预防性保护措施，以抑制其进一步损坏。一级破损、二级破损文献占比约 11.6%，这类文献均已无法直接进行数字化扫描或提阅使用，亟需专业展平或修补。

① 该表数据源自中山大学图书馆徽州文书工作室，统计人员雷腾飞。参见其硕士论文：雷腾飞．中山大学图书馆藏徽州文书保护研究［D］．广州：中山大学，2018.

表 5-2 徽州民间历史文献各类破损级别统计表[①]

（单位：件）

级别	良好	一级破损	二级破损	三级破损	数据总量
总计	21707	2007	2435	12252	38401
占比	56.50%	5.20%	6.40%	31.90%	

表 5-3 为中山大学图书馆已进行数字化加工的徽州民间历史文献破损情况反馈，在提交数字化加工的 156000 件文献中，由数字化加工人员判断文献属于严重破损、无法直接进行数字化加工的有 2220 件，占比 1.42%。从数据显示，影响文献数字化加工的破损比例尚在较小范围内。

表 5-3 经数字化工作确认的徽州民间历史文献破损情况统计

（单位：件）

提交数字化加工量	破损数量	占比
156000	2220	1.42%

三、文献保护需求

目前民间历史文献的保护主要存在以下问题：（1）大量遗存在村落民居的文献处于原始状态，缺乏必要的保护条件，长期遭受潮湿霉变、鼠咬虫蛀和人为损害，亟待抢救性保护。（2）因过去在文书流出过程中缺乏专业研究团队的介入，民间历史文献特有的归户性、整体性正在受到破坏，档案价值和学术价值受损严重。（3）收藏机构对民间历史文献的保存与保护缺乏科学理论指导，缺失适应民间文书特性的文献保护理论。

就具体纸张情况而言，民间历史文献受虫蛀、人为损坏较多，文献老化现象所占

① 该表来源于中山大学图书馆徽州文书工作室工作数据。

比例不大，因此应以预防性保护措施为重点，抑制虫蛀损害、控制保存环境、避免使用过程中的人为损坏。以中山大学图书馆为例，馆藏约占一半比例的民间历史文献为“良好”状态，该馆采取了相关预防性保护措施最大程度地延缓文献老化变质和破损文献的继续恶化，同时采取适当的修复措施对破损文献进行修复。具体保护措施涉及文献收藏保存、破损修复，库房恒温恒湿、冷光源照明、防虫防鼠、防潮防霉、除尘与通风、防火防盗、纸张平整、存放有序、装具对文献无损坏等要求，需要对破损文献制订修复方案与开展修护。

四、文献保护建议

1. 制定民间历史文献保护管理制度。除文献已出现的各类破损问题，收藏机构在文献整理与文献开发过程中可能存在人为不当操作与过度磨损，也会加速民间历史文献的破坏。图书馆等收藏单位不能仅追求清点与扫描的速度，而忽视文献保护，使文献遭到人为破坏；并需要在使用管理上针对文献清点、数字化、修复、编目、展示等不同使用目的，制定相应的文献保护管理制度以规范各环节工作。

2. 建立民间历史文献保护档案。为达到规范化、科学保护与管理文献资源的目的，可为每一件民间历史文献建立独立的文献保护档案。其中，按“箱—包—件”的顺序分别列明文献的原始样貌、形态与破损状态，和后期整理的各阶段对其中某些文献进行的调整、保护措施，有无特殊情况的处理等。

3. 建设民间历史文献专业保护人才队伍。专业人才需要具备一般的文献保护理论知识，并了解民间历史文献的特殊性，具备一定的整理保护工作实践经验，具有实际操作能力。

4. 加强收藏机构间交流合作。目前，各收藏机构根据自身条件在探索民间历史文献的保存、保护方式，文献保护的重视程度、具体做法差异较大，为实现民间历史文献的全面保护和资源共享，各收藏机构应加强交流合作，共享经验，共同解决民间历史文献面临的保护难题。

5. 开展民间历史文献保护与修复专题研究。首先需要调查、梳理和分析民间历史文献的遗存现状、条件与成因，文献收藏、出版、数字化等方面的保护现状、技术方法、理论思想及实践成果，再次系统梳理和对比图书馆学、档案学、文献学范畴下的文献保护理论体系与内容，最后结合民间历史文献的特性和保护现状，研究建立包括原生性保护和再生性保护的抢救性保护体系，并探索全国性、区域性和机构三个层面的文献保护政策思路与方法、普查计划、典藏管理方案、修复理论与技术。

第二节 保护原则与管理体系

一、保护原则[①]

（一）尊重文献属性

1. 保留原始样貌

民间历史文献的原始样貌包括文献的特殊封装形式、纸张原貌、文献顺序等。

文献的特殊封装形式对理解文献内容、探讨文献的制作与保护有一定的研究价值，因此在文献预防性保护或修复工作中应尽可能保留文献与其封装的组合方式，避免随意拆离与改换。

文献的纸张原貌能够反映文献在民间使用过程的情况信息。以文书为例，部分契约的花押被挖掉，如果仅从破损状况看，显示文书有破洞、残缺等问题，但实际上花押被挖掉是持契人特意为之，或表示该契约已废止，这类破洞、残缺因而隐藏有使用过程和方式的信息，不应视为破损予以修复等处理。

文献顺序反映了文献的区域性、归户性、前后关联性等，例如同一箱或同一包徽州文书指向相同的行政区域性；文书以报纸包裹的不同捆指向文书不同的归户；包裹内文书的前后排放顺序可能体现该类文书的使用方法等信息。

因此在为文献配备装具、封装、入藏时，须遵循文献顺序属性，避免随意因破损、虫蛀严重需要隔离等原因而随意移动某件文书在原有包内的顺序。

① 叶湄，王蕾．中山大学图书馆藏徽州文书保护初探［J］．图书馆论坛，2016，36（09）：5—10.

2. 尊重原有文献保存方式

民间历史文献的原始使用人、收藏人针对不同类型文献的功能，有不同的保藏方式。民间文献的收藏、保存方式对研究者探究某一些类型的文献具有参考意义。当文献从原始藏地转移至公藏机构重新入藏时，须考虑原始保藏方式的民俗学、历史学意义与功能，尽可能保留文献原有的保存方式。

（二）预防为主，防治结合

多数民间历史文献可沿用文献保护学中“预防为主，防治结合”的原则。预防指的是在徽州民间历史文献的虫、霉、尘防护，纸张展平，装具与封装，保存环境控制等方面，在文献入藏、清点、编目、著录、数字化、借阅等服务利用环节中采取有效的保护措施减缓、抑制文献载体的变质；防治是对已经劣变或无法识别内容的文献进行修复处理。

（三）区别保护

民间历史文献具有不同的物理形态，图书馆等收藏机构可借鉴文物、档案、古籍等保护理论与执行标准，对文献中不同物理形态的文献或器物进行区别保护，制定对应的保护标准。

（四）合理利用

与民间收藏不同，公藏机构收藏民间历史文献后，文献保护必须结合机构的日常管理工作来开展，不能仅立足于对文献的知识内容及其载体形态的保护，还应结合使用者需求和图书馆的服务功能，在保护的同时合理开发利用文献。通过各种再生性保护措施促进徽州民间历史文献资源的长久保存、充分揭示和深度开发。

二、管理体系

民间历史文献保护需要有系统完备的文献保护管理体系。以中山大学图书馆为例，针对馆藏民间历史文献的实际状况、图书馆文献保护业务的实际状况，该馆制定民间历史文献预防性保护、文献修复、再生性保护等一系列保护措施和实施规范；针对单件文献，制定了文献保护管理档案制度，为每件文献建立相应的保护档案；针对文献整理馆员，制定了民间历史文献整理人员守则和岗位安全职责；针对读者服务，制定了阅览守则。由此，实现了从文献保护技术到管理的全面保护管理体系。（见表 5–4）

表 5–4　中山大学图书馆藏民间历史文献保护管理体系

	原生性保护	文献修复	再生性保护
技术操作	1. 保存环境控制	1. 去污	1. 数字化
	2. 虫、霉、尘防护 晾晒通风 低温杀虫 除尘清洁	2. 托裱加固	2. 数据化
	3. 纸张展平	3. 修补	3. 影印出版
	4. 装具控制		4. 仿真复制
	5. 存放与排架		
	6. 器物保护		
管理制度	文献保护档案制度		
	日常巡查与保护规定		
	民间历史文献书库管理规定		
	民间历史文献整理工作守则		
	民间历史文献岗位安全职责		
	民间历史文献使用规定		

上述文献保护管理体系中，原生性保护是指在文献现有物理状态下，通过日常保护管理、库房环境监测，杜绝文献损坏，延缓文献变质，或减少、避免不安全问题的发生。以中山大学图书馆为例，该馆实施的民间历史文献预防性保护措施包括：保存环境控制，虫、霉、尘防护，纸张展平，装具控制，文献存放与排架，器物保护方法，等等。

文献修复是针对已经损坏或急需修补的文献，按照一定的修复原则，对其进行技术性修复和保护，最大限度地恢复文献原貌，延长文献寿命。目前民间历史文献的主要修复技术包括去污、托裱加固、修补等。

再生性保护是为提高文献的利用和传播，以原文献为基础，通过多种现代技术手段制作文献的复制品的保护方式。目前民间历史文献的主要再生性保护方式包括影印出版和数据库建设等。

文献保护档案制度是客观、详细地记录文献的原有物理形态、破损状况，及修复前后情况等的制度，目的在于实现民间历史文献保护的规范化、科学化。

《日常巡查与保护规定》《民间历史文献整理工作守则》《民间历史文献岗位安全职责》《民间历史文献书库管理规定》是针对图书馆民间历史文献整理者、管理者及相关工作人员的行为规范，旨在从制度上保障文献的安全。

第三节　原生性保护

一、环境控制

环境控制是文献保护最重要和最基础的环节。“各种类型的文献载体都会受其保存环境的影响。依靠对各种环境因素的控制，构建适当的文献保存环境，可以在一定程度上减缓文献的损坏速度，延长文献的保存及使用寿命。对文献载体产生影响的主要环境因素包括温度与湿度、光照、空气污染、生物侵害等，因此，构建文献保存环境也需要从这几个方面综合考虑。”①

为达到防水、防火、防盗，延缓文献老化变质，避免器物受损的目的，民间历史文献保存库房的建设须在温湿度、光照、密闭、通风、安全防护等方面达到一定的科学标准，并须对库房进行持续的环境监测，及时发现和解决相关问题。

① 林明，周旖，张靖等．文献保护与修复［M］．广州：中山大学出版社，2012：70.

（一）温湿度

1. 温湿度标准

民间历史文献的库房温度应保持在 18℃—22℃ 之间，每昼夜温度波动幅度不应超过 2℃，相对湿度应控制在 45%—55% 之间，相对湿度波动幅度不得超过 ±5%。

2. 监测与调控

（1）使用电子温湿度监测仪、自记温湿度计，全天 24 小时记录库房温湿度情况，并由专人每日查看温湿度记录，发现问题及时解决。

（2）温湿度监测仪器根据库房区域面积布局定点放置，例如面积为 600 平方米的库房一般须放置 3 至 4 台电子温湿度监测仪，2 至 3 台自记温湿度计。

（3）使用空调系统保证库房恒温恒湿。春、夏、秋三季全天 24 小时启用，冬季根据天气温湿度情况，可临时关闭温湿度控制功能，开启通风模式。

（二）光照

1. 照明标准

（1）一般情况下，库房密闭门窗，无光源照射，为文献及器物提供避光的保存环境。

（2）库房的工作照明标准为：冷光源照明，强度在 20lx—50lx（勒克斯）之间，垂直照射，紫外光强度控制在 $75\mu W/cm^2$ 以下。

2. 光照控制

（1）除库房管理员巡查或取阅文献之外，库房日常无照明，所有纸质文献资料均存放于封闭性、透气性书柜中避光放置。

（2）最大限度缩短文献光照时间，避免文献受光损坏。文献仅在利用时才自库房取出。在文献使用区域，窗户应保持窗帘遮蔽状态，避免阳光直射。文献在库房外使用时间不超过 7 小时。

（三）密闭

1. 民间历史文献库房通过全年长时间密闭门窗的方式，隔绝外界湿气、空气污染，以及防虫、防鼠。

2. 民间历史文献库房使用具有空气净化、过滤功能的空调系统，保证库房内的空气质量。

3. 在冬季干燥、湿度低、无空气污染，天气晴朗时，库房通过空调系统开启通风模式，通风换气。平时在有工作人员提阅文献资源时短时间开门，起到一定的通风换气作用。

（四）安全防护

民间历史文献库房须配备烟雾监测、干粉式自动喷淋灭火设备、手持灭火器、红外线感应监测、电子眼、警报器、密码门等设施，并确保其处于正常监测与运作状态，确保所藏文献与器物的安全。

二、晾晒通风

曝书是中国古代文献保护常用的方法。在每年一定的时节，藏书家将所藏古籍搬到通风处晾晒，达到防潮、防虫的目的。这种方法在现代文献保护工作中依然具有一定的科学性和借鉴性。

民间历史文献因最初在个人或机构的原始保存条件较差，多数文献纸质存在发潮、发霉的问题。为避免文献进一步恶化，收藏机构在入藏民间历史文献后可采用在阴凉处晾晒通风的预防性保护措施，达到干燥书页、散味、减缓霉变的作用。同时，还可对文献破损情况进行全面的调查登记和基本的除尘、除虫，实现虫害排查的目的。

（一）适用范围

晾晒通风的保护措施适用于原储藏环境不良造成的受潮、有霉味的民间历史文献，包括纸质文献与器物，也适用于在库房内长期堆叠未动的文献等。

（二）环境工具

1. 天气条件：空气湿度 40%—50%，晴天，秋冬为宜。

2. 晾晒场地环境：通风、开阔、明亮的地点，不能有大风、疾风，避免阳光直射，避免扬尘、树叶等污染物。

3. 工具要求：隔水板、垫纸、吸水纸、镇纸、毛刷、扫把、垃圾箱、防尘口罩、手套。

（三）操作要求

1. 进行通风晾晒前，须在地面铺设隔水板和具有吸水功能的纸，或在操作工作台面铺垫吸水纸。

2. 一般情况下，文献或器物的集中晾晒通风时长为 5 至 6 小时，特殊情况下可延续多天进行。具有挥发性有害物质，或因涂料具有挥发性刺鼻气味的竹、木质器物，须在阴凉处通风 3 周以上。

3. 晾晒通风过程中，工作人员须不断翻检文献，使文献充分通风散湿，并用软毛刷清理积尘。

4. 在铺展摊开、晾晒通风、收回等环节，须做好文献编号标记及按顺序间隔摆放，避免混乱。

5. 晾晒通风完成后的纸质文献如未进行清查编号，须逐包用吸水纸重新包裹封装，按原始顺序摆放回纸箱内。

6. 晾晒通风完成后的器物须重新用吸水纸包裹，放回库房。

（四）操作流程

1. 将待晾晒通风的若干箱文献或器物从原保存库房中提出，工作人员在《文献出入库登记表》上登记出库文献编号、数量、出库原因、出库时间、出库人等信息。

2. 按照操作要求看管晾晒过程，并收回文献。

3. 对晾晒工作场地进行清扫处理，清扫纸屑、灰尘，收拾工具。

4. 根据晾晒通风的不同环节及处理措施，在《民间历史文献晾晒通风工作记录表》登记文献箱号、箱内包数、文献特殊情况、晾晒操作处理记录、晾晒看管人、晾晒日期、重新封装编号、入库责任人、入库日期等信息。

5. 将封装好的文献运回原处堆放保存，入库审核登记。

三、低温杀虫

民间历史文献虫蛀损害非常严重，目前比较广泛采用的杀虫方法主要有低温杀虫法、真空充氮除氧杀虫法等。其中，低温杀虫法是将携有虫霉的文献置于 –40℃ 至 –10℃ 环境下，达到活虫致死的方法；真空充氮除氧杀虫法是将携有虫霉的文献置于真空无氧、氮气环境下，实现虫害致死的方法，这是一种生态学、无毒的灭虫方式。以中山大学图书馆为例，该馆使用低温杀虫法。

（一）设备

文献收藏机构可采用专业医用低温冰箱，或建立专业冷冻室进行大批量文献冷冻。设备要求：温度在 4 小时内能达到 –30℃。

（二）操作要求

1. 民间历史文献首先须经过晾晒通风，去除常年密闭封装形成的湿气、霉味，再进行低温杀虫。

2. 为避免温差形成的水汽在文献装具上凝结，民间历史文献在低温冷冻前，须去除原包装用的塑料袋、塑料膜等不透气性装具，改用吸水纸包裹或封装。

3. 文献需要在 –30℃ 至 ±2℃ 的冰箱内密封冷冻 5 至 7 天，后断电解冻 1 天，待文献回温后，方能取出。

4. 待冷冻杀虫的文献不能直接接触冰箱内壁和底部，一般在冰箱底部垫泡沫板或纸板，或用书车书架存放文献。

5. 存放文献的纸箱在冰箱中不宜排放紧密，纸箱之间须留一定间隙，以利于温度的均衡分布和快速降温。

6. 文献须经低温杀虫后才可进行清点、封装、入藏与使用。

（三）操作流程

1. 将待冷冻的整箱文献或非纸质文献实物从保存库房中提出，在《文献出入库登记表》上登记出库文献编号、数量、出库原因、出库时间、出库人等信息。

2. 将待冷冻的文献移送至冷冻工作室后，在《民间历史文献冷冻记录表》上登记冷冻交付日期、文献编号、移送人等信息。

3. 文献经低温冷冻、解冻后，由工作人员重新打包封装好移送回保存库房，并在《民间历史文献冷冻记录表》上登记冷冻归还日期、移送人等信息；在《文献出入库登记表》上登记出库文献编号、数量、入库原因、入库时间、入库人等信息。

4. 在保存库房内，解开封装文献纸箱上的密封条，避免温差产生的湿气在箱内聚积。

四、除尘清洁

清洁也是文献保护的基础措施。为清除对纸张有害的物质，避免污染扩散，针对文献及器物上残留的虫尸、鼠虫粪便、虫卵、尘土、纸屑渣滓及其他粘黏物等污染源，均可采用除尘清洁的方法。

（一）适用范围

简单的表面除尘清洁适用于绝大多数民间历史文献和器物。珍贵手稿、地图、报纸、照片、字画艺术品等须由专业的修复人员进行除尘清洁。

（二）场地、工具

1. 除尘清洁区域须设置于独立、通风的工作室或区域，必须与文献贮藏区完全分离，避免扬尘及污染物对其他文献的损害。

2. 除尘清洁工具包括：除尘工作台、吸水纸、毛刷、毛巾、马蹄刀、防尘口罩、手套、垃圾箱等。

（三）操作要求

1. 除尘清洁工作安排在民间历史文献清点与数字化工作之前。

2. 使用毛刷扫除虫尸、鼠虫粪便、尘土、纸屑渣滓；使用马蹄刀顺着纸张纹路轻轻刮掉虫卵、尘土霉团、锈垢等粘结物；使用软毛刷清扫刮下来的污垢。

3. 对于散页类纸质文献须平铺在工作台上进行清洁，不可悬空操作；对于纸张强度、韧性较好的簿册类文献可手握书脊，轻幅度抖落灰尘污渍。

4. 对于散页类纸质文献，两面均须刷拭去污；对于簿册类文献，尽可能每一页翻开刷拭去污，尤其须细致至书脊、装订线等较难清洁的部位。

5. 对于竹、木质器物，须刷扫灰尘，去除黏着的虫尸、粪便、虫卵、丝状附着物、蛀空的木碎等，注意清洁缝隙、板材结合处、角落内的污渍。

6. 工作台面的积尘须及时扫除，软毛刷每刷几次须用干净的毛巾将刷子上的灰尘拂去。刷擦发霉文献的刷子应使用标签标示并分开存放，避免霉菌扩散污染。

7. 除尘清洁时的动作力度须轻柔，注意纸张原有破损情况，避免朝纸张破裂的方向刷拭，防止对文献造成人为损坏。

8. 对于老化断裂的橡皮筋、已经锈蚀的装订针、发霉破裂的函套等非揭示文献内容的附着物应全部去除。附着物视破损情况与价值，单独存放或废弃。

9. 根据文献破损情况采取不同的隔离措施：脆化掉渣、絮化严重的文献应视破损情况适当除尘清洁，或暂不进行任何操作，直接封装隔离；发霉文献使用装具单独存装，不可与其他纸张混合。

10. 对于文献及器物上无法扫刷去除的污染物，如因年久或有害气体、灰尘侵蚀形成的发黑、发灰、泛黄，墨渍、茶渍、油渍等污染痕迹，霉菌斑，烧痕，等等，由专业修复人员负责去污处理。

五、纸张展平

民间历史文献存在大量形态为散页或非正式出版装订的簿册，其原始保存方式多为折叠或卷裹，文献褶皱情况严重。收藏机构对民间历史文献保护的基本工作是对纸张采取展平措施，尽可能还原文献纸张的平整状态，便于文献存放、修复与利用。

（一）适用范围

纸张展平措施适用于所有的非平整状态的纸质民间历史文献。珍贵手稿、地图、报纸、照片、字画艺术品等须由专业修复人员进行纸张展平。

（二）操作工具

工作台、垫纸、镇尺、竹起子、平面石板、吸水纸、喷壶、软毛刷。

（三）操作要求

1. 纸张展平工作安排在民间历史文献清点和数字化工作之前。

2. 工作台面须及时扫除灰尘与污渍、保持清洁，并铺上垫纸后，方可将待展平的文献置于其上进行展平。

3. 散页文献如有折叠、褶皱、卷边、折角、黏连等情形，可辅助使用竹起子、镇纸等工具，轻柔小心地展开折叠、褶皱等部位，使其尽可能恢复纸质平铺的原始状态。

4. 簿册等装订形态的文献，如有边角折叠、褶皱、整册弯曲、缺页卷缩等情形，可辅助使用相关工具，尽量展开不平整部位。

5. 数字化扫描前，须用镇纸、平面石板及专业的纸张压平设备等将若干文献平铺展压特定时间，使纸张恢复平整。纸张压平设备不可直接接触文献，须加吸水纸间隔，避免设备对纸张造成撕裂损坏。

6. 部分褶皱严重的文献，可使用纯净水喷湿纸张后，用干净的软毛刷刷平褶皱，铺上吸水纸，用压平设备展压一段时间，待纸张平整并阴干。

喷水时须使用雾化喷壶，使纸张轻微潮润即可，不可随意喷水造成纸张有明显的水滴或渗水状态。经过喷雾湿润后的文献，必须确保纸张完全干燥后，才能重新装入装具内保存及入藏。

7. 特殊形制的文献无须展平，保持其原有形态。如卷轴、经折装文献等。

六、装具配置

文献装具有分隔存放文献、防光、防尘、防水、防蠹、防挤压、防磨损等功能。装具材质的安全性对延缓文献破坏、保护文献至关重要，“图书馆、档案馆等文献保藏机构在选择装具之前需要仔细调查和分析其材质的安全性”。[①]

民间历史文献从形成到使用的过程中配备有各类装具，如竹篓、木匣、木箱、报纸、塑料袋、塑料文件夹、纸箱等。这些原始装具材质的安全性多数不好，需要收藏机构认真鉴定和取舍。一般情况下，收藏机构应为民间历史文献配备新的安全装具，促进文献的整理和保藏。

（一）报纸、塑料袋、纸箱

报纸、塑料袋、塑料文件袋、纸箱等是民间收集者、销售商普遍使用的装具，也是收藏机构在未清点文献前的原始装具。

文献收集者、销售商在收集、收购民间历史文献时，根据收购地点（区域性）或户（归户性）或文书类型（如票据、簿册）等因素，把同一地点收集的或同户或其认为类型相同的文献收集在一起，用报纸、塑料袋、塑料文件袋进行包裹，然后将若干小包叠放于纸箱中。从暂时的保存使用功能而言，报纸或塑料袋包裹有利于隔绝湿气，密封的厚纸箱则进一步使各小包文献隔绝外界环境，减缓文献受外部温湿度的影响，也便于取用、移动。但从专业的文献保护角度来看，此类装具含墨油、酸性物质及其他潜在危害，不能作为文献长久的保存装具，应使用中性无酸的安全材料替换原有装具。

（二）竹、木质装具

夹板、木匣、木盒、书箱、竹篓等竹、木质装具是民间收集者、销售商普遍使用的另一类装具，一般随文献从民间流传到当前各收藏机构，继续使用。

这种存放文献的方式具有一定的民俗学意义和研究价值。但因年代久远、材质不佳、保存环境不良等因素，民间历史文献中的竹、木质装具一般存在损毁、虫蛀、霉变、

① 林明，周旖，张靖等. 文献保护与修复［M］. 广州：中山大学出版社，2012：125.

藏污纳垢等情况，不利于纸质文献的长期保护，需要收藏机构认真鉴定和取舍。

1. 材质鉴定

材质鉴定是确定民间历史文献原竹、木质装具继续使用的最基本环节。

根据《档案装具标准》（DA/T 6—1992）规定，可用于档案装具材料的木材包括樟木、楠木、柞木、水曲柳、红松木和杉木，木材质量应符合《木家具通用技术条件》（GB/T 3324—2017）的标准。经鉴定属于装具材质，并确保其材质及涂料、粘合剂无挥发酸性物质及其他有害物质，才可继续存放文献。

2. 除尘去污、晾晒通风

（1）民间历史文献原竹、木质装具须仔细地除尘去污（具体操作要求见“四、除尘清洁”），确保无残留的污染源。

（2）一般情况下，竹、木质装具须晾晒通风一周，确保其干燥，抑制霉变。具有挥发性有害物质、或因涂料具有挥发性刺鼻气味的竹、木质装具，须在阴凉处通风三周以上。

（3）经材质鉴定属于可继续使用的装具，须在此环节确保无虫蛀、无污染物、干燥、无霉变，才可继续存放文献。

3. 使用功能

（1）竹、木质装具须能放置平整的纸质文献，且又满足材质鉴定、除尘去污、晾晒通风等环节的标准，才能继续发挥其装具功能。

（2）存放精装书籍、族谱、卷轴的夹板、木匣、木盒，如其尺寸专门根据文献而制，且又满足材质鉴定、除尘去污、晾晒通风等环节的标准，可继续存放文献。

（3）竹篓、竹筒等实物，因不适合放置展平后的纸张，不宜继续作为装具继续使用。

（三）无酸塑料膜

1. 安全性能

文献装具须采用无酸性、性质稳定的材料制作，并可为文献提供稳定的物理保护。以中山大学图书馆为例，该馆选用化学性质稳定、透明、无味、无酸的塑料膜制成文件夹装存民间历史文献。

无酸塑料膜制成的文件夹具有稳定、固定散页文献的作用。封装了若干文献的夹子叠放在一起，因无酸塑料膜本身具有一定的厚度与重量，对纸张有进一步压平、隔绝空气的功能。

2. 适用文献

无酸塑料膜文件夹适合装存散页文书、簿册文书、书籍、散页形式的字画作品、碑帖拓片、报纸。

3. 尺寸规格

根据民间历史文献的大小，将无酸塑料膜裁切成不同尺寸规格后对折形成单边密封、三边打开的文件夹使用。不使用粘合剂封边。以中山大学图书馆为例，60cm×50cm 规格文件夹适用于散页形式各类尺寸的文献，45cm×30cm 规格文件夹适用于簿册形式或 A4 尺寸以下的散页形式文献。

4. 使用方法

（1）散件文书展平后放入无酸塑料膜文件夹内，根据文献尺寸大小、纸张厚度、纸张平整性确定一个塑料膜文件夹存装文献的数量。具体存放方法详见第二章。

（2）具有一定厚度的簿册文书、书籍等，采取单个塑料膜文件独立存放文献的方法，以保证封存的效果。

（3）文献从库房提取或在库房内排架调整时，均须将文献与无酸塑料膜装具同时移动。

（四）其他装具

部分民间历史文献不完全适合用无酸塑料膜文件夹装存，如大批量、成系列的小型文书（多张捆状粮票、对联条等）、卷轴装字画作品、器物等。针对这些文献，可采用无酸吸水纸或宣纸进行包裹。

（五）庋藏书柜

文献保护的外装具须具有优良的耐腐蚀性，不含挥发性有毒物质、溶剂，具有避光、防水、防火的功能。在使用性能上，须具备尺寸、容积合适，方便存取文献等功能。中山大学图书馆选用优质一级冷轧钢板、塑粉环氧树脂静电喷塑的不锈钢质抽屉式书柜及非洲花梨木质书柜，装存已配备无酸塑料膜的文献。

清点完毕的民间历史文献进入库房后，须按照文献编号顺序放置于书柜内，并做好存放柜号与位置登记。书柜内须留有一定空余空间，方便提取、调阅文献。

七、庋藏排架

除控制文献保存环境条件、设计装具外，民间历史文献在库房内的存放与排架方式也是重要的文献保护环节。

（一）分隔存放

1. 使用原装具（纸箱）封存、未经清点整理的民间历史文献按文献征集与入藏批次，分区域摆放，每一区块均标注该位置文献批次说明。文献保留原始装箱形式，存放在防潮塑料板上，并用防水膜遮盖，避免因突发水患灾害受损。

2. 使用原装具（木箱、竹篓）封存的纸质文献、器物，在库房单独设立存放区域，并放置于防潮塑料板上，用防水膜遮盖，标注该位置文献说明。

3. 已经清点整理并封装于无酸塑料膜文件夹的文献，放置于库房内的钢质抽屉式书柜。

（二）合理排架

1. 为防止受温湿度不均衡影响，书柜的摆放应避免直接靠墙或接触天花板、空调出风口或管道。

2. 书柜间排架、堆放纸箱及木箱的不同区域，应保持一定间距，以便于库房内空气流通。

3. 书柜内的民间历史文献须按文献原始顺序叠放，并在柜内保留一定空余，以利于柜内气流与温湿度均衡。

八、器物保护

1. 通用措施

在典藏整理工作中，须对器物采取全面清洁处理和保护。保存环境控制、晾晒通风、低温杀虫、除尘清洁、隔离等文献预防性保护标准与措施同样适用于器物。

2. 装具保护

（1）一般情况下，器物采用吸水纸按其形状进行包裹，并在吸水纸上贴挂包括器物编号、器物类型、名称、数量等信息的标签卡。

（2）平整状态的部分纺织物，可参考使用纸质文献的装具。用无酸塑料膜包装保存，1 个塑料膜文件夹存放 1 种纺织物，并在塑料膜文件夹表面标注器物编号、器物类型、名称、数量等信息。

（3）原本装存纸质文献的竹、木质匣 / 盒 / 箱，经鉴定仍能继续使用的，则将纸质文献放入其中后，再使用吸水纸按其形状进行包裹。并在吸水纸上贴挂包括器物编号、器物类型、名称、数量、所装纸质文献信息等的标签卡。

（4）簿册文书、典籍或图书中夹带的一些防虫药包、香草，无须使用装具，可保留其使用功能，仍夹放进对应的纸本文献中。

（5）石碑、石刻等大型器物，一般使用纸箱封装，并在纸箱上贴挂包括器物编号、器物类型、名称、数量等信息的标签卡。

3. 存放方式

（1）器物一般情况下须存放于库房内，部分体积过大的石质器物可放于阴凉、干燥、通风的其他区域。

（2）无法放置于钢制抽屉式书柜的大型器物，在库房内单独设立区域存放。地面须垫隔防潮塑料板，用防水膜遮盖，并在防水膜上挂贴包括器物编号、器物类型、名称、数量等信息的标签卡。

（3）形态尺寸较小的器物，可以与归属于同一包的纸质文献一起放置于钢制抽屉式书柜内。

第四节 文献修复操作规范

部分民间历史文献无法通过一般文献保护预防性措施处理，如破损修补、纸张除酸、特殊去污、纸张展平、装裱等，需要专业修复人员进行文献修复，实现延长文献使用寿命，揭示文献内容与提供使用等目的。

一、适用范围

文献修复技术适用于严重破损，或具有重要意义、特殊用途，亟待修复的民间历史文献。

（一）严重破损的文献

在典藏资源清点整理过程中被确定为严重脆化、掉渣、絮化、虫蛀、断裂、磨损、残缺、破洞的文献，或在数字化扫描前被确定为无法直接进行扫描的纸质民间历史文献，列入待修复范围。

（二）具有重要意义的文献

文献产生时间久远、年份特殊、类型独特、内容珍贵、装帧形式特别、高价值，满足其中至少一个条件且具有破损情况的民间历史文献，列入待修复范围。

（三）具有特殊用途的文献

因专题展览、影印出版等用途需要的且有一定破损情况的民间历史文献，列入待修复范围。

二、修复原则

面对如何确定待修复的文献及如何修复的问题，中山大学图书馆延续与秉承“不遇良工，宁存故物”与“不在华美，护帙有道”的理念，“文献虽然破损急需修复，但如果没有掌握专门修复技艺的人，则宁可原封不动地保存，而不要所托非人。……对于文献的修复，除了美观大方外，对文献保护的实际功能与旧貌的恢复才是最主要的”。①

中山大学图书馆对民间历史文献进行修复时，坚持业界普遍认可的文献修复原则，即整旧如旧原则、整旧如新原则、可逆性原则、适当性原则、安全性原则。“整旧如旧是指在修复的过程中，所采用的工序、技术和材料，尽量采用与原文献相同或相近的工序、技术和材料，使之在修复后也能保有原件的风貌、特色及版本价值，并注意保存与原书文物价值、文献价值有关的信息。……整新如旧即在修复的过程中采用新的工序、技法和材料来修复，在修理后也保有原件的风貌、特色，更利于文献的保存和利用。……可逆性原则指的是修复时所应用的材料，在未来需要使原件恢复到原状态（如再度修复）时，可以去除并使之恢复到原状态。……适当性原则是指修复时采用的工序、技法及材料，均须符合原件的物理、化学特性。修复的时候所采用的修复方法应经过试验，并在被证实安全的前提下才可使用在被修复文献上。……文献修复的安全性原则包括修复措施的安全、修复材料的安全，以及文献信息的安全。”②

除了与其他图书、古籍、字画一致的修复原则，在中山大学图书馆民间历史文献修复工作实践中，还要遵循结合文献原有使用机制及内容的原则。民间历史文献在修

① 林明．中国古代文献保护研究［M］．桂林：广西师范大学出版社，2012：226—228.

② 林明，周旖，张靖等．文献保护与修复［M］．广州：中山大学出版社，2012：152—156.

复过程中不能仅着眼于纸张的破损情况，急于修复，还应对文献的破损成因进行一定的研究和分析，甄别出不需要修复的“破损”。这种不需要修复的“破损”通常包括：（1）具备特殊含义的破洞、撕裂、残缺。（2）特殊封装形式。如前文阐述，民间历史文献的纸张原貌能够反映文献在民间使用过程的情况信息。以部分契约文书的花押被挖掉为例，如果仅从破损状况看，显示文书有破洞、残缺等问题，但实际上花押被挖掉是持契人特意为之，或表示该契约已废止，这类破洞、残缺隐藏有使用过程和方式的信息，不应视为破损予以修复等处理。此外，文献的特殊封装形式对理解文献内容、探讨文献的制作与保护有一定的研究价值，因此在文献修复工作中应尽可能保留文献与其封装的组合方式，避免随意拆离与改换。

三、操作流程

（一）工作流程

1. 确定修复需求

文献收藏管理部门根据文献使用与保护需求确定待修复的文献目录，提出针对每一份文献的修复要求、准备待修复文献实物。在《民间历史文献修复工作交接单》登记每份文献的财产编号、名称、数量、破损现状、修复要求、修复时间等信息。

2. 交接修复文献

文献收藏管理部门与文献修复部门共同完成文献实物的交接与接收工作，并在《民间历史文献修复工作交接单》登记双方经办人、提交日期等信息。文献修复部门在接收时注意文献书页具体数量等细节，[①] 及时与文献交付委托方针对修复需求与细节进行沟通。

3. 制订修复方案

文献修复部门须根据文献破损种类、损坏程度、纸张类型、装帧形式、文献年代、

① 潘美娣．古籍修复与装帧（增补版）［M］．上海：上海人民出版社，2013：93.

文字位置与修复需求，拟定每一份文献的修复方案。

4. 执行修复工序

文献修复部门在确定文献修复方案后，针对不同文献执行相应的修复工序，包括：备料（材料与工具准备）、拆书、书页修补、重新装帧、装订①、填写修复档案等。

文献修复部门的修复人员须在《民间历史文献修复工作交接单》上根据修复实际工序填写修补方式、修复记录、经办人等信息。

5. 验收修复后文献

由文献收藏管理部门与文献修复部门共同完成修复后的文献实物核验与交接，并在《民间历史文献修复工作交接单》登记双方经办人、交付日期等信息。

（二）人员与职责

表 5-5　民间历史文献修复工作涉及的各方人员及职责说明

职能部门 / 机构	人员	职　责
文献收藏管理机构	A. 整理及管理人员	1. 登记文献破损情况与定级。 2. 明确修复需求。 3. 确定待修复文献目录。
	B. 交接人员	1. 完成与修复机构的文献交送。 2. 核验与清点修复归还的文献。
文献修复机构	A. 修复工作管理人员	1. 审订文献收藏管理机构提交的文献目录与需求。 2. 确定修复方案。 3. 接收与清点文献收藏管理机构提交的文献实物。
	B. 修复技师或专员	1. 接收与清点机构分配的待修复文献。 2. 遵循修复基本原则，并进行修复工作。 3. 填写修复档案。 4. 根据修复进度，协同修复管理人员交回文献实物。

① 潘美娣. 古籍修复与装帧（增补版）[M]. 上海：上海人民出版社，2013：95—96.

四、修复技术

针对民间历史文献纸张破损情况及考虑文献修复的实用性需求，对民间历史文献采取的修复技术主要有去污、托裱加固、修补等 3 种方式。

（一）去污

污渍损害是民间历史文献比较常见的破损形态。由于环境影响或使用不当，纸张上会沉积灰尘、形成水渍、油渍、墨渍、霉斑、烧痕等。这些污渍不但会影响文献内容信息的提取与阅读，还可能缩短文献寿命，故应尽量去除这些污渍，延长文献寿命。

去污操作前，修复操作人员应仔细分析污渍形成原因，结合纸张中文字、字迹内容、纸张破损情况拟定去污方法。可从机械去污、水洗、溶剂去污、氧化去污[①]等方法中择定一种或多种进行操作。

（1）机械去污法。借助橡皮擦、毛刷、口腔器、手术刀等工具，将灰尘和污斑除去。这类方法主要用于纸张强度较好、灰尘或污斑较厚且易于清除的文献。部分文献纸张材质为纤维较长的手工纸，要注意避免去污过程中纸张起毛。

（2）溶剂去污法。利用溶剂与污渍、污斑互相混合过程中淡化斑流的原理去污。最常见的溶剂为清水。使用溶剂去污须首先对文献纸张、字迹、印章等予以分析，避免纸张晾干后出现褶皱、不平、粘连、墨迹洇化等现象。

（3）氧化去污法。文献纸张中的霉斑用水或有机溶剂一般难以去除，氧化去污是除霉色素的有效方法。但因氧化剂对纸张的木质素、字迹可能造成影响，使纸张的强度和耐久性受到损坏，字迹变色或褪色，氧化剂残留物也不利于纸张的长期保存，因此在选择氧化剂、调制氧化剂浓度时，须审慎进行，先做好局部试验，再决定实施方案。[②]

---

① 林明，周旖，张靖等．文献保护与修复［M］．广州：中山大学出版社，2012：166—168.

② 林明，周旖，张靖等．文献保护与修复［M］．广州：中山大学出版社，2012：166—168.

（二）加固

针对严重絮化、粘连、撕裂、断裂、边缘磨损、残缺的民间历史文献，主要使用在原文献纸张背面黏贴一张补纸的托裱加固技术，使其残破的原纸张得以加固和平整，以用于后续保存与使用。

在文献保存和使用过程中，纸张强度会随着时间与环境影响逐渐下降，出现严重絮化、粘连、撕裂、断裂、边缘磨损、残缺等情况。为提高纸张耐久性，修复人员一般采用纸张加固技术。目前针对单面印字的中文线装古籍、碑帖字画，最常见的纸张加固方式为托裱加固方法。托裱加固技术是在纸张背面粘贴一张完整补纸的方式。根据字迹的水溶性情况，托裱可分为湿托与干托两种。①

（1）湿托。湿托适用于非水溶性字迹，是常见的中文古籍书画的加固方式。将待托裱的纸质文献有字一面朝下平铺放好，润湿纸张背面，展开褶皱并小心用镊子去除杂质。然后根据修复方案，对残缺或有孔洞的纸张进行修补。修复完成后，在待托裱纸张背面用排笔轻刷一层稀浆糊，然后将托纸（托纸一般比待托裱的纸张四周略大出2—3厘米）覆在纸背，用棕刷刷平排实，使托纸和纸张黏结更加牢固。

（2）干托。干托适用于字迹遇水易扩散、洇化、褪色和破损比较严重的纸质文献。干托的操作步骤大致和湿托一致，只是干托法是指将浆糊刷在托纸上而不是待托裱的纸张上，然后使用吸水纸吸去一定水分，再将待托裱的纸张和托纸黏贴在一起的方法。②

（三）修补

民间历史文献流传过程中，因为环境及人为因素，文献纸张出现破洞、虫蛀、断裂、撕裂、絮化、断线等破损状况。针对不同破损状况，修复人员主要采取在破损位置的纸张背面补上相应大小的补纸，或进行拆书并重新装订的修补技术，以求尽可能恢复文献原貌、延长文献保存与使用寿命的目的。

1. 纸张粘连。由于自然与人为的各种因素相互作用，部分文献纸张发生粘连，严

---

① 林明，周旖，张靖等．文献保护与修复［M］．广州：中山大学出版社，2012：169—170.

② 雷腾飞．中山大学图书馆藏徽州文书保护研究［D］．广州：中山大学．2018.

重时书叶黏结成团，或形成像砖块一样的粘连体，难以分离。在分析纸张强度和字迹的水溶性情况后，根据情况采用不同的修复方法。一般常用的修复方法有三种：

（1）干揭。对于絮化、黏结不太严重，纸张之间有一定间隙，字迹遇水易于扩散的文书，一般采用干揭法。使用特制扁平竹起子插入纸张之间的空隙，紧贴书叶向四周轻轻移动，使书叶慢慢分开。需注意用力均匀，并且随时关注粘结情况，避免揭开书叶时损坏文献。

（2）湿揭。对于纸张黏结较严重，字迹遇水不易于扩散的文献，用干揭法难以揭开的，可以利用大多数黏结物能溶于水以及高温下易熔化的特点，采用湿揭。将待修复的文献用无纺布包好，然后用开水冲洗或浸泡。

（3）蒸揭。对于纸张黏结较严重，字迹遇水不易于扩散的文献，除湿揭法外，还可使用蒸揭法。将待修复的文书浸泡清水后放置于蒸笼中，隔水蒸 1—2 小时，利用水蒸气去除粘结物，边蒸边揭。①

2. 纸张破损。对于虫蛀孔洞、残缺、撕裂、磨损的徽州文书，需要采用针对纸张的补缺技术，以增加纸张强度，延长纸质文献寿命。选择的纸张尽可能与原件纸张质地、颜色、纹路、厚薄一致。纸张补缺应注意不可损害文书原件，并且补缺后应整洁、美观，与文书原件融合较好。另外，对徽州文书补缺时，如契约类文书立契人姓名被撕去时，应注意该破损是否具有隐藏信息，切不可盲目补缺。

（1）补缺：使用手工对残缺纸张进行修补时，一般将纸张有字的一面朝下，用浆糊将补纸粘贴在无字的一面，补纸的形状应和残缺部分形状一致，两张纸的搭边一般不应超过 0.2 毫米。如果纸质文献两面均有字，则应选择透明度好、纤维长、拉力比较大的纸张来修补撕裂处，尽量做到在不影响使用的前提下能加固纸张。

（2）断裂：若书口断裂，使用“溜口”的修复方法。将厚度为 0.02—0.04 毫米的薄皮纸裁成长条，修补破损、断裂的书口；② 若书叶断裂，则采用薄皮纸随型加固。

（3）磨损：若书叶四周磨损较为严重，可使用“溜边”的修复方式。与“溜口”相似，将准备好的长条薄皮纸粘贴于书叶背面四周边缘。

在修补完成后，为了避免书页上出现水渍，书叶背面喷洒少许清水，按顺序排列在铺平的吸水纸上，再盖上吸水纸和纸板，用重物压平。③

① 雷腾飞．中山大学图书馆藏徽州文书保护研究［D］．广州：中山大学，2018.

② 杜伟生．阐释《古籍修复技术规范与质量要求》［J］．国家图书馆学刊，2006（03）：23.

③ 雷腾飞．中山大学图书馆藏徽州文书保护研究［D］．广州：中山大学，2018.

第五节　文献保护管理制度

文献保护工作除了对文献本身进行原生性保护及修复，还应规范收藏单位文献整理、使用者的行为规范，从制度上确保相关操作的规范化、科学化，保障文献的安全。中山大学图书馆在民间历史文献保护与管理安全方面制订了一系列制度，主要包括:《文献保护档案制度》《日常巡查与保护规定》《民间历史文献书库管理规定》《民间历史文献整理工作守则》《民间历史文献使用规定》。

一、文献保护档案制度

（一）编制目的

民间历史文献从收集打包、入公藏机构、清点编号、保护修复、提交数字化等各个环节，文献的物理状态可能因保存环境、处理措施不同而产生变化，图书馆等收藏机构须以最大限度保存文献在各个阶段的完整信息为目标，制定一系列记录规范。参考《馆藏纸质文物保护修复档案记录规范》（WW/T 0027—2010），中山大学图书馆建立了民间历史文献保护档案制，通过记录民间历史文献的原有物理形态、破损状况、修复前后情况、修复操作等，达到规范化、科学合理保护与管理文献资源的目的。

（二）适用范围

物理形态与破损状况登记制度，适用于全部民间历史文献；修复情况登记制度，适用于已通过修复技术处理的纸质民间历史文献。

（三）档案内容与规范

民间历史文献文物保护档案包括：（1）《民间历史文献逐包登记表》，用于文献清点登记阶段；（2）《民间历史文献修复工作交接单》，用于文献修复阶段工作记录。具体的档案登记内容与规范如下：

1. 物理形态

文献物理形态登记于《民间历史文献逐包登记表》，由整理工作人员在文献典藏清查阶段完成记录，登记内容包括：所属包附注、文献编号、材质、形式、页数 / 数量、备注。

所属包，即单件文献或器物原始归属的小包。附注，即小包外由文献收集商做出的关于小包内文献情况的批注或标签卡，或整理人员在初级阶段典藏清查过程中做出的关于该小包其他外在形态的说明。

《民间历史文献逐包登记表》中“所属包附注”登记须全面、完整记录原小包外批注或标签卡信息，用准确、简洁的词句描述典藏清查过程中的说明。

文献编号，即每一件文献的馆藏财产登记号，对应至民间历史文献元数据则为“标识符”。

材质，即每件文献的材质信息，登记范围包括：纸、竹、木、纺织品、玉石、皮等。

形式，即每件纸质文献的外在形态、装帧形式，每件器物的类型、名称信息，登记范围包括：散页、簿册、线装、经折装、订书钉装、胶黏、盒、匣、箱、筐、竹签、函套、印章等，具体名称根据文献或器物情况判断。

页数（数量），登记内容：脱胶的散件文书、报纸的张数；每册簿册文书、典籍、期刊、图书、宣传册、档案册等装订形式的含文字图案内容的页数；器物的实体数量。具体著录规则参见第四章。

备注，登记内容：散页正反面有文字内容；文献产生时间久远、年份特殊、类型独特、内容珍贵、装帧形式特别、高价值等对于判断是否进行修复的相关信息。

2. 破损状况

文献破损状况记录目前仅适用于民间历史文献中的纸质文献。文献的破损状况登记于《民间历史文献逐包登记表》，在文献典藏清查阶段由整理工作人员完成记录，并誊抄于《民间历史文献修复工作交接单》，在文献修复交接阶段由修复交接人员完成记录。文献破损状况的记录项包括：破损描述、破损定级。

破损类别不严格区分成因，按文献现有的物理形态判断，登记范围包括：良好、霉蚀、虫蛀、鼠啮、烬毁、破洞、残缺、磨损、撕裂、断裂、黏连、污渍、絮化、脆化、线断、漫漶。（具体标准参见第二章）

破损定级，登记范围包括：一级、二级、三级。破损类别为良好的文献，无须登记破损等级。（具体标准参见第二章）

3. 修复情况

民间历史文献的修复情况记录登记于《民间历史文献修复工作交接单》，由文献管理人员与修复人员共同填写。文献修复记录项包括：财产编号、材质、形式、题名/文献内容、页数/数量、尺寸、破损现状、修复要求、修复级别、经办人、修复细节、修复备注、修复用时、修复人员等信息。

文献的财产编号、材质、形式、题名/文献内容、页数/数量、破损现状等项，定义与登记内容详见前文。

修复要求，文献收藏机构提出的有关修复技术方面的需求，如：拆线、修补书页并重新线装。

修复级别，根据文献破损程度和利用需求，将破损文献的修复级别分加急、紧急、一般、其他等，并填写预期收回时间。其中，加急情况由文献收藏机构填写修复的加急原因、计划完成时间等信息。

经办人，登记内容包括：待修复文献的交送时间、修复后文献的收回时间、交接人员签名等。一般须 2 人同时确认签名。

修复细节，记录文献实际修复工序和措施。由修复人员勾选或填写关于函套、书页的修复细节。

修复备注，记录影响修复时间的因素。在未能按委托方的修复时间要求定期完成修复任务时，由修复人员在此项目中填写原因。

修复用时、修复人员签名，均由负责该文献的修复人员据实登记。

（四）档案保存与使用

1. 文献保护档案须保留纸质档案、数字档案两种形式。工作人员在实际交接工作中须将手写登记和签名的纸质文件通过扫描形成电子档案。

2. 民间历史文献的文献保护档案与其他特藏文献档案属性、保管及使用规定保持一致。

3. 文献保护档案主要用于对所藏文献采取相应的保护措施，应定期更新与分析，尽早针对每件民间历史文献制定相应的保护计划。

二、工作制度

收藏机构应针对馆藏文献的特性和业务需求，制定相应的管理制度，严格规范文献整理工作者的工作标准。在文献出入库、编号整理、数字化过程、书库管理等业务中，均涉及民间历史文献的保护工作，应予以重视。以下略举中山大学图书馆的工作条例，以资参考。

（一）日常巡查与保护规定

民间历史文献的预防性保护还包括对文献安全管理、保存环境等因素的全方位日常巡查、监控，以及在文献清点、扫描、展示等使用过程中的工作规范性保护。以中山大学图书馆为例，该馆对馆藏民间历史文献的日常保护实施专人管理机制。管理人员定期对馆藏库房安全、保存环境进行全面的检查、监测，定期开展库房清洁、养护等工作。

日常维护与监控项目主要涉及文献安全（防火、防水、防盗），文献保存环境控制（温湿度、照明、书库清洁）等指标（见表 5-6）。如发现异常情况，管理人员将登记并及时反馈给部门安全主管和责任人，并落实解决。

表 5-6　中山大学图书馆文献保护日常巡查监控机制

项目	监控或管理事项	巡查频率
防火	烟雾探测器是否正常运作	每月
	自动喷淋系统是否正常运作	每月
	灭火器是否充足并可使用	每学期
	紧急电话标识是否明显	每学期
防水	墙、地、天花板、空调出风口是否存在漏水现象	每日； 雨天时临时增加巡查
	库房门窗是否严实	每日
防盗	钥匙是否专人保管，并放回保险箱	每次使用时
	保险箱是否上锁	每次使用时
	门锁是否能正常使用	每日
	安防、监控系统是否正常运作	每日
	警报器是否能响，并处于正常运作	每日
温湿度	温湿度是否在标准范围内	每日
	记录波动幅度大小	每日
	更换记录纸	每月；每周
	检查与更换机械设备	每月；按需
照明	照明设备是否正常运作	每日
	手电筒是否充足	每月
书库清洁	地面、柜台面是否积尘	每周
	书库是否定期打扫清洁	每月
	书库清洁时是否存在积水或过湿	每次清洁后

（二）《民间历史文献书库管理规定》

第一条　碑帖、徽州文书书库由专人管理。库房管理员负责管理库房钥匙，开关库门，保管藏品。

第二条　严格做好库房管理交接工作。提取、归还藏品，两名库房管理员必须同时在场。若库房管理员临时不在岗，须委托本组另一专人负责；若库房管理员长期不在岗，需上报部门，由部门主任委托另一专人负责；做好交接登记。非工作时间，库房管理员未经允许不得入库。

第三条　严格做好库房出入人员信息登记。库房管理员须本组人员协助搬运、核查藏品或调整藏品柜时，须做好出入库登记。其他人员出入库，须至少一名库房管理员陪同并做好出入库登记。

第四条　严格做好藏品出入库信息登记。一般情况下，出库藏品必须当班入库。

第五条　严格做好安全巡查工作。库房开放期间，任何人员不得携包进入。库房关闭前，确保柜门、门窗锁闭，库内无人逗留，安防系统运转正常，照明电源切断。

第六条　严格做好库房温湿度监控工作。定期检查空调、抽湿机等设备运转情况。每日做好温湿度数据记录，确保书库温度在 14℃—22℃ 之间，相对湿度在 45%—50% 之间。

第七条　严格做好库房保洁、防水工作。定期除尘。极端天气下须加强巡查书库渗漏情况。

第八条　严格做好库房防虫、防鼠害工作。严禁将食品带入库房。所有新入藏文献须先杀虫除霉。每学期初检查虫鼠、霉蛀情况，发现问题须及时登记并通知专业修复人员。

第九条　严格做好库房防火工作。库房管理员须掌握消防常识，可熟练操作和使用库房各种消防器材和设备。定期检查电源、电路及电器设备，做好安全记录。

第十条　严格做好库房防盗工作。定期清点库房藏品，提交盘点报告。

第十一条　书库有任何问题须及时上报。

（三）《民间历史文献整理工作守则》

第一条　民间文献出入库须有两名民间文献整理人员同时在场签名确认。

第二条　原则上民间文献出库清点、扫描需当班取出当班入库，不得在库房外的其他地方存放过夜。项目工作或阅读研究用途需要长时间出库时，须征得主管领导批准，并做好出库及使用登记。

第三条　民间文献出库冷冻、扫描、修复及取回时，须由两名民间文献整理人员清点确认，与其他机构或部门做好交接登记，并负责运送过程中民间文献的安全。

第四条　民间文献在冷冻期间，冷冻柜钥匙由民间文献主管部主任负责保管。

第五条　保证出库民间文献在运输和整理过程中的安全，禁止乱放，远离水电等危险源，有事离开须将民间文献归还入库或由其他民间文献整理人员看管。

第六条 民间文献开箱清点需做好拍照，对民间文献分配财产登记号、测量尺寸、记录保存状况等工作，清点后的民间文献须展平放入专门的无酸特制民间文献保存袋中，并存放入善本库民间文献柜中。

第七条 整理过程中工作人员禁止进食，以免污损文献。除在散件民间文献的背面用 2B 铅笔写上财产登记号外，禁止在文献上做任何其他标记。

第八条 做好民间文献保存状况记录，禁止擅自采用任何文献修复措施，若有霉、破、蛀等情况，需告知专业修复人员进行处理。

第九条 定期整理民间文献电子数据库，确保数据信息的准确和及时更新，做好备份工作。

第十条 确保民间文献的扫描电子版及数据库信息安全，禁止任何方式的复制、传播、外泄，如须发布、使用需征得馆长的许可。

第十一条 民间文献整理人员互相督促，发现安全隐患及时上报。

（四）《民间文献岗安全职责》

第一条 民间文献岗人员具有确保文献实物、图像数据、存储介质、工作内部文件、项目商业秘密等内容不遗失、不非法复制外传的安全职责。

第二条 文献实物安全职责

（一）民间文献岗人员在文献出入库、整理使用过程须按照《碑帖与民间文献书库管理规定》、《民间文献整理工作守则》执行，严格做好各个环节的使用、交接、成果登记。出库后的文献由具体的提取人、使用人看管，民司文献岗所有人员均有监督和管理责任。

（二）民间文献出库开展冷冻、编号整理、扫描、编目著录时须严格核查文献数量和物理状况，确保文献实物不损坏、不遗失、不非法复制外传。民间文献岗人员需随时监督、提醒、督促编号和扫描人员遵循《数字化加工场地工作规定》、《中山大学图书馆徽州文书数字化加工现场人员行为规范》及合同相关保密规定，及时制止和纠正损坏、遗失、非法复制文献的行为。

第三条 文献数据、存储介质安全

（一）所有涉及民间文献数据生成、备份、存储、使用、转交、维护等过程的人员，均具有保管文献数据、存储介质不泄露、不外传、不作商业用途、不遗失的安全职责，一旦出现数据和存储介质外泄等情况，须追究当事人责任。

（二）民间文献数据仅可用于业务工作需要。非民间历史文献岗人员如需使用文献数据，须征得馆长或部门主任同意方可联系民间历史文献组组长取得。

（三）文献数据、存储介质须由民间历史文献组组长及专人做好登记管理，任何使用人在每次使用时须做好登记。移动硬盘实行逐个登记制度。

（四）数字化等外包项目结束后，由特藏部联合信息技术部严格清理外方电脑、存储设备、服务器中的数据。任何非合同允许的机构或个人，均不得保留文献数据或存储介质。

第四条 民间文献岗人员具有妥善保管工作内部文件、项目商业秘密、业务机要、未刊发科研成果等档案的职责。注意保管好个人移动硬盘和电脑设备内的文件，无论个人或业务组文件均不得外泄；一旦出现数据和存储介质外泄造成不良影响或损害图书馆利益，须追究当事人责任。

第五条 做好防火、防水、防盗工作，若有异常，及时上报。非工作时间，若无必要，电脑、扫描仪、风扇、外置插座等电器设备必须断电。

（五）民间历史文献使用规定

1. 在民间历史文献整理过程中，工作人员遵守文献保护措施操作规范，做好对文献实物的整理、保护。

2. 在交送数字化扫描的途中，交接工作人员须确保文献用无酸塑料膜的装具封装保护，并平移轻放，避免文献散落遗失。

3. 数字化扫描过程中，使用冷光源设备，并尽可能缩短文献受光照时间。

4. 为工作人员、研究者优先提供数字资源，尽量采用电子化图像进行阅读、著录、研究，减少提阅实物文献的次数。如因特殊研究需要文献实物，须向文献管理机构提出文献使用申请，经机构领导审批同意，才可使用。

5. 参观、展示、专题研究等用途时，相关文献或器物限定在图书馆特藏部阅览大厅内翻阅与展示，不得带出该范围。

6. 作展览用途时，须对纸质文献加衬纸保护，对器物采用玻璃展柜展示，尽量避免参观人员直接翻阅与触碰。

第六章

民间历史文献数字化加工与管理

第一节　民间历史文献数字化概述

一、概念与意义

民间历史文献数字化是指为保存文献资源与服务学术研究，利用现代信息技术将纸制载体的语言文字或图形符号转化为能被计算机识别的数字符号，用于制成民间历史文献目录、索引和全文数据库，从而揭示民间历史文献信息资源的一项系统工作。民间历史文献数字化包括数字化扫描加工、文字与图像识别、数据库建设等相互关联的多个方面。民间历史文献数字化是现代计算机技术应用于民间历史文献整理的新实践，是民间历史文献整理工作的必然趋势。民间历史文献数字化的意义主要体现在以下几个方面：

（一）解决保存和使用的矛盾

民间历史文献同时具有史料价值与文物价值，通过数字化和网上发布，研究者可以在网络终端浏览民间历史文献，避免直接接触对民间历史文献造成的损坏。数字化对民间历史文献的再现与整理，将民间历史文献的文物价值和史料价值剥离开来，同时实现了永久保存与史料利用，为广大学者方便地研究民间历史文献提供便利，对民间历史文献研究工作必将产生巨大的推动作用。

（二）支持传统学术专题研究

经过数字化加工的民间历史文献，研究者可以利用数据库技术，在很短时间里轻松地获得自己需要的资料。尤其是全文检索技术的应用，可以很方便地把文献中含有某字词或某语句的段落截取下来，逐一注明出处，从而将研究者从浩繁、琐碎的翻检工作中解放出来，确保将更多的时间、精力花在学术研究和创新工作中，提高科研工作效率。

（三）创新学术研究方式方法

数字化开拓研究视野与创新研究方法，促进民间历史文献研究走向深入。数字化成果的应用为传统学术的定量研究提供良好的技术支持，从而影响和改变学者定性描述的思维习惯，推进传统学术研究从定性研究走向定量统计分析与定性研究深入结合的方向。近年来，随着数字人文技术和理论在民间历史文献数据库建设中的应用，根据用户具体的信息需求提供个性化的研究工具与辅助资源的技术发展愈来愈进步，为民间历史文献的研究打开了更广阔的空间。

二、数字化原则

民间历史文献数字化是一项系统性工作，必须要在一定原则的指导下才能有效运作。

（一）遵循文献整理的原则

民间历史文献数字化属于民间历史文献整理的范畴，坚持以民间历史文献整理为基础是民间历史文献数字化的最基本原则。在一定程度上，民间历史文献数字化只是民间历史文献整理方式和手段的一种创新和升华，民间历史文献数字化与传统的民间历史文献整理有着一脉相承的关系。因此，不能将民间历史文献数字化仅仅看成是一项机械的加工，而应视为一种学术活动，需要有文献专家参与民间历史文献数字化进程，将民间历史文献整理的理念、知识与技术融于民间历史文献数字化过程之中，比如异体字整理，索引编制等，从而保证数字化的质量与效率，深刻揭示民间历史文献的文化意蕴与学术价值。

（二）规范化与标准化原则

民间历史文献数字化要遵循统一的规范与标准，这直接涉及民间历史文献数字资源的共享与利用，关系到民间历史文献数字化的长期发展。规范化、标准化应贯穿于民间历史文献数字化建设的全过程，坚持选择统一、通用的标准、协议与规范对民间历史文献数字化的发展至关重要，具体包括著录标准、分类标准、字库标准、格式规范等。

（三）数字化质量控制原则

民间历史文献数字化要求能够客观地反映民间历史文献原貌，真实地传递其包含的知识和信息。民间历史文献数字化的质量控制，除了确保数字化图像的清晰与完整外，还包括针对民间历史文献中存在的大量异体字、避讳字等要能准确辨别，针对民间历史文献的功能结构要准确把握等。民间历史文献数字化的目的是传承中华文化和服务学术研究，这也要求在民间历史文献数字化过程中坚持质量控制的原则，要出精品，经得起历史的考验。

（四）保护利用相结合原则

通过数字化可以实现民间历史文献文物价值和史料价值的分离，大大提高民间历史文献的利用效率。但数字化过程中，也要注意对文献原件的保护，遵循科学的操作流程，数字化前对文献采取除尘、展平、衬纸、托裱等保护措施；采用专用的技术设备，如非接触式文献扫描仪、零边距文献扫描仪等，避免对文献造成不必要的伤害。

第二节 民间历史文献数字化标准

民间历史文献数字化标准主要包括图像资源的应用级别、加工标准和格式体系三个方面。依据民间历史文献数字化图像应用目的，设置长期保存级、复制加工级、发布服务级三种不同的资源应用级别；依据民间历史文献不同的载体形式如纸质文献和器物类文献，制定相应的加工标准和格式体系。

一、图像资源应用级别

根据民间历史文献数字化图像应用于出版印刷，网上浏览，下载打印等不同目的，参考相关标准[①]中规定，民间历史文献数字图像资源可设置以下几种应用级别：

（一）长期保存级（Archives Image）

长期保存级数字图像资源可用作高品质出版印刷，也可用于不同图像格式之间转换，是复制加工级的母本。该级别的图像资源文件存储为TIFF格式，不压缩或无损压缩。色彩与位深选择24位彩色，图像分辨率为600ppi。用字母A表示。

① 朱强，张春红，龙伟.国家图书馆图像数据加工标准和操作指南［S］.北京：国家图书馆出版社，2011.

（二）复制加工级（Process Image）

复制加工级数字图像资源可作为加工复制各种精度、各种大小屏幕浏览图像的母本文件，也可供专家、合作伙伴及专门组织成员在网上有条件、有权限地访问，或用于一般品质的出版印刷。复制加工级属于长期保存级与发布服务级中间的一个过渡级别，该级别的文件通常由长期保存级的 TIFF 文件压缩转换生成，文件存储格式选择 TIFF 或 JPG。用字母 P 表示。

（三）发布服务级（Display Image）

发布服务级图像资源用于网上浏览与非出版打印，通常由复制加工级的 TIFF 文件压缩转换生成，存储为 JPG、GIF 等格式。用字母 D 表示。

发布服务级图像资源因用途和使用对象不同，又可分为以下 3 级：

L（Large，大图）：供普通读者网上浏览或下载、粗略打印。屏显尺寸相对较大，图像最长边的像素不超过 3000，图像分辨率 300ppi。

M（Medium，中图）：供普通读者网上浏览，可任意下载、低像素打印。通常以屏幕显示尺寸为参照，如图像规格 1024 像素 ×768 像素，图像分辨率 150ppi。

S（Small，小图）：缩略图，图像以图标显示，通常图像长边的像素不超过 150，图像分辨率 72ppi 或 96ppi。

二、加工标准和格式体系

依据民间历史文献载体形式的差异，结合数字化图像资源应用级别，设置不同的加工标准和格式体系。

民间历史文献中的纸质文献，丝、棉等平整织物类文献数字化加工标准涉及分辨率、色彩位深、文件格式等参数，允许编辑加工的项目也根据应用级别不同而有所差异，其中长期保存级要求忠实原文献信息，不做色彩、明亮度、对比度等任何处理，复制加工级和发布服务级可根据实际需求酌情进行编辑加工。（见表 6-1）

表 6-1 纸质或织物类文献数字加工标准

载体形式	应用级别	图像分辨率（ppi）	色彩位深	允许的编辑加工	文件格式
纸质文献	长期保存级 A	600	24 位或更高	忠实原文献信息，不做色彩、明亮度、对比度等任何处理。	TIFF
	复制加工级 P	300—600		锐化，裁切纠偏，去噪；成比例扩展，最低限度地调整彩色与色调。	TIFF、JPG
	发布服务级大图 DL	300			JPG
	发布服务级中图 DM	150			JPG、GIF
	发布服务级小图 DS	72—96			JPG、GIF

民间历史文献中的器物类文献平面成像数字加工标准涉及长边像素、色彩位深、图形大小、文件格式等参数。器物类文献的具体形式多样，涉及木制品、纺织品、皮具、金属器、玉石器等，数字加工标准如表 6-2 所示。

表 6-2 器物文献（平面成像）的数字加工标准

载体形式	应用级别	长边像素	色彩位深	文件格式
器物文献	长期保存级 A	≥ 4000	24 位或更高	TIFF、RAW
	复制加工级 P	≥ 2000		TIFF、JPG
	发布服务级大图 DL	1000		JPG
	发布服务级中图 DM	600		JPG、GIF
	发布服务级小图 DS	150		GIF

第三节　民间历史文献数字化管理

为确保民间历史文献数字化加工过程有序化、工作流程合理化，在保证工作效率的同时，原件及数字图像都得到合理妥善的保管，需要严格有效的管理规范。民间历史文献数字化管理规范涉及加工前期准备、数字化及存储设备选取、图像资源创建、图像后期处理、质量检验、数字化资源的保存管理等方面。具体包括文献保存部门（委托方）与数字化加工部门或外包商（加工方）在数字化前的信息记录、双方在文献交接方面的管理要求，加工方在数字化过程中的文献保护措施、设备选取、加工过程记录、后期图像处理等方面的规范，以及对于图像质量检测、存储管理等方面的规范。

一、图像资源加工前期准备

（一）数字化工作文档

民间历史文献保存部门提出数字化加工需求，制成《民间历史文献数字化工作交接单》（参见附录七）、《民间历史文献图像资源内容标识与整理清单》（参见附录八）、《民间历史文献图像资源加工数据统计表》和《民间历史文献图像资源加工数据核查表》等工作文档，用于民间历史文献数字化过程中文献实物与图像成品的交接与核查。

建立《民间历史文献数字化工作交接单》目的在于当文献从库房中取出，安全送达数字化加工现场时，能及时记录文献扫描加工时间和当次数量，明确文献交接双方的责任人，以确保文献在交接过程中不丢失、不损坏。根据委托方和加工方对文献交接情况的记录，可为后期数字化加工过程中工作效率统计提供数据支持。

建立《内容标识与整理清单》目的在于登记与保存加工方在文献数字化加工过程中产生的图像资源信息，表格设“序号”“箱包”“财产登记号”“是否扫描”“未扫描原因”“扫描数”“尺寸”“幅面大小”“分辨率”“色彩”“操作”“操作时间”“生成缩略图”和“保存级别”等图像资源管理基本元数据。在后期扫描图像验收过程中，验收人可根据该清单核对所提交扫描图像的元数据是否合格，以及根据清单中“是否扫描”项的统计数据来判断该批文献是否存在漏扫、错扫等情况。

建立《民间历史文献图像资源加工数据统计表》作用在于方便委托方统计一定加工周期内，民间历史文献数字化加工数量及所产生的图像资源数量，并记录和统计因破损严重、尺寸过大、信息空白等不参与扫描的文献。以上这些统计数据，不但为后期计算文献加工总数、图像资源总数、未加工文献数量和比例等提供数据支持，也可筛选出亟待修复和抢救的民间历史文献，为民间历史文献修复工作的开展提供数据参考。

建立《民间历史文献图像资源加工数据核查表》作用在于记录图像资源质量与内容标记的全检与抽检情况，据此计算合格率，并核定最终完成数量。委托方根据统计出的不合格数据，及时向加工方反馈，提出相应解决措施并督促其修正。

（二）数字化人员职责

加工方和委托方须明确加工流程各环节中双方人员构成及其责任分工。（见表 6–3）

表 6-3 民间历史文献数字化工作涉及的双方人员及职责说明

职能部门 / 机构	人员	职 责
数字化扫描委托方	A. 管理人员	1. 制作数字化扫描工作文档。 2. 根据数字化扫描工作的进度要求明确加工需求。 3. 调整和选取当次加工文献的数量，与交接人员 B 一起完成数字化扫描的文献交接工作。 4. 负责与加工方负责人的交流沟通工作。
	B. 交接人员	1. 完成与文献数字化加工方的文献交接。 2. 核验与清点数字化后归还的文献。
	C. 现场监督人员	1. 监督人员进出情况，维护场地安全，定期巡查数字化加工场地，保障文献原件与数据的安全。 2. 关注加工人员的具体操作流程，监督指导文献保护措施与标准执行，在需要时进行答疑。

续表

职能部门 / 机构	人员	职 责
数字化扫描委托方	D. 验收人员	1. 采取抽检和全检的方式，对扫描统计数据和成品图像资源进行验收 2. 统计出扫描图像中的不合格数据，向加工方反馈，提出相应解决措施并督促其修正
数字化扫描加工方	A. 加工管理人员	1. 根据委托方需求，确定文献数字化加工方案 2. 协调各工序和流程，监管本方加工人员工作 3. 接收、清点文献数字化委托方交付的文献实物 4. 跟进整体加工进程，负责与委托方的交流沟通工作
	B. 加工人员 1	1. 负责文献除尘、压平等数字化前的保护措施 2. 负责文献图像资源的后期处理工作 3. 协同加工管理人员交回文献实物
	C. 加工人员 2	1. 负责当次具体的数字化加工和尺寸信息测量 2. 按照实际操作情况，填写《民间历史文献图像资源管理表》
	D. 质检人员	1. 负责当次加工的图像数据的质检工作 2. 配合数字化委托方在项目周期的抽检和全检工作 3. 根据委托方需求，填写《民间历史文献图像资源加工数据统计表》《民间历史文献图像资源加工数据核查表》等相关表格。

（三）加工文献的选择

一般情况下，按照文献原始编号顺序进行数字化扫描加工，但在实际过程中还需要对文献类型和破损情况进行预先评估，挑选当次进行数字化加工的文献。

首先，在挑选过程中，尽量排除因严重脆化、掉渣、絮化、虫蛀、断裂、磨损、残缺、破洞（可进一步界定为一级破损或二级破损）等情况严重而无法进行数字扫描加工，或在加工过程中极可能造成二次破坏的文献，以及空白纸等文献。

其次，根据加工设备性能以及加工方工作人员安排等客观因素，选取符合当次加工需求的文献，如考虑散页、簿册、器物等不同形式文献对当次加工工作的影响。

最后，调整和选取出需要进行数字化加工的文献，须按照文献来源的原始编号顺次排列摆放，不乱序或错序，以方便加工方数字化文件整理。

（四）文献登记与交接

数字化扫描加工前，委托方工作人员在《民间历史文献数字化工作交接单》上登记当次需要加工文献的财产登记号、数量以及加工日期。加工方工作人员根据登记信息核查本次加工文献的具体数量，检查对方登记的信息，核对无误后，交接双方签名确认。

登记与交接过程中，须明确负责此次交接与登记过程中的责任人，确保待加工文献的编号与实物来源对应准确、数量不多不漏、日期记录正确。数字化扫描加工结束后，委托方在归还文献过程中根据交接时记录的文献编号、数量进行一一核对，确认本次归还的文献无漏还、不错序，确认完毕后，双方签名完成归还交接。

二、数字化及存储设备选取

（一）数字化设备

数字化输入设备用于捕获图像，并将图像转换成计算机可以显示、编辑、存储和输出的数字数据。数字化输入设备的选取要注意设备分辨率、清晰度、成像幅面、接口类型和软件配置等。根据文献加工项目的具体要求，选择适用的数字化加工设备。参考古籍等珍稀文献数字化加工经验，民间历史文献数字化加工主要考虑使用零边距文献扫描仪、非接触式文献扫描仪及数码相机等设备。（见表 6–4）

零边距文献扫描仪是一种采用了零边距技术的平板扫描仪，可以实现民间历史文献中簿册对象的无损采集。其优势在于全幅无盲区、无变形，可获得完整、高质量的图像结果；可小角度开启装订成册的扫描对象，对扫描对象没有损坏；扫描过程对位非常准确，适合于大批量连续扫描。

非接触式文献扫描仪采用无炫目冷光源系统，从后向前的扫描方式，操作方式直观简便，可以解决影像失真以及光照不均的问题。其优势在于低亮度冷光源系统有利于保护文献，而且零紫外、零红外辐射，有利于安全高效进行操作。

数码相机主要应用于对器物文献的拍摄。数码相机可以快速对器物类文献进行拍照，在调整好光圈、快门、焦距和光源之后，从器物文献的正面、背面、侧面等多角度生成数字化图像。

表 6-4　数字化加工设备选取说明

形式	数字化加工设备
拍照	2000 万像素以上的高精度数码相机
扫描	非接触式文献扫描仪，分辨率至少为 600dpi
	零边距平板扫描仪，分辨率可达 1200dpi

（二）存储性设备

民间历史文献数字化图像的存储需要大容量高密度的存储设备，具体包括计算机硬盘、磁盘阵列、光纤存储设备等。尤其面对大批量、高分辨率的图像，在保证数字化成果长期保存的同时又便于使用，安全有效的数据存储策略十分必要。从数据安全和稳定的角度出发，民间历史文献数字化图像的存储配置应首选具有相应规模的光纤磁盘阵列。利用光纤通道技术与磁盘阵列技术将多个磁盘组织在一起，提高访问速度和吞吐量，还可以提供良好的容错能力。同时配备高性能的管理服务器，服务器作为整个网络数据的存储和处理中心，在稳定性、安全性及其他性能等方面都要有可靠保证。除此之外，还应建立民间历史文献数字化图像数据备份或容灾的专用信息系统，以提高数据的安全性。

三、文献图像资源创建

（一）创建原则

民间历史文献的数字图像创建是利用扫描或拍照设备获取数字图像资源。创建原则是在加工过程中“保真”的同时，不损坏原件。

（二）前期保护工作

为避免加工过程中对文献造成二次破坏，同时又能获取高质量的图像，在数字化之前，加工方应对加工文献采取一定的展平与保护措施，所需工具包括：（1）竹起子，用于分解粘连资料、抚平褶皱纸张；（2）镇纸，使用表面光滑的石质镇纸或密度较高的木质镇纸，用于镇压文献，辅助展平资料；（3）刷子，根据不同文献情况使用毛笔、棕刷、板刷等不同材质工具对文献表面做除尘处理；（4）宣纸，根据原始文献纸张情况选择单宣、夹宣等相应的纸张对文献进行托纸、修补处理；（5）喷水瓶，使用专业的文献修复喷水瓶对资料褶皱处喷洒水雾，轻缓展平；（6）展平板，使用板面平整、重量较重的汉白玉制石板，或密度较大的实木板将展平后的资料使用展平板压实 2 至 3 天，达到进一步展平资料的目的。

数字化加工前的文献保护措施，具体步骤和目的见表 6–5：

表 6–5 数字化加工过程中的文献保护要求

措施	要求	目标效果
压平修整	对文献原件的褶皱、折角、折痕，使用镇纸、竹起子、喷水瓶等工具进行平整处理，再用展平板进行镇压	尽量保持文献原始物理状态，防止加工过程中的撕裂和破坏
除尘处理	对文献沾有非信息对象的纸屑、毛发、灰尘、虫卵等杂物，使用修裱专用的软毛刷子进行去除	保持文献原件干净，加工图像无非信息对象的杂物出现，不影响成像清晰度
衬纸托裱	对文献原件背页垫白色宣纸进行衬纸托裱处理	防止因文献纸页过薄、字迹较浅等原因透出次页字迹

（三）图像创建时的操作与处理

尽管民间历史文献在交接时，已初步筛选去除了严重破损、信息空白等暂不适宜扫描加工的文献，但在具体的数字化扫描过程中，加工方的工作人员如遇到部分破损文献时，则按不同情况类型操作。（见表 6–6）

表 6-6　民间历史文献数字化加工纸张处理标准

项目	处理标准或方法
纸张破损	存在以下情况时一般不扫描，须咨询委托方意见，视情况操作： 1. 有文字信息的区域絮化严重，呈断裂或棉絮倾向； 2. 纸张脆化严重，翻动时容易出现掉渣、破裂现象； 3. 黏连严重，无法揭开； 4. 簿册文献存在多处鼠啮、烬毁，部分书页残缺严重； 5. 簿册虫蛀面积较大，翻页出现掉粉，纸张脱落； 6. 其他破损严重或出现特殊状况的文献。
纸张断裂	断成多截的文献需在扫描仪平面上拼接完整后再扫描，若无法断定，需由委托方人员判断拼合是否正确
簿册文献	1. 簿册文献不拆线；如不拆线无法扫描，暂定不扫描； 2. 夹缝位置字迹产生阴影或扭曲的，报告委托方，再判定是否扫描； 3. 书脊、版心不扫描； 4. 封面、封底无论空白与否均需扫描，封面、封底的背面若为空白页则不扫描； 5. 簿册内页只扫描有文字、图案信息页，空白页不扫描； 6. 簿册内空白页仅有印章时，先由委托方人员判定是否扫描。如该印章盖印形式、内容在有文字页已出现，则不扫；如该印章盖印形式、内容特殊，但多页重复，仅扫 1 页； 7. 簿册内页粘贴的纸片上有文字的，分覆盖、不覆盖扫描成 2 个图像。图像应均能让读者明确纸片在簿册纸张上的位置； 8. 簿册夹带页、书签、夹签时，夹带页放在所在页旁，一起扫描在 1 个图像内，扫描后放回原页位置，如有疑问应及时请示委托方人员； 9. 线断、装订线脱落造成书页乱序，先由委托方人员整理内页顺序。如文献有页码信息，则按文献页码顺序扫描。
同一编号散件文献具有多页	1. 如文献现状为多页粘合在一起、互相不遮盖，则扫成 1 个图像； 2. 如文献现状为多页粘合在一起、有遮盖部分，则扫成多个图像。每个图像须让读者明确多页纸张之间黏贴的位置、小纸张位于大尺寸纸张上的位置等信息，即后期裁切时不可仅裁出其中小纸页画面； 3. 如文献多页已脱胶、各页独立，则扫成多个图像。（信封与信件类，扫多个图像。）
浮贴	检查浮贴是否遮盖内页字迹，如未遮盖，则不需要将浮贴掀开扫描；如遮盖，则掀开再扫
折页	将折页展开，扫描人员按展开后的幅面扫出图像；扫描完后须按折页原有形制折好。
衬纸	原则：所有扫描仪器、所有操作人员使用的衬纸必须统一。使用开工前商定的衬纸，不可随意更换。 1. 因纸质过薄，透出次页字迹的或文献残缺面积较大的簿册，可在背页或折页中插垫与文献纸张颜色相近的宣纸。插垫衬纸进簿册的折页中时，须小心处理，不要弄断折页； 2. 衬纸尽可能衬满整页，可视文献情况做调整。
色标卡、标尺	扫描时，在文献左侧中间位置放置色标卡和标尺，与文献一起扫描。 图像保留 2 个备份：带色标卡与标尺的原图、不带色标卡的成品图像。

（四）完成《内容标识与整理清单》

根据民间历史文献的特点，图像资源的《内容标记与整理清单》包括 11 个管理型元数据项，用于描述或标识民间历史文献图像资源内容。元数据创建说明和录入规范如下：

1. 来源

定义：生成文献图像资源的文献实体，对应该文献所属机构唯一的财产登记号作为标识，例如体现文献原始封装状态的“箱号＋包号＋件号”。

在图像资源统计的实际工作中，图像“来源”一般再细分为“序号”“箱包”“财产登记号”等几项，便于后期分类查阅和统计。

2. 事件类型

定义：根据数字化加工方式不同，包括拍照采集、扫描加工两种方式。一般器物类文献采用拍照采集；纸质文献或棉、丝等织物类文献采用扫描加工。

3. 图像资源标识符

定义：唯一识别文献图像资源的标识。一页图像对应一个图像资源标识符，其命名方式见表 6–7。

表 6–7　民间历史文献图像资源命名方式

文献载体形式	图像资源命名方式
散页文献	1. 加工散页只产生一个图像资源时，命名方式为“财产登记号 0001”； 2. 散页一张两面都有文字信息时，所产生的两个图像资源命名为“财产登记号 0001”和“财产登记号 0002”； 3. 散页粘带有附页时，所产生的若干个图像资源命名为“财产登记号 0001”“财产登记号 0002”“财产登记号 0003”，顺次类推。
簿册文献	1. 簿册文献封面以及内页所产生的若干图像资源，命名方式为“财产登记号 0001”“财产登记号 0002”“财产登记号 0003”，顺次类推； 2. 簿册文献夹带散页时，将该散页摆放在所夹的那一页旁边，与该页共同扫描成一个图像资源，命名方式承接该簿册上一个图像资源，为顺次扫描到的“财产登记号 000X”。

续表

文献载体形式	图像资源命名方式
器物文献	1. 器物文献所产生的若干图像资源，命名方式为“财产登记号 0001”“财产登记号 0002”“财产登记号 0003”，顺次类推。

4. 扫描情况

定义：描述文献实体是否采取了数字化加工以及产生的图像资源情况，可细分为“是否扫描”“未扫描原因”“扫描数”等小项进行录入。

5. 尺寸

定义：描述数字化前所测量的文献实物的尺寸，单位为 mm。

在图像资源统计的实际工作中，还可根据文献尺寸数值，增加“幅面大小”项，用于统计民间历史文献纸张的幅面类型。

6. 分辨率

定义：描述图像资源不同应用级别的分辨率，包括长期保存级和发布服务级（大、中、小规格）的图像分辨率。

7. 色彩

定义：描述图像资源的颜色模式，包括彩色与黑白两种类型。

8. 操作

定义：描述对数字图像资源进行的后期处理，包括裁切，旋转、纠偏、色彩调整、数字图像转化、数字水印等操作。

9. 操作时间

定义：描述操作发生的日期，如图像资源建立时间，以年—月—日为单位。

10. 生成缩略图

定义：由软件工具自动生成，图像的高或宽限定为 120 像素或 150 像素、JPG 或

GIF 格式、72ppi 或 96ppi。

11. 保存级别

定义：对数字图像资源的保存级别进行描述，分为长期保存级和非长期保存级；扫描原图和拍摄图像均为长期保存级，压缩图像为非长期保存级。

四、数字图像后期处理

（一）处理内容

图像后期处理内容包括图像大小、细节、色彩、色调、格式、内容等，处理的目标是尽可能与原文献保持一致。处理方法为人工调整。

（二）处理方法

1. 裁切：对数字图像的边界进行裁切以完整表现原文献形式，确保读者能看全文献纸张原貌。

2. 旋转、纠偏（斜）：对方向不正确的图像进行旋转还原；对出现偏斜的图像进行纠偏处理。

3. 去污：去除影像内污点、黑边框。

4. 锐化：对图像进行锐化处理，增加图像和原文献相似程度。

5. 色调调整、色彩管理：对图像进行色调调整和去色；在图像采集阶段进行色彩管理，最大限度确保加工图像能真实地反映文献。

6. 数字图像调整和转换：调整图像的大小并转换文件格式。

7. 图像拼接：对分图扫描或摄制的图像进行图像拼接。

8. 生成缩略图或检索专用图：为了提高网络访问速度，根据限定的尺寸，生成相对于原始图片的缩小图或检索专用图。

9. 数字水印：向数字图像中加载数字水印（Digital Watermarking）以明确标识版权，防止非法的使用。

五、数字图像质量检验

（一）检验内容

检验对象不仅包括数字化加工产生的数字图像资源，还包括派生的数字图像资源。检验项目包括元数据检验、对象数据检验和存储介质检验，具体内容包括：

1. 图像元数据著录信息正确。

2. 数字图像文件名称、位置正确。

3. 加工环节自动生成或人工记录的管理元数据信息完整等。

4. 按照图像资源加工标准对数字化图像资源进行检查，要求像素、分辨率、色彩位深等指标符合要求。

5. 图像数据数字资源文件夹和文件名命名正确。

6. 图像清晰，亮度适中，以保证尽量多的内容清晰为原则调整亮度（由于原件造成的亮度不适可算合格）。

7. 图像加工过程中根据资源应用级别进行的裁切、旋转和纠偏、去污、锐化、色彩调整和色彩管理、转换、拼接等需要符合图像后期处理的操作规范。

8. 加工后的图像要求真实反映文献原况，不得出现褶皱、叵字、残缺、彩线、污迹、图像拉伸、错位等现象；加工的簿册文献，在原件正确的前提下页码连续，不能有缺页、错页、图像资源内容缺失等现象。

9. 压缩图像无黑边或白边，居中显示。

10. 数字化图像存储介质的保存环境温度、湿度等方面达到相应指标要求。

（二）检验方法

图像资源检验方法分加工完成后全检、抽检两种。全检是针对图像个数、图像命名、图像画面质量、图像后期处理项目等分检项按照相关要求逐一检验；抽检是对图像的像素、分辨率、色彩位深等数据指标，根据数字化加工要求进行检验，抽检的样本覆盖率不低于总件数的 20%，不合格率不得高于 1‰。（见表 6-8）

表 6-8　民间历史文献数字化成品验收标准

分检项	标准	要　求
图像个数	1. 加工文献与提取文献数量一致； 2. 图像资源总数与清单记录一致； 3. 单件文献产生的多个图像资源对应一致。	1. 数字化扫描文献件数与交接单上登记的数据量一致，不能有漏扫、错扫现象； 2. 图像资源的数量与提交清单上记录的数字化扫描所产生的数据量一致，清单中不能有漏记、多记情况； 3. 对于产生多个图像资源的单件文献（如簿册），该文献产生的图像资源数量须与清单中对此件登记的扫描图像资源数对应一致；
图像命名	1. 文献来源对应； 2. 图像命名准确； 3. 命名无遗漏。	1. 图像命名与文献来源的财产登记号对应一致； 2. 图像资源的命名方式符合"民间历史文献图像资源命名方式"的规范； 3. 所有图像资源都须命名，不得疏漏。
图像画面质量	1. 图像画面清晰，无杂质； 2. 图像画面呈现平整； 3. 图像画面完整无缺失。	1. 图像画面上不得有碎屑、毛发、颗粒尘土等杂物出现； 2. 经过对文献的压平处理后，扫描图像没有明显褶皱或折角； 3. 加工图像呈现的画面完整，没有缺失、压字等现象。
后期处理项目	1. 纠偏后的偏斜度范围≤ 5°； 2. 拼接图像对应完整； 3. 裁切得当。	1. 通过旋转和纠偏使图像画面居中端正，偏斜度≤ 5°； 2. 拼接图像对应自然，不得出现拼接失常； 3. 成品图像确保纸张所有边缘可见； 4. 裁切后图像无机械黑边和白边，裁切边缘留 0.2 毫米的衬纸底边，不得裁切掉图像上任何文字信息。

六、数字图像保存管理

（一）保存备份

1. 建立保存文件夹，命名对应或体现文件夹内所存民间历史文献图像资源的起止登记号。

2. 文件夹内包括文献图像资源、统计数据文件和说明文件，说明文件应指明批量数据的基本情况，并以 TXT 格式保存。

3. 将保存文件夹复制到移动硬盘与网络存储以作为长期保存介质，每个文件夹在不同保存介质上共保存 3 份。注意预防计算机病毒破坏数据，强化数字化扫描图像资源数据的安全性。

4. 制作并打印标签 (文件夹名称)，粘贴在存储介质包装盒的表面。

5. 同类存储介质按照标签进行排列和管理。

（二）保存环境

数字图像资源保存库房（机房）的环境，必须严格按照存储介质自身性能的要求，在温度、湿度等方面达到相应指标，具体规定如下：

1. 防尘、防光 (紫外线)、防震、防空气污染等设备或措施。库房（机房）及其附近应保持整洁，禁止存放易燃易爆物品、腐蚀性物品及其他有碍安全的物品，并严禁烟火。

2. 温、湿度要求。库房（机房）温、湿度变化范围应在温度 15℃—27℃、相对湿度 40%—60% 范围内选定一组值，一旦选定，在 24 小时内温度变化不得超过 ±3℃，相对湿度变化不得超过 ±5%。最佳环境温度是 18℃、相对湿度是 40%。

（三）使用管理

1. 民间历史文献数字图像数据严格保密，未经申请，任何人不得浏览、拷贝、使用及传播。

2. 数据使用遵守程序，拷贝数据需填写相关情况登记表经主管负责人签字同意后方可执行。拷贝数据时须数据管理员及数据使用者 2 人同时在场，拷贝完毕签字确认。拷贝数据只能用于学术研究、业务工作需要，未经同意，所有数字资源不得擅自传播至第三方，不得用于任何商业出版用途。

第七章

民间历史文献数据库建设与数字人文导向

第一节　民间历史文献数据库建设的基本理念

民间历史文献数据库主要包含三类数据：一是数字化加工后产生的图像数据，二是通过人工输入或OCR文字识别技术转换图像数据生成的全文数据，三是对民间历史文献整理所生成的著录数据。对于这些数据的不同展现与利用方式体现了民间历史文献数据库建设的不同理念。

一、文献内容的全文展示

全文展示的民间历史文献数据库有全文文本、图像及图文对照三种形式。

文本全文数据库主要是通过人工或软件将民间历史文献的全文录入数据库，再进行分类标引，形成可检索的全文数据库。优势是为使用者提供了文本格式的民间历史文献全文，可以实现全文检索，能够进行文本复制、字词统计等操作，占用的存储空间较小。其不足之处是民间历史文献中的文字相当复杂，手写文字居多，繁、简、俗、异、古等文字识别难度高，错讹难免，有失原貌。

图像全文数据库通过扫描民间历史文献全文，建立图像数据库，同时著录相应的元数据，形成基于元数据的全文数据库，可以得到与原文完全一致的数字图像，但最大的缺点是只能基于元数据进行检索，无法进行全文检索与复制。

图加文全文数据库是图像处理技术与超链接技术结合建设的数据库，通过超链接将图像全文与文本全文进行对应，以达到全文检索与提供原始文献的目的，整合了两者的优势。

二、文献内容的数据标引

民间历史文献的数据库建设包括“保真”与“整理”两个方面，全文展示偏向“保真”，数据化标引则更着重“整理”。数据化是将民间历史文献中的信息进行全面分类处理，将文献内容细节化、类型化。这样分类处理的方法，可以使文献所含的信息得到充分显示和分离，也能集合并归纳某些相对分散的信息，为进一步的统计分析提供依据。

基本的数据化标引比如都柏林核心（Dublin Core），包括了事主、题名、时间、地域、文献类型等元数据项目。但类似标引深度对于民间历史文献的揭示远远不够，需要结合文献性质与研究需要进行更有针对性的数据化，如前文论述的民间历史文献元数据方案及著录规则，以及机器自动抽词标引等。对于数据库建设而言，数据化的意义在于重组文献内容，将数据库转换为若干个新的文本或数据结构，从而更加符合用户需求。

三、数字人文型研究平台

无论是全文展示还是数据化，仍然将数据库的功能定位在“检索”和“浏览”方面，是用户在预设情景下，有预期地信息获取。而为了能全面地了解并且更加深入地利用民间历史文献信息资源，有必要在有限标引的基础上，进行知识挖掘的设计，使民间历史文献数据库具有“研究支持”功能，这也是数字人文的重要理念。比如通过文本挖掘展现民间历史文献之间的关联，通过研究工具提供民间历史文献字数、字频、词频的统计资料，行文风格特点的概率统计，必要的背景知识、参考数据的汇聚，以及字典词典、历史年表、历史地图等研究工具的载入，等等。

第二节　徽州文书数据库建设现状及发展趋势

本节以民间历史文献中比较典型的徽州民间历史文献资源为对象，梳理徽州文书数据库建设现状，并以此为例总观民间历史文献数据库的发展趋势。

一、数据库建设现状

据中国知网检索出 1999 年至今徽州文书数据库建设的相关文献及网络信息，可以大致得出徽州文书数据库建设现状。

（一）实践成果

最早建成的徽州文书数据库在 1999 年由中国社会科学院历史所开发，收录其收藏的宋至民国时期 14000 余件徽州文书资料，对原件按照多种文献特征进行标识，并形成分类体系。[①] 此外，较大型的徽州文书数据库建设项目如表 7-1 所列：

① 阿风 .1998、1999 年徽学研究的最新进展［J］. 中国史研究动态，2000（07）：8—14.

表 7-1 徽州文书数据库建设情况

数据库名称	时间	单位	收录内容	类型	特征
徽州文书书目数据库①	2005	安徽大学徽学研究中心	书目 8465 篇	书目库	检索途径包括名称、时间、地址
徽州善本家谱印刷资料数据数据库②	2005—2012	法国远东学院、中国国家图书馆、安徽省图书馆、中国社会科学院徽学研究中心等部门参与	中国国家图书馆藏善本古籍中徽州家谱 243 种 286 部	图像库	数据库提供图像浏览，包括索书号、书名卷数、谱籍、纂修者、出版年、首卷卷端等检索方式
国家清史纂修工程项目：图录，清史图录（安徽）	2006 申报未开放	安徽省文物局、安徽大学	清代契约文书图片近 3000 幅	图像库	
徽州文书特色文献数据库	2007 校内使用	黄山学院	安徽省教育厅人文社科基金项目“徽州文书整理及管理软件研究”成果	图像库（估）	提供单一条件检索、复合检索与模糊检索
徽州历史文化特色数据库	建设中未开放	安徽师范大学图书馆	以馆藏的徽州档案史料为基础，如徽州地方志、家谱、账簿、文契、政令公文等。		
中国地方历史文献数据库③	2012—2015	上海交通大学出版社、图书馆、历史系合作开发	徽州文书 9000 余件	全文文本	录文、原图对照。提供类型、时间、地域、归户、文献来源等检索项，检索项之间可实现交叉、关联检索
徽州民间历史文献数据库	建设中未开放	中山大学图书馆			

除专门的徽州文书数据库外，日本京都大学法学部 2003 年建成的“中国清代民国

① 安徽大学微学研究中心．徽州文书书目数据库［DB/OL］.http://old.huixue.org/hzwsjs/hzwxjs.htm.
② 法国远东学院，中国国家图书馆等．徽州善本家谱印刷资料数据库［DB/OL］.http://mylib. nlc.cn/web/guest/huizhoushanbenjiapu.
③ 上海交通大学出版社等．中国地方历史文献数据库［DB/OL］http://dfwx.datahistory.cn/pc/.

公私文书”[①]数据库，收录康熙至民国的各类契约文书 300 余件，提供全文影像浏览，其中不乏徽州相关资源；上海图书馆 2016 年推出的“家谱知识服务平台”[②]也收录了安徽地区的家谱 3000 余种。

可见，主要的收藏机构都认识到数据库在徽州文书整理与利用中的重要作用，并做出实践成果。从建设时间上看，数据库建设通常持续多年，建设起始时间表现出两个高潮：一是集中于 2005—2007 年，另一个发生于 2012 年至今。数据库类型包括目录数据库与全文数据库，全文库中以图像数据库为主，仅“中国地方历史文献数据库”提供全文检索。从收录数据量看，最多不足万条，这与徽州文书的资源总量相去甚远，显然无法满足研究需要。从运行方式上看，开放程度普遍不高，多数仅限内部使用。

（二）研究成果

研究成果的发表也明显与数据库建设的两个高潮呼应，相关成果在时间上呈现出稍微滞后并集中的趋势。归纳起来，主要研究内容涉及数据库建设总体思路、数据库建设具体流程、徽州文书分类法、徽州文书著录规则、数据化及文本挖掘等几个部分。

从综合数据库建设实践与论文研究成果可以看出，徽州文书数据库建设大致经历了三个阶段：一是书目库阶段（约 2005 年以前），数字图书馆初露端倪，徽州文书的数字化探索起步，秉承文献整理传统，由易到难开展电子目录的编制。这一时期未见专门论述数据库建设论文，但分类法的研究是重点，并有成果《徽州文书类目》（2000 年）问世。二是特色库阶段（约 2005 年—2015 年），数字图书馆特色库建设方兴未艾，徽州文书特色库受到重视与发展，相关立项取得一定成果，特色库阶段的主要目的是解决文书资源的网络全文展示，因此资源数字化加工是主要任务。同时，元数据是特色库平台信息组织的依据，也是这一阶段徽州文书数据库建设研究的热点。三是研究平台阶段（约 2015 年至今），以“中国地方历史文献数据库”的建成为标志，徽州文书数据库建设打破特色库系统与功能设计的通用架构，逐步探索适应民间历史文献研究的专门解决方案。此时数据库建设的目标已不止于对资源的展示与获取，而是强化研究分析工具，积极探索数字人文导向的数据库结构体系。

需要注意的是，徽州文书数据库建设的三个阶段虽然时间接续，但在建设任务上

① 日本京都大学法学部．中国清代民国公私文书［DB/OL］.http：//edb.kulib.kyoto-u.ac.jp/exhibit/b65/b65cont.html.

② 上海图书馆．家谱知识服务平台［DB/OL］.http：//jp.library.sh.cn/jp/home/index.

是重叠而非替代，在数字人文理念的指引下，徽州文书书目库及特色库的建设任务被优化整合到研究平台的设计之中，建设目标更为繁重与复杂。总体说来，徽州文书数据库建设已经形成了文献整理领域与历史学领域学者合作的局面，数据库的发展也建立了传统组织方式与数字人文技术方法的对话，目标明确，前景可期。存在的主要问题是数据量严重不足，在基础性编目及数字化工作远没有完成的情况下探索研究平台建设，亟需大量人力及资金的投入。

二、数据库发展趋势

从现实发展来看，徽州文书数据库建设受到民间历史文献研究、数字图书馆技术发展及数字人文导向指引等因素的影响，未来将呈现以下几方面的趋势：

（一）满足民间历史文献学术研究需求

徽州文书数据库建设的首要目的是为了使用，也就是满足民间历史文献研究者的研究需要；而民间历史文献研究产生于20世纪的“新史学”，与传统史学相比，它拥有独具特色的方法和学问。用传统史学观念指导徽州文书数据库建设显然行不通，徽州文书特色库建设正是因为无法适应民间历史文献的研究需求，造成建设与使用中的诸多困惑，实际上建设多年也没有产生代表性成果。当然，徽州家谱是其中的特例，因为传统上将家谱作为民间历史文献来研究，做出的成果反而更容易被接受。

那么，民间历史文献特别的研究方法是什么？厦门大学民间历史文献研究中心郑振满教授认为要掌握三个要点：首先是要建立文献的系统，做出科学的分类；其次是要考察文献的源流，回到文献的历史脉络；最后是要找到文献的主人，究竟是谁创造了这些文献？谁使用了这些文献？谁收藏了这些文献？[①] 对应上述研究需求，徽州文书数据库的发展已经表现出以下几种趋势：

① 郑振满，郑莉，梁勇．新史料与新史学——郑振满教授访谈［J］．学术月刊，2012，44（04）：159.

1. 建立更为完善的文献系统

徽州文书作为一个相对独立的区域档案具有自身的知识体系，目前徽州文书知识体系的建立主要采用分类的方法，随着研究的不断深入，分类法也将日益完善，类目设置更为科学合理，更有效地串联起徽州文书的知识要点。因此，分类法的研究仍将是今后关注的焦点，但针对徽州文书数据库的分类法设计与应用不一定局限于单纯的等级层次，需要针对数据库信息组织的特点加以创新，如对于多重列类、重点类目揭示、类目参照等技术的引入，都可以显著提高徽州文书数据库的质量。同时，要注意到知识体系的构建除分类法外，还包括主题词表、本体等，目前对于其他方法的运用有所忽视。事实上主题词在文献数据库中应用非常广泛，现有的国内外重要文献数据库都包括分类标引与主题标引，这也是提高检索效率的重要手段。本体可以在语义和知识层次上描述信息，在历史数据库中也已有应用，如武汉大学建立的国共合作历史资料的本体库，将国共合作历史资料中的人物、地名和事件抽象为事件、组织角色、人物角色、资源、时间和地点 6 类对象，建成本体知识库，通过实现语义检索，从而大大提高查全率和查准率。[①]完善的徽州文书文献系统的建立将是多种方式方法的综合运用，从而成为数据库提供知识服务的基础。

2. 展现文献内容的脉络关系

徽州文书同一户文书累积可达上百份，历经几十个朝代，文书之间横向上彼此关联，纵向上连续相承，形成所谓的“历史脉络”。研究者往往需要遵循历史脉络去发现背后的逻辑关系，做出有意义的成果。徽州文书数据库建设就是设法通过归户、时间、文本等特征反映文献内容之间的历史脉络，从而起到研究工具的作用。“中国地方历史文献数据库”建库过程中提出“来源原则”，并通过多种方式实现资源体系化后的关联，包括档案号关联、中西历关联、归户关联、地域关联、人物及其角色关联，[②]都是为了最大限度地保存与揭示文献内容的脉络关系。又如台湾大学数位人文研究中心建设的“台湾历史数位图书馆”实现的上下手契关联，也是追溯契约文献的源流，从文献内容的角度展示了一种具有重要研究意义的脉络关系。庞大的徽州文书文献系统中“人、事、时、地、物”之间存着千丝万缕的关系，具有研究意义的“脉络”不胜枚举，同时，

① 陆伟忠．基于本体论的信息检索框架——“国共两党合作”历史题材本体库模型研究［D］．武汉：武汉大学硕士论文，2006：42—43.

② 张洁，李芳，汤萌．契约文书描述元数据规范设计与应用［J］．图书情报工作，2017，61（08）：110.

不同文书类型脉络关系的展示也存在差别，适应研究对象与观察角度的变化，徽州文书数据库在发展中将通过多样的检索功能与研究工具去展现文献暗含的脉络关系。

3. 结合徽州地方的历史地理

将文献带入“历史现场”，在“文献主人”的历史文化传统下解读文献，是民间历史文献研究的重要角度，与历史地理信息系统（GIS）研究方法的结合便是徽州文书数据库建设实现这一思路的方式。徽州文书数据库利用历史地理系统相关技术、平台和方法，为文书内容的组织与检索提供了一个新的地点维度，成为研究者探索地域经济发展、文化变迁规律的重要工具。民间历史文献研究与历史地理信息系统的结合渊源已久，一些民间历史文献学者本身就是历史地理方面的专家。而且，早有学者注意到，徽州文书中包含有大量的历史地理信息，为徽州古地图的绘制提供重要素材。复旦大学王振忠教授指出徽州文书中都图地名方面的资料相当不少，如抄本《歙县都图总谱》《歙县四乡地名总录》《歙县各都图字号乡村地名》等，《歙县都图总谱》首页另题“歙县都图全载并附十六乡名新丈字号”，分歙东、歙北、歙西和歙南四个部分，共记录地名 1191 处，对于县域范围内的地理概念提供了清晰的图景。[①] 我们相信，这些史料终将化为徽州文书数据库中具体的地理坐标，将研究者带入古老的徽州各地。

（二）借鉴高质量文献数据库成熟经验

徽州文书数据库虽然是个性化的研究平台，但本质上仍是文献数据库，也要遵循文献数据库的发展规律，受主流数据库特征的影响。就文献数据库而言，科技文献数据库的发展历史最长，也更为成熟，早已成为学术研究的重要工具，1982 年美国图书馆协会重印《工具书指南》（*Guide to Reference Books*，*ALA*）第 9 版的补编时，就增加了一个数据库部分，表明数据库当时已经被视为一种文献类型加以研究与利用。[②] 几十年的琢磨完善，形成了若干高质量的中外文文献数据库，不仅反映数据库建设最新的技术方法与思维方式，同时也引导使用者的检索习惯，行为偏好及审美情趣等，对徽州文书数据库建设的影响至少表现在以下几个方面：

---

① 王振忠 . 民间文献与历史地理研究［J］. 江汉论坛，2005（01）：98.

② 范铮 .《工具书指南》中的科技数据库［J］. 图书情报工作，1984（05）：41—44.

1. 检索结果的分析统计

复杂的检索结果后处理已经成为高质量文献数据库的重要标志，具体包括“利用排序的方法从多角度对检索结果进行数据挖掘和全景分析，帮助分析某研究领域的发展趋势，发现科学技术热点，揭示论文间的潜在联系，并可提供相应的引文报告”[①]等。而且越是专业的数据库平台，其检索结果的分析统计功能越强，《化学文摘》数据库即为典型代表。无论是光盘版、客户端还是网络版，检索结果的处理都是《化学文摘》数据库的特色，无法被各类统一检索平台所整合，其网络版 SciFinder Web 具有 Analyze、Refine 和 Categorize 三大类文献后处理功能，可对文献结果进行精炼以提高检索结果的准确性。另一重要数据库 Web of Science™ 核心合集的分析检索结果（Analyze Results）功能宣称可以发现课题发展趋势，洞悉新的研究领域，确定高产出研究人员、研究机构，发现相关的学术期刊；还可以利用引文报告（Citation Report）追踪引文活动，创建格式化报告以查看有关个人或机构的重要引文信息等。万方数据知识服务平台的“知识脉络分析”功能以主题词为核心，可以统计分析检索结果的知识点和知识点的共现关系，提供多个知识点的对比分析，体现知识点演变及趋势，发现知识点之间交叉、融合的演变关系及新的研究方向、趋势和热点。徽州文书数据库作为一个专门的研究平台、研究者的科研环境，强大的检索结果后处理功能必将是日后完善的重要方向。

2. 构建文献的知识网络

通过各种途径揭示文献之间的联系，构建知识网络是网络数据库相对于纸本文献的特点与优势。一直以来，文献数据库就通过主题、分类、作者、引用等方式展现文献之间的相关关系，以启发科研思维。如中国知网检索系统的知识元链接与引文链接将知识信息从内容上关联起来，编织起一个巨大的、具有可扩展性的“知识网络”，具体关联方式包括引文网络、关联作者（本文引用了谁的文献？谁引用了本文？）、相似文献、读者推荐、相关基金文献等。万方数据知识服务平台的知识网络包括相关主题、相关机构、相关学者、引文网络（参考文献、引证文献）、相关文献（相关论文、同项目论文、相关图书），媒体资源（相关博文、相关视频）。基于这样的“知识网络”，文献数据库不单纯追求查全率与查准率，更重视提高数据库的参考价值与研究帮助。徽州文书数据库建设中也可以参考科技文献数据库的做法，充分利用文献内部与外部

① 华薇娜，岳泉，施云，谭乡军．国外文献数据库最新发展现状述要［J］．图书情报研究，2017，10（01）：27.

特征的各种相关点构建文献知识网络，这与反映“历史脉络”的关联方式相互交织，共同形成研究过程中的重要参考与实用工具。

3. 信息可视化呈现方式

国内早在2004年就有文献论述信息呈现的可视化问题，国外的研究历史则更早。信息可视化技术的目的是“给信息以形象”，通过对提供信息的内容作深入分析，对原始文献或者检索结果作可视化处理，刺激用户的感知功能，从而提高认知水平。① 信息可视化在文献数据库建设中已经得到广泛应用，比如将检索结果用图形、图像、动画等可视化方式呈现；用可视化方式表达检索内容及其相互关系，揭示检索内容的深层含义；用颜色、位置等可视化特征帮助检索者快速识别感兴趣的区域等。中国知网检索平台的检索结果页面中，文献类型、资源类型，文献来源、主题分布等几乎所有分面功能都提供可视化展示选项，参考引证图谱也是典型可视化应用。万方知识服务平台新界面的智能扩展、相关热词更是提供了绚丽的可视化界面。而且，还开发了专门可视化检索工具，作为检索辅助功能，如中国知网的“学术趋势搜索”，万方数据的“知识脉络分析”，都以其强大的多维度可视化揭示功能帮助研究者把握检索主题的研究生命周期及其发展前途。可视化信息呈现方式省时易懂，简洁高效，未来的徽州文书数据库建设可以从检索内容、检索过程、检索结果以及结果之间关系等多个角度，用可视化的方式帮助研究者快速直观地获取信息。

（三）引领与跟随数字人文研究的脉动

数字人文（Digital Humanities），又称人文计算 (Humanities Computing 或 Computing in the Humanities)，是在计算机技术、网络技术、多媒体技术等新兴技术支撑下开展人文研究而形成的新型跨学科研究领域。② 因为计算机技术复杂多样，人文学科范围广泛，二者融合的数字人文研究自然表现出极强的包容性。当数字人文作为一个学科领域发展时，首先实现了知识整合，将原本分散于多个领域的技术与方法合而为一，有助于相关知识的传播与应用。其次促进学科融合，有利于文学、历史、哲学等人文学科的融合，正是因为有了数字人文研究，不同学科的学者可以坐在一起，互通研究方法，

① 周宁，刘玮，赵丹．信息提供的可视化研究［J］．情报科学，2004，22（03）：257.

② 刘炜，叶鹰．数字人文的技术体系与理论结构探讨［J］．中国图书馆学报，2017，43（231）：33.

启发研究思路。

徽州文书数据库建设是计算机技术与人文学科交叉发展的典型案例，是数字人文领域的代表性成果，其未来的发展必然被置于数字人文学科领域的视野下去考量。首先，徽州文书数据库建设将引领数字人文，更具体说是数字史学的发展，这是由徽州文书的特点及民间历史文献的独特研究方法所决定的，徽州文书比传统史籍更合适或者更需要采用数字人文领域所整合的系列技术与理念开展研究，因此必然走在发展的前列。其次，徽州文书数据库建设不仅属于史学领域，同时也是数字人文学术共同体的组成部分，自然会受到其他文学、语言学、哲学等同类数字化研究方法的影响，从而吸收、借鉴那些典型的技术与理念。比如文本挖掘、情感分析、语料库等技术与理念之所以能快速走进徽州文书数据库的设计规划，很大程度是受到语言学数字化研究现实的推动。可以预见，徽州文书数据库建设在为数字人文发展添砖加瓦的同时，也将在数字人文学术共同体当中兼收并蓄，融会贯通。

第三节　数字人文导向的民间历史文献数据库建设

数字人文是借助数字科技进行人文研究和教学的新型跨学科研究领域，力图寻找在“前数字时代”难以观察的现象、无法想象的议题，开拓此前无法进行的研究。数字人文已涵盖文学、戏剧、历史等人文研究不同分支，正在深刻地改变着人文学科研究环境，是目前及未来国际人文科学发展的重要领域。在数字人文思想与技术环境下，数字技术应用于人文学科文献资源的整理随处可见，比如，地理信息系统（GIS）对历史地理的可视化开发，文本挖掘技术对文学、历史类文献的深度整体分析和检索，文本可视化与模式化、语料库技术、词频分析技术等的充分利用。它们深刻地改变着原有文献数字化系统与技术的发展方向，以及在学术研究中的呈现和利用方法。

民间历史文献是数字人文研究很好的观察和实验样本，原因在于它们的种类多样、数量丰富。以徽州文书为例，目前已发现和收藏的徽州文书量近 100 万件，在类型上涵盖契约、合同、账簿、家谱、宗教文献、日记、信件、日用类书等丰富的类型，它所承载的信息涵盖数百年社会普通民众的社会生产、生活和社会关系，涉及经济、社会、文化、宗教、宗族、政治制度、土地、赋役等多个方面。因此，如何在数字人文技术发展趋势下，探索民间历史文献的整理、开发和利用，是当前民间历史文献收藏机构、人文社会科学界所应普遍关注的重要问题。

一、数字人文数据库的实践思路

（一）研发步骤

数字人文的实践，应当结合所在机构已有的优势领域，对于学术性图书馆中相关团队与图书馆而言，更应当与馆内的已有强势资源基础和特色研究传统密切结合。这里仍以徽州文书为数字人文实践对象，总体研发步骤为：（1）以徽州文书为基础，制定民间历史文献的元数据标准，进行资源数字化并实现数字资源的管理，其目标是形成“传统特色资源库”。（2）与学者的研究诉求结合，提供分面分析和其他深入的检索功能，设计可视化展示界面。（3）提供分析徽州文书的独有工具与可视化界面，开放数据接口，并主动与外部的相关系统寻求对接，进入到数字人文数据库的层次。

（二）揭示文献关联

以徽州文书为代表的民间历史文书之间可能存在关联，如两件文书是关于同一块土地的，若干件文书是关于同一个家庭的，若干件内容相似的文书原本为同一文书。这些彼此相关的文书或者早在流传过程中便已分散，或者实物原本在一起但在经过整理、数字化之后，其关联性就不复存在了。但在如此巨大的文书集合中要找到几件相关文件，实非人力所能企及。希望能够借助文本挖掘技术，重新构建文书之间的关联性，其实现思路主要包括三个方面：

1. 关联内容相近的文书。在实现全文检索的基础上，通过文本挖掘便可以对文书内容进行比对，若相同语句高达 90% 以上，可称为内容相似文书。当研究者检索到某条记录时，可设计“其他相似文件”的按钮或链接，点开此链接则可浏览其他在内容上跟该条记录相似的文书。例如，分家书往往是一式几份，内容相似。如果在流传、整理、数字化的过程中分散，通过该功能，检索其中一份时，则其他几份也能在“其他相似文书”中出现，恢复它们之间的关联性，研究者就能比较完整全面地了解此次分家的详情。

2. 关联同一土地的文书。土地文书之间可能存在土地的转移、买卖、阄分等关系，这些是研究土地流转的重要依据。然而，有关同一块土地的相关文书也有可能在流传、整理和数字化的过程中分散，利用文本挖掘技术，对文书中的地点、时间、人物等关键信息进行提取和分析，能够恢复它们之间的关系。关于同一土地的相关文书之间的关系，大概有上下手契、原契与契尾和同一块土地的所有税票等。研究者可以点击“相关文书”，则可分别浏览具有这几种关联性的文书。比如，检索到一件土地卖契，通过“相关文书”功能，可以获得这块土地上一次或下一次买卖的文书，可能获得这张卖契的契尾，也可能获得关于这块土地的纳税信息等。这一关联关系是实现与 GIS 系统对接的基础。

3. 关联同一户的文书。关联关于同一户家庭的相关文书的工作，称之为“归户”。所谓“归户”，就是将分散的、零碎的文书，经过考证复归到原来所属的同一户或同一族。徽州文书原本大多具有归户性，即一户或者一族的文书无论种类如何、数量多少，皆整体保存流传。海量分散的徽州文书中很可能包含了原属同一户后来分散了的文书。利用文本挖掘技术，对文书的立契人、关联人物与团体、著者等人物信息进行提取和比对分析，结合相应的家谱信息，便有望重新构建文书的归属图。

二、数字人文数据库建设应注意的问题

（一）深入理解资源内容

建设具有数字人文理念的特色资源库，需对资源内容有深入理解。首先，在资源整理方面需了解资源内容形成的社会背景及流传脉络，确保资源固有的系统性、完整性不被破坏。比如，徽州文书大都为明、清、民国时期的徽州地区所留存，而当时的徽州为典型的宗族社会，且当地人“好讼”、契约意识强，日常生活如田地买卖、分家析产等行为都需立契且保存于家中或宗族祠堂中。因此，徽州文书常以一家一户或

宗族为单位保存，即具有“归户性”。在整理、数字化及提供利用过程中尽可能地确保徽州文书的这种“归户性”。其次，元数据是建设数字人文数据库的基础，而制定适用于特色资源的元数据标准，也需了解资源产生的社会、文化、政治、经济背景，对文本进行深入分析。

（二）跨学科研究与合作

数字人文是跨学科领域，数字人文数据库建设离不开跨学科合作。一方面，图书馆、专业技术团队及人文社会学科研究者都各有其优势，使合作成为必要。图书馆拥有资源优势，在资源整理、元数据标准制定等方面积累了一定经验；专业技术团队长期致力于数字资源建立、研究系统开发、分析工具研发等工作，在数字人文理论与技术，以及各类型文献资源数据库开发方面，拥有技术优势；而人文社会学科研究者作为数据库的使用者，在数据库的需求分析、资源内容的背景分析、概念界定、元数据制定及信息提取等方面都有其专业优势。另一方面，三方均对数字人文领域有长期关注与实践，能够建立有效沟通，为合作建设数字人文图书馆提供了可能。复旦大学历史地理研究所与北京大学历史系、哈佛大学东亚系等合作开发的中国历代人物传记资料库，台湾大学数位人文中心与台湾大学历史系合作的台湾古契约文书全文资料库，等等，无疑在跨学科合作建设数字人文数据方面给我们提供了成功的范例。

建设徽州文书数据库的目的是要打造一个研究徽州地区社会、经济、文化、历史等的数字环境，而对于一个好的环境而言，内容固然重要，但同样重要的是为使用者提供有用而且好用的研究工具，以便能在大量资料中发现研究议题并能深入研究。将这一理念推及民间历史文献的相关工作，可以想见，数字人文的构建思路将赋予研究者更为多元的观察视角，这些研究视角必然是由一些基础性的功能和工具来支持的，这两者也是这一课题后续发展的基本立足点。

附录

附录一：民间历史文献出入库登记表

中山大学图书馆民间历史文献出入库登记表

财产登记号	数量	出库原因	出库人	出库时间	入库人	入库时间	备注

附录二：民间历史文献逐包登记表

中山大学图书馆特藏部徽州文书逐包登记表

批次号		箱号			包号	
包装形式				尺寸（长宽高）cm		
（包信息）附注						
包内文献	件号	材质	载体形式	页数 / 数量	破损状况	备注

附录三：族谱（契约、文书）信息田野登记表

中山大学历史地理研究中心 族谱（契约、文书）信息田野登记表		
调查时间		
	原始信息	校对栏
编号		
所在地点		
族谱 / 契约名称		
编修时间		
全谱（文书）册数		
是否完整		
是否棉纸、线装		
存放包装形式		
拍照人签名		
照片整理人签名		
保存人姓名、电话		

附录四：民间历史文献著录表

民间历史文献著录表

<table>
<tr><td colspan="6">录入人：
录入时间：</td><td colspan="4">审核人：
审核时间：</td></tr>
<tr><td>标识符</td><td colspan="9"></td></tr>
<tr><td>题名</td><td>（正题名）</td><td colspan="8"></td></tr>
<tr><td></td><td>（客观题名）</td><td colspan="8"></td></tr>
<tr><td rowspan="4">人物与机关团体</td><td>（名称）</td><td colspan="3">（身份角色）</td><td colspan="2">（户籍 / 所在地）</td><td colspan="3">（人物其他说明）</td></tr>
<tr><td></td><td colspan="3"></td><td colspan="2"></td><td colspan="3"></td></tr>
<tr><td></td><td colspan="3"></td><td colspan="2"></td><td colspan="3"></td></tr>
<tr><td></td><td colspan="3"></td><td colspan="2"></td><td colspan="3"></td></tr>
<tr><td rowspan="3">谱系</td><td colspan="5">（姓名）</td><td colspan="2">（亲属关系）</td><td colspan="2">（所属支系）</td></tr>
<tr><td colspan="5"></td><td colspan="2"></td><td colspan="2"></td></tr>
<tr><td colspan="5"></td><td colspan="2"></td><td colspan="2"></td></tr>
<tr><td rowspan="3">时间</td><td>文献产生时间</td><td colspan="8"></td></tr>
<tr><td rowspan="2">其他涉及时间</td><td colspan="3">（时间）</td><td colspan="5">（时间说明）</td></tr>
<tr><td colspan="3"></td><td colspan="5"></td></tr>
<tr><td rowspan="3">涉事地点</td><td rowspan="2">涉事地名</td><td>（类属）</td><td>（字号）</td><td>（土名）</td><td>（四至 / 面积）</td><td>（其他）</td><td rowspan="3">赋役</td><td>（税种）</td><td>（税额）</td></tr>
<tr><td></td><td></td><td></td><td></td><td></td><td></td><td></td></tr>
<tr><td>地点说明</td><td colspan="5"></td><td></td><td></td></tr>
<tr><td>归户</td><td colspan="9"></td></tr>
<tr><td rowspan="2">金额</td><td>（金额数量）</td><td colspan="8">（金额说明）</td></tr>
<tr><td></td><td colspan="8"></td></tr>
<tr><td>赋役</td><td>（徭役）</td><td colspan="8"></td></tr>
</table>

续表

内容提要				
附注				
录文				
主题 / 关键词				
相关资源	相关文献资源			
	相关研究资源			
资源类型				
语种				
权限				
载体形态信息	材质		页数 / 数量	
	载体形式		附件	
	尺寸		其他	
保存状况信息	破损描述			
	破损定级			
馆藏信息	分类号			
	馆藏地点			
	电子图像编号			
收藏信息	原始保存地			
	征集地点			
	征集时间			
	征集方式			
	价格			
（可扩展）				

说明：实际编目著录使用民间历史文献数据库的著录后台系统操作，部分项目或栏目呈现方式可自动生成。

附录五：民间历史文献晾晒通风工作记录表

民间历史文献晾晒通风工作记录表

箱内情况登记			出库确认	晾晒情况登记			入库确认
箱号	包数	特殊情况	责任人 / 日期	晾晒操作处理记录	看管责任人 / 日期	重新封装编号	责任人 / 日期

附录六：民间历史文献修复工作交接单

民间历史文献修复工作交接单

流水号：

本表格一式三份，分别由文献管藏机构、修复机构、修复师个人留存

<table>
<tr><td rowspan="6">文献收藏管理机构填写</td><td>财产登记号</td><td></td><td>材质 / 形式</td><td></td></tr>
<tr><td>题名 / 文书内容</td><td></td><td>破损现状</td><td></td></tr>
<tr><td>页数 / 数量</td><td></td><td>尺寸（cm）</td><td></td></tr>
<tr><td>修复要求</td><td></td><td></td><td></td></tr>
<tr><td>修复级别</td><td colspan="3">□ 加急 □ 紧急 □ 一般其他（请注明）________
预期收回时间：________
经手人签名：________</td></tr>
<tr><td>加急详情
（加急原因、希望完成的时间）</td><td colspan="3"></td></tr>
<tr><td rowspan="3">经办人</td><td>出库人签名
（特藏 2 人）</td><td></td><td>入库人签名
（特藏 2 人）</td><td></td></tr>
<tr><td>领取人签名
（修复 2 人）</td><td></td><td>归还人签名
（修复 2 人）</td><td></td></tr>
<tr><td>出库时间</td><td></td><td>入库时间</td><td></td></tr>
<tr><td rowspan="4">修复机构填写</td><td>修复细节</td><td colspan="3">函套：□ 六合套 □ 四合套
书页：□ 去霉 □ 去酸 □ 衬 □ 托
其他：</td></tr>
<tr><td>备注
影响修复时间的情况、增修书页数量等</td><td colspan="3"></td></tr>
<tr><td>修复用时
（工作日）</td><td></td><td>修复师签名</td><td></td></tr>
<tr><td>开始修复日期</td><td></td><td>修复验收人签名</td><td></td></tr>
</table>

附录七：民间历史文献数字化工作交接单

民间历史文献数字化工作交接单

年　月　日一年　月　日						
文献委托单位填写	交送时间	月　日	月　日	月　日	月　日	月　日
	文献起止编号					
	文献总量（件）					
	备注					
	交送人					
	签收人					
	签收情况					
文献扫描机构填写	扫描文献编号					
	创建图像数量（页）					
	压平文献编号					
	备注					
	接收人					
	扫描人					
	归还时间					

附录八：民间历史文献图像资源内容标识与整理清单

民间历史文献图像资源内容标识与整理清单

来源					扫描情况			尺寸									
序号	箱包	财产登记号	图像标识符	事件类型	是否扫描	未扫描原因	扫描数	尺寸	幅面大小	创建时间	操作	操作时间	分辨率	色彩	生成缩略图	保存级别

附录九：民间历史文献出版成果目录①

一、契约等民间文书

（一）安徽地区

[1] 傅衣凌. 明代徽州庄仆文约辑存——明代徽州庄仆制度之侧面的研究 [J]. 文物，1960（2）.

[2] 张海鹏，王廷元，等. 明清徽商资料选编 [M]. 合肥：黄山书社，1985.

[3] 安徽省博物馆. 明清徽州社会经济资料丛编（第一集）[M]. 北京：中国社会科学出版社，1988.

[4] 中国社会科学院历史研究所徽州文契整理组. 明清徽州社会经济资料丛编（第二辑）[M]. 北京：中国社会科学出版社，1990.

[5] 中国社会科学院历史研究所. 徽州千年契约文书（宋·元·明编）[M]. 石家庄：花山文艺出版社，1993.

[6] 中国社会科学院历史研究所. 徽州千年契约文书：清·民国编 [M]. 石家庄：花山文艺出版社，1994.

[7] 张传玺. 中国历代契约会编考释 [M]. 北京：北京大学出版社，1995.

[8] 严桂夫. 徽州历史档案总目提要 [M]. 合肥：黄山书社，1996.

[9] 章有义. 明清及近代农业史论集 [M]. 北京：中国农业出版社，1997.

[10] 卞利. 新发现的徽州契约文书初探 [J]. 中国农史，2000（3）.

[11] 王钰欣等. 徽州文书类目 [M]. 合肥：黄山书社，2000.

[12] 田涛，[美] 宋格文，郑秦. 田藏契约文书粹编 [M]. 北京：中华书局，2001.

[13] 陈智超. 美国哈佛大学哈佛燕京图书馆藏明代徽州方氏亲友手札七百通考释 [M]. 合肥：安徽大学出版社，2001.

[14] 陈学文. 明清徽州土地契约文书选辑及考释 [J]. 中国农史，2002（3）.

[15] 王振忠. 徽州社会文化史探微：新发现的16–20世纪民间档案文书研究 [M].

① 收录规则：目前仅挑选影印出版成果较为丰富的民间文书、碑刻铭文、族谱、戏曲文献、宗教文献等五类与民间历史文献较为相关的文献类型，每一类下按出版时间排序，契约等民间文书又按地区进行了归纳整理。其中民间文书、碑刻铭文是民间历史文献最主要的类型，因而收录成果较多。但本目录尚难求齐备，在文献类型、具体成果的全面性上仍待补充完善。

上海：上海社会科学院出版社，2002.

［16］刘伯山．徽州文书（1—6 辑）［M］．桂林：广西师范大学出版社，2005—2017.

［17］严桂夫，王国键．徽州文书档案［M］．合肥：安徽人民出版社，2005.

［18］［日］臼井佐知子．徽州歙县程氏文书・解说［M］ 东京：东京外国语大学大学院地域文化研究科，2006.

［19］周向华．安徽师范大学馆藏徽州文书［M］．合肥：安徽人民出版社，2009.

［20］黄山学院．中国徽州文书·民国编［M］．北京：清华大学出版社，2010.

［21］陈琪．中国徽州文化博物馆馆藏文物集［M］．杭州：西泠印社出版社，2013.

［22］张传玺．中国历代契约粹编［M］．北京：北京大学出版社，2014.

［23］李琳琦．安徽师范大学馆藏千年徽州契约文书集萃［M］．芜湖：安徽师范大学出版社，2014.

［24］黄志繁，邵鸿，彭志军．清至民国婺源县村落契约文书辑录［M］．北京：商务印书馆，2014.

［25］田涛．徽州民间私约研究及徽州民间习惯调查［M］．北京：法律出版社，2014.

［26］吴秉坤．清至民国徽州民间借贷利率资料汇编及研究［M］．上海：上海交通大学出版社，2015.

［27］俞江．徽州合同文书汇编［M］．桂林：广西师范大学出版社，2017.

［28］封越健．中国社会科学院经济研究所藏徽州文书类编・散件文书［M］．北京：社会科学文献出版社，2017.

［29］封越健．中国社会科学院经济研究所藏徽州文书类编・置产簿［M］．北京：社会科学文献出版社，2018.

［30］王振忠．徽州民间珍稀文献集成［M］．上海：复旦大学出版社，2018.

（二）山西地区

［1］［民国］山西省文献委员会．山右丛书初编［M］．太原：山西人民出版社，1986.

［2］张正明，陶富海．清代丁村土地文书选编［J］．中国社会经济史研究，1989（4）.

［3］张正明，薛慧林．明清晋商资料选编［M］．太原：山西人民出版社，1989.

［4］［清］李燧，［清］李宏龄．晋游日记；同舟忠告；山西票商成败记［M］．太原：山西人民出版社，1989.

［5］穆雯瑛．晋商史料研究［M］．太原：山西人民出版社，2001.

[6] 史若民，牛白琳 . 平、祁、太经济社会史料与研究 [M]. 太原：山西古籍出版社，2002.

[7] 黄鉴晖 . 山西票号史料 [M]. 太原：山西经济出版社，2002.

[8] 阎爱英 . 晋商史料全览 [M]. 太原：山西人民出版社，2006—2007.

[9] 李锦彰 . 晋商老账 [M]. 北京：中华书局，2012.

[10] 山西省晋商文化基金会 . 交易须知 [M]. 北京：中华书局；太原：三晋出版社，2013.

[11] 张亚兰 . 晋商《贸易须知》（炳记）图释 [M]. 太原：山西经济出版社，2013.

[12] 山西省晋商文化基金会 . 商人要录　贸易须知 [M]. 北京：中华书局；太原：三晋出版社，2014.

[13] 山西省晋商文化基金会 . 合盛元信稿（国内）[M]. 北京：中华书局；太原：三晋出版社，2014.

[14] 刘建民 . 晋商史料集成 [M]. 北京：商务印书馆，2016.

[15] 郝平 . 清代山西民间契约文书选编 [M]. 北京：商务印书馆，2017.

（三）贵州地区

[1] 贵州省编辑组 . 侗族社会历史调查 [M]. 贵阳：贵州民族出版社，1988.

[2] 唐立，杨有赓，[日] 武内房司 . 贵州苗族林业契约文书汇编（1736—1950）（1—3 卷）[M]. 东京：东京外国语大学，2001—2003.

[3] 张应强，王宗勋 . 清水江文书（1—3 辑）[M]. 桂林：广西师范大学出版社 [M]. 2007—2011.

[4] 陈金全，杜万华 . 贵州文斗寨苗族契约法律文书汇编——姜元泽家藏契约文书 [M]. 北京：人民出版社，2008.

[5] 贵州省档案馆 . 贵州省档案馆馆藏珍品集粹 [M]. 贵阳：贵州人民出版社，2010.

[6] 孙兆霞，等 . 吉昌契约文书汇编 [M]. 北京：社会科学文献出版社，2010.

[7] 潘志成，吴大华 . 土地关系及其他事务文书 [M]. 贵阳：贵州民族出版社，2011.

[8] 高聪，谭洪沛 . 贵州清水江流域明清土司契约文书・九南篇 [M]. 北京：民族出版社，2013.

[9] 高聪，谭洪沛 . 贵州清水江流域明清土司契约文书・亮寨篇 [M]. 北京：民族

出版社，2014.

［10］张新民.天柱文书（第一辑）［M］.南京：江苏人民出版社，2014.

［11］王宗勋.加池四合院契约文书考释（1—2卷）［M］.贵阳：贵州民族出版社，2015.

［12］陈金全，梁聪.贵州文斗寨苗族契约法律文书汇编——姜启贵等家藏契约文书［M］.北京：人民出版社，2015.

［13］汪文学.道真契约文书汇编［M］.北京：中央编译出版社，2015.

［14］龙泽江，傅安辉，陈洪波.九寨侗族保甲团练档案［M］.贵阳：贵州大学出版社，2016.

［15］安尊华，潘志成.土地契约文书校释［M］.贵阳：贵州民族出版社，2016.

［16］凯里学院，黎平县档案馆，李斌.贵州清水江文书·黎平文书［M］.贵阳：贵州民族出版社，2017.

［17］龙泽江，陈洪波.小江文书［M］.贵阳：贵州大学出版社，2017.

［18］姜明.贵州岑巩契约文书研究［M］.贵阳：贵州人民出版社，2018.

（四）浙江地区

［1］杨国桢.清代浙江田契佃约一瞥［J］.中国社会经济史研究，1983（3）.

［2］绍兴县档案局.绍兴县馆藏契约档案选集［M］.北京：中华书局，2007.

［3］王万盈.清代宁波契约文书辑校［M］.天津：天津古籍出版社，2008.

［4］长兴县档案馆.长兴契约图鉴·清代民国［M］.北京：中国档案出版社，2008.

［5］张介人.清代浙东契约文书辑选［M］.杭州：浙江大学出版社，2011.

［6］曹树基.石仓契约（1—5辑）［M］.杭州：浙江大学出版社，2011—2018.

［7］吕立汉.浙江畲族民间文献资料总目提要［M］.北京：民族出版社，2012.

［8］张介人，朱军.清代浙东钱业史料整理和研究［M］.杭州：浙江大学出版社，2014.

［9］浙江大学地方历史文书编纂与研究中心，浙江省龙泉市档案局.龙泉司法档案选编［M］.北京：中华书局，2014.

［10］温州市图书馆《温州历史文献集刊》编辑部.温州历史文献集刊（第四辑）：清代民国温州地区契约文书辑选［M］.南京：南京大学出版社，2015.

［11］王德轩.绍兴契约图鉴［M］.杭州：浙江古籍出版社，2017.

［12］章均立.慈溪契约文书［M］.宁波：宁波出版社，2018.

（五）福建地区

［1］杨国桢．清代闽北土地文书选编［J］．中国社会经济史研究，1982（1—3）．

［2］陈盛明．晚清泉州“观口黄”置业契约选［J］．中国社会经济史研究，1985（3）．

［3］傅衣凌，陈支平．明清福建社会经济史料杂抄［J］．中国社会经济史研究，1986（1）—1988（3）．

［4］杨国桢．闽南契约文书综录［J］．中国社会经济史研究，1990（增刊）．

［5］唐文基．福建史论探——纪念朱维幹教授论文集［M］．福州：福建人民出版社，1992.

［6］福建师范大学历史系．明清福建经济契约文书选辑［M］．北京：人民出版社，1997.

［7］王连茂，叶恩典．泉州·台湾张士箱家族文件汇编［M］．福州：福建人民出版社，1999.

［8］陈娟英，张仲淳．厦门典藏契约文书［M］．福州：福建美术出版社，2006.

［9］陈支平．福建民间文书［M］．桂林：广西师范大学出版社，2007.

［10］《厦门房地产契约契证》编委会．厦门房地产契约契证（1616—2008）［M］．厦门：厦门国土资源与房产管理局，2008.

［11］厦门大学民间历史文献研究中心．鼓浪屿文献资料目录汇编［M］．厦门：厦门大学民间历史文献研究中心，2011.

［12］张忠发，福建省少数民族古籍丛书编委会．福建省少数民族古籍丛书·畲族卷——文书契约［M］．福州：海风出版社，2012.

［13］福建省文化厅．福建历代乡规民约［M］．福州：海峡书局，2014.

［14］厦门大学民间历史文献研究中心．田野学步——厦门大学历史系本科田野调查报告集（2004—2010）［M］．厦门：厦门大学出版社，2017.

［15］周正庆，郑勇．闽东家族文书（周宁卷、柘荣卷、屏南卷、寿宁卷、古田卷）［M］．桂林：广西师范大学出版社，2018.

（六）广东地区

［1］张雪慧．清代海南黎族的土地典卖契刻［J］．中国社会经济史研究，1985（4）．

［2］黄永豪．许舒博士所辑广东宗族契据汇录［Z］．东京：东京大学东洋文化研究所附属东洋学文献中心，1987—1988.

［3］刘志伟．许舒博士所藏土地及商业文书（一）：张声和家族文书［M］．香港：

华南研究出版社，1994.

［4］蔡志祥．许舒博士所藏商业及土地契约文书·乾泰隆文书（一）：潮汕地区土地契约文书［M］．东京：东京大学东洋文化研究所附属东洋学文献中心，1995.

［5］谭棣华，冼剑民．广东土地契约文书（含海南）［M］．广州：暨南大学出版社，2000.

［6］舒国雄．明清两朝深圳档案文献演绎［M］．广州：花城出版社，2000.

［7］蔡志祥．乾泰隆商业文书［M］．香港：华南研究出版社，2003.

［8］马木池：许舒博士所藏土地及商业文书：北海贞泰号商业往来文书［M］．香港：华南研究出版社，2003.

［9］马木池．许舒博士所藏土地及商业文书．北海贞泰号：1893—1935年结簿［M］．香港：华南研究出版社，2003.

［10］潮汕历史文化研究中心．潮汕侨批集成（1—3辑）［M］．桂林：广西师范大学出版社，2007—2015.

［11］邓锐．梅州侨批［M］．北京：中国华侨出版社，2013.

［12］罗志欢，李龙潜．清代广东土地契约文书汇编［M］．济南：齐鲁书社，2014.

［13］徐云．见证侨史：华侨华人民间文献图文集［M］．广州：暨南大学出版社，2018.

（七）四川地区

［1］自贡市档案馆，北京经济学院，四川大学．自贡盐业契约档案选辑（1732—1949）［M］．北京：中国社会科学出版社，1985.

［2］熊敬笃．清代地契档案史料（嘉庆至宣统）［M］．成都：四川省新都县档案馆，1985.

［3］熊敬笃．民国地契史料（民国元年至民国二十七年）［M］．成都：四川省新都县档案馆，1985.

［4］四川省档案馆．清代巴县档案汇编（乾隆卷）［M］．北京：档案出版社，1991.

［5］胡开全．成都龙泉驿百年契约文书（1754—1949）［M］．成都：巴蜀书社，2012.

［6］王田，杨正文．岷江上游半坡寨文书汇编［M］．北京：民族出版社，2015.

（八）新疆地区

［1］［日］山田信夫，［日］森安孝夫等．回鹘文契约文书集成［M］．大阪：大阪大学出版会，1993.

［2］新疆社会科学院宗教研究所．新疆维吾尔族契约文书资料选编［M］．乌鲁木齐：新疆社会科学院宗教研究所，1994.

［3］李经纬．吐鲁番回鹘文社会经济文书研究［M］．乌鲁木齐：新疆人民出版社，1996.

［4］买提热伊木．沙依提，依斯拉菲尔．玉素甫．回骨文契约文书：维吾尔文［M］．乌鲁木齐：新疆人民出版社，2000.

［5］刘戈．回鹘文买卖契约译注［M］．北京：中华书局，2006.

［6］杨铭，贡保扎西，索南才让．英国收藏新疆出土古藏文文书选译［M］．乌鲁木齐：新疆人民出版社，2014.

［7］王兴伊，段逸山．新疆出土涉医文书辑校［M］．上海：上海科学技术出版社，2016.

［8］［日］武内绍人．敦煌西域出土的古藏文契约文书［M］．乌鲁木齐：新疆人民出版社，2016.

（九）河北地区

［1］朱文通．沧州土地文书辑存［J］．中国社会经济史研究，1987（4）—1988（4）.

［2］保定市新市区国土资源局．保定古今土地契证［M］．保定：保定市北方胶印有限公司，2004.

［3］张玉．束鹿县张氏家族契约文书述略［J］．文物春秋，2005（1）.

［4］刘秋根，张冰水．保定房契档案汇编（清代民国编）［M］．石家庄：河北人民出版社，2012.

［5］康香阁．太行山文书精萃［M］．北京：文物出版社，2017.

［6］衣抚生，米龙，古建芹．河北经贸大学藏同记商场文书整理与研究［M］．北京：中国旅游出版社，2019.

［7］鲁书月，顾海燕．学术名村“十里店”文书——王氏家族文书［M］．桂林：广西师范大学出版社，2018.

（十）内蒙古地区

［1］李逸友．黑城出土文书（汉文文书卷）［M］．北京：科学出版社，1991.

［2］杨海英，云广．内蒙古自治区呼和浩特市雪佛寺古文书［M］．东京：风响社，2007.

［3］塔拉，杜建录，高国祥．中国藏黑水城汉文文献［M］．北京：国家图书馆出版社，2008.

［4］内蒙古考古研究所，宁夏大学西夏学研究中心，甘肃省古籍文献整理编译中心．黑水城出土汉文文献［M］．北京：北京图书馆出版社，2008

［5］晓克，元广，杜国忠．清代至民国时期归化城土默特土地契约［M］．呼和浩特：内蒙古大学出版社，2011—2012.

［6］铁木尔．内蒙古土默特金氏蒙古家族契约文书汇集［M］．北京：中央民族大学出版社，2011.

［7］李俊义．清代至民国时期赤峰契约文书汇辑［M］．呼和浩特：内蒙古人民出版社，2014.

［8］张重艳，杨淑红．中国藏黑水城所出元代律令与词讼文书整理与研究［M］．北京：知识产权出版社，2015.

［9］李艳玲，青格力．土默特蒙古金氏家族契约文书整理新编［M］．北京：中国社会科学出版社，2017.

［10］许生根．英藏黑水城出土社会文书研究：中古时期西北边疆的历史侧影［M］．北京：新华出版社，2018.

［11］储建中，储昱．土默特文书［M］．桂林：广西师范大学出版社，2019.

（十一）上海地区

［1］上海市档案馆．清代上海房地契档案汇编［M］．上海：上海古籍出版社，1999.

［2］蔡育天．上海道契［M］．上海：上海古籍出版社，2005.

［3］傅为群．老上海的当铺与当票［M］．上海：上海古籍出版社，2006.

（十二）甘肃地区

［1］王尧，陈践．敦煌吐蕃文献选［M］．成都：四川民族出版社，1983.

［2］马忠明．宁定契约辑（1844—1944）（内部流通）［M］．临夏：临夏回族自治州档案馆，1990.

［3］甘肃省临夏回族自治州档案馆．清河州契文汇编［M］．兰州：甘肃人民出版社，1993.

［4］沙知．敦煌契约文书辑校［M］．南京：江苏古籍出版社，1998.

［5］［俄］孟列夫（Л.Н. 缅希科夫），袁席箴，陈华平．俄藏敦煌汉文写卷叙录［M］．上海：上海古籍出版社，1999.

［6］王尧．法藏敦煌藏文文献解题目录［M］．北京：民族出版社，1999.

［7］上海古籍出版社，法国国家图书馆．法国国家图书馆藏敦煌西域文献［M］．上海：上海古籍出版社，2002.

［8］乜小红．俄藏敦煌契约文书研究［M］．上海：上海古籍出版社，2009.

［9］拓志平．甘肃馆藏档案精粹［M］．兰州：甘肃人民美术出版社，2009.

［10］方广锠，［英］吴芳思．英国国家图书馆藏敦煌遗书［M］．桂林：广西师范大学出版社，2011—2017.

［11］郑炳林，黄维忠．敦煌吐蕃文献选辑．社会经济卷［M］．北京：民族出版社，2013.

［12］梁永芳．张掖馆藏档案选粹［M］．兰州：甘肃人民美术出版社，2015.

［13］孙占鳌，尹伟先．河西简牍综论［M］．兰州：甘肃人民出版社，2016.

［14］杨一凡，刘笃才．中国古代民间规约［M］．北京：社会科学文献出版社，2017.

（十三）云南地区

［1］楚雄彝族文化研究所．清代武定彝族那氏土司档案史料校编［M］．北京：中央民族学院出版社，1993.

［2］黄珺．云南乡规民约大观［M］．昆明：云南美术出版社，2010.

［3］楚雄彝族自治州人民政府．彝文账簿文书［M］．昆明：云南民族出版社，2012.

［4］吴晓亮，徐政芸．云南省博物馆馆藏契约文书整理与汇编［M］．北京：人民出版社，2013.

［5］赵敏，王伟．大理民间契约文书辑录［M］．昆明：云南大学出版社，2018.

（十四）其他地区

［1］《民族问题五种丛书》广西壮族自治区编辑组．广西少数民族地区碑文契约资料集［M］．南宁：广西民族出版社，1987.

［2］王本元，王素芬．陕西省清至民国文契史料［M］．西安：三秦出版社，1991.

［3］中国社会科学院民族研究所，西藏自治区档案馆．西藏社会历史藏文档案资料译文集［M］．北京：中国藏学出版社，1997.

[4] 陈云林，海峡两岸出版交流中心，厦门大学 . 民间遗存台湾文献选编 [M]. 北京：九州出版社，2011.

[5] 刘小萌 . 北京商业契书集（清代—民国）[M]. 北京：国家图书馆出版社，2011.

[6] 张建民 . 湖北天门熊氏契约文书 [M]. 武汉：湖北人民出版社，2014.

[7] 姬脉利，张蕴芬 . 清代契约文书整理及研究 [M]. 北京：北京燕山出版社，2014.

[8] 首都博物馆 . 窑契与经济合同文书 [M]. 北京：中华书局，2014.

[9] 孙继民 . 考古发现西夏汉文非佛教文献整理与研究 [M]. 北京：社会科学文献出版社，2014.

[10] 刘新云 . 契约文书 [M]. 济南：山东人民出版社，2014.

[11] 首都博物馆 . 首都博物馆藏清代契约文书 [M]. 北京：国家图书馆出版社，2015.

[12] 惠宏，段玉泉 . 西夏文献解题目录 [M]. 银川：阳光出版社，2015.

[13] 曹树基 . 鄱阳湖区文书 [M]. 上海：上海交通大学出版社，2016.

[14] 申屠勇剑 . 湘湖文化民间遗存 [M]. 杭州：西泠印社出版社，2016.

[15] 王支援 . 洛阳民俗博物馆馆藏契约文书精粹 [M]. 郑州：中州古籍出版社，2017.

[16] 田国杰，梁淑群 . 故纸拾遗（卷陆）[M]. 郑州：中州古籍出版社，2017.

[17] 褚红 . 河南省古代契约文书整理与研究 [M]. 郑州：郑州大学出版社，2018.

[18] 武航宇 . 西北汉简所见经济类文书辑解 [M]. 北京：知识产权出版社，2018.

[19] 王祖龙 . 宜昌地方文献资料汇编 [M]. 武汉：湖北人民出版社，2018.

二、碑刻铭文

[1] [清] 冯云鹏，[清] 冯云鹓 . 金石索 [M]. 北京：商务印书馆，1929.

[2] 孟森 . 辽碑九种 [M]. 北京：国立北京大学国学季刊社，1932.

[3] 张江裁，许道龄 . 北平庙宇碑刻目录 [M]. 国立北平研究院总办事处出版课，1936.

[4] 叶昌炽 . 语石 [M]. 北京：商务印书馆，1936.

[5] [清] 毕沅 . 关中金石记 [M] // 王云五 . 丛书集成初编：第 1524、1525 册 . 北京：

商务印书馆，1936.

［6］［清］孙星衍，［清］邢澍．寰宇访碑录［M］．北京：商务印书馆，1937.

［7］陕西省历史博物馆．西京碑林藏石目录［M］．西安：陕西省历史博物馆，1937.

［8］岑仲勉．贞石证史［M］．南京：国立中央研究院历史语言研究所，1939.

［9］［日］水谷国一．满洲金石志稿（第二册）［M］．大连：南满洲铁道株式会社，1939.

［10］吴文良．泉州宗教石刻［M］．北京：科学出版社，1957.

［11］江苏省博物馆．江苏省明清以来碑刻资料选集［M］．北京：生活·读书·新知三联书店，1959.

［12］罗福颐．满洲金石志［M］（1—4 辑）．台北：艺文印书馆，1977—2006.

［13］新文丰出版公司编辑部．石刻史料新编（第 1—4 辑）［M］．台北：新文丰出版公司，1977—1987.

［14］段明轩．刘志丹烈士陵园碑刻［M］．北京：文物出版社，1979.

［15］上海博物馆图书资料室．上海碑刻资料选辑［M］．上海：上海人民出版社，1980.

［16］运城地区博物馆．运城地区碑刻资料汇编［M］．运城地区博物馆，1980.

［17］王云，方龄贵．大理五华楼新发现宋元碑刻选录［M］．昆明：昆明师范学院出版社，1980.

［18］李华．明清以来北京工商会馆碑刻选编［M］．北京：文物出版社，1980.

［19］骆承烈．曲阜碑目辑录［M］．油印本．曲阜：曲阜师院孔子研究室，1981．

［20］苏州博物馆．江苏师范学院历史系，南京大学明清史研究室．明清苏州工商业碑刻集［M］．南京：江苏人民出版社，1981.

［21］福建省泉州海外交通史博物馆．泉州伊斯兰教石刻［M］．福州：福建人民出版社.1984.

［22］河南省文物研究所，河南省洛阳地区文管处．千唐志斋藏志［M］．北京：文物出版社，1984.

［23］［清］王昶．金石萃编［M］．北京：中国书店，1985.

［24］［清］陆增祥．八琼室金石补正［M］．北京：文物出版社，1985.

［25］［英］科大卫，陆鸿基，吴伦霓霞．香港碑铭汇编［M］．香港：香港市政局，1986.

［26］山西师范大学戏曲文物研究所．宋金元戏曲文物图论［M］．太原：山西人民

出版社，1987.

［27］广东省社会科学院历史研究所中国古代史研究室，中山大学历史系中国古代史教研室，广东省佛山市博物馆．明清佛山碑刻文献经济资料［M］．广州：广东人民出版社，1987.

［28］罗广立．中国古代石刻纹样［M］．北京：人民美术出版社，1988.

［29］徐自强．北京图书馆藏石刻叙录［M］．北京：书目文献出版社，1988.

［30］贵州省毕节地区民族宗教事务委员会，贵州省毕节地区彝文翻译组．彝文金石图录（1—3 辑）［M］．成都：四川民族出版社，1989—2005.

［31］施蛰存．北山集古录［M］．成都：巴蜀书社，1989.

［32］北京图书馆金石组．北京图书馆藏中国历代石刻拓本汇编［M］．郑州：中州古籍出版社，1989—1991.

［33］高文，高成刚．四川历代碑刻［M］．成都：四川大学出版社，1990.

［34］张浩良．绿色史料札记——巴山林木碑碣文集［M］．昆明：云南大学出版社，1990.

［35］张鸿杰．咸阳碑石——陕西金石文献汇集［M］．西安：三秦出版社，1990.

［36］张沛．安康碑石——陕西金石文献汇集［M］．西安：三秦出版社，1991.

［37］济宁市政协文史资料委员会．孔孟之乡石刻碑文选［M］．济南：山东友谊出版社，1992.

［38］王雪宝．嵩山少林寺碑刻选［M］．北京：中国广播电视出版社，1992.

［39］西安碑林博物馆．碑林集刊［M］．西安：陕西人民美术出版社，1993.

［40］常熟市碑刻博物馆．常熟碑刻［M］．常熟：常熟市碑刻博物馆，1993.

［41］蒋文光，张菊英．中国碑林大观［M］．北京：中国旅游出版社，1993.

［42］陈垣．道家金石略［M］．台北：新文丰出版股份有限公司，1993.

［43］董国柱．高陵碑石［M］．西安：三秦出版社，1993.

［44］黄钰．瑶族石刻录［M］．昆明：云南民族出版社，1993.

［45］刘伟铿，广东省肇庆星湖风景名胜区管理局．肇庆星湖石刻全录［M］．广州：广东人民出版社，1994.

［46］刘谨胜，刘诗．江苏碑刻［M］．北京：中国世界语出版社，1994.

［47］王文径．漳浦现代碑刻［M］．漳浦（福建）：漳浦县博物馆，1994.

［48］［日］高桥继男．《石刻史料新编第一、二、三辑》书名著者索引［M］．台北：新文丰出版公司，1995.

［49］杜福 . 应县木塔匾联碑刻集成［M］. 太原：山西教育出版社，1995.

［50］王忠信 . 楼观台道教碑石［M］. 西安：三秦出版社，1995.

［51］张江涛 . 华山碑石——陕西金石文献汇编集［M］. 西安：三秦出版社社，1995.

［52］西安碑林博物馆 . 陕西碑石墓志资料汇编［M］. 西安：西北大学出版，1995.

［53］郑振满，［美］丁荷生 . 福建宗教碑铭汇编（兴化府、泉州府）［M］. 福州：福建人民出版社，1995、2003 .

［54］包备五 . 齐鲁碑刻［M］. 济南：齐鲁书社，1996.

［55］王竞，滕瑞云 . 黑龙江碑刻考录［M］. 哈尔滨：黑龙江教育出版社，1996.

［56］魏靖宇 . 白帝城历代碑刻选［M］. 北京：中国三峡出版社，1996.

［57］山东石刻艺术博物馆 . 山东石刻艺术选粹［M］. 杭州：浙江文艺出版社，1996.

［58］陈显远 . 汉中碑石——陕西金石文献汇编集［M］. 西安：三秦出版社，1996.

［59］彭泽益 . 清代工商行业碑文集粹［M］. 郑州：中州古籍出版社，1997.

［60］栗守田 . 皇城石刻文编［M］. 阳城（山西）：阳城县皇城相府管理处，1998.

［61］张玉胜 . 岱庙碑刻［M］. 济南：山东画报出版社，1998.

［62］华伟东 . 浦东碑刻资料选辑［M］. 浦东新区档案馆，1998.

［63］王国平，唐力行 . 明清以来苏州社会史碑刻集［M］. 苏州：苏州大学出版社，1998.

［64］路远 . 西安碑林史［M］. 西安：西安出版社，1998.

［65］董万仑 . 黑龙江流域岩画碑刻研究［M］. 哈尔滨：黑龙江教育出版社，1998.

［66］刘景龙，李玉昆 . 龙门石窟碑刻题记汇录［M］. 北京：中国大百科全书出版社，1998.

［67］胡海帆，汤燕 . 北京大学图书馆藏历代金石拓本菁华［M］. 北京：文物出版社，1998.

［68］中国东方文化研究会历史文化分会 . 历代碑志丛书［M］. 南京：江苏古籍出版社，1998.

［69］重庆市博物馆 . 中国西南地区历代石刻汇编［M］. 天津：天津古籍出版社，1998.

［70］刘兆鹤，王西平 . 重阳宫道教碑石——陕西金石文献汇编集［M］. 西安：三秦出版社，1998.

［71］青浦碑刻编纂委员会 . 青浦碑刻［M］. 上海：上海青浦博物馆，1998.

［72］答振益，安永汉 . 中国南方回族碑刻匾联选编［M］. 银川：宁夏人民出版社，

1999.

［73］高峡 . 中华国宝・陕西珍贵文物集成：碑刻书法卷［M］. 西安：陕西人民教育出版社，1999.

［74］河南省古代建筑保护研究所 . 古建筑石刻文集［M］. 北京：中国大百科全书出版社，1999.

［75］岳飞研究会，岳飞墓庙文物保管所，丁亚政，等 . 岳飞墓庙碑刻［M］. 北京：当代中国出版社，1999.

［76］刘兰芳，张江涛 . 潼关碑石——陕西金石文献汇集［M］. 西安：三秦出版社，1999.

［77］徐发苍 . 曲靖石刻［M］. 昆明：云南民族出版社，1999.

［78］左慧元 . 黄河金石录［M］. 郑州：黄河水利出版社，1999.

［79］于平 . 中国历代墓志选编［M］. 天津：天津古籍出版社，2000.

［80］张晓旭 . 苏州碑刻［M］. 苏州：苏州大学出版社，2000.

［81］段金录，张锡禄 . 大理历代名碑［M］. 昆明：云南民族出版社，2000.

［82］南风化工集团股份有限公司 . 河东盐池碑汇［M］. 太原：山西古籍出版社，2000.

［83］方龄贵，王云 . 大理五华楼新出元碑选录并考释［M］. 昆明：云南大学出版社，2000.

［84］赵平 . 中国西北地区历代石刻汇编［M］. 天津：天津古籍出版社，2000.

［85］王佩智，陈墨 . 楹联碑刻集萃［M］. 杭州：西泠印社出版社，2000.

［86］李楚荣 . 宜州碑刻集［M］. 南宁：广西美术出版社，2000.

［87］（释）性空 . 寒山寺碑刻集［M］. 苏州：古吴轩出版社，2000.

［88］吴景山 . 甘南藏族自治州金石录［M］. 兰州：甘肃人民出版社，2001.

［89］张了，张锡禄 . 鹤庆碑刻辑录［M］. 大理：大理白族自治州南诏史研究学会，2001.

［90］李铭魁 . 平定文史资料第十四辑：平定碑刻文选［M］. 平定（山西）：中国人民政治协商会议平定县委员会文史资料委员会，2001.

［91］余振贵，雷晓静 . 中国回族金石录［M］. 银川：宁夏人民出版社，2001.

［92］王其英，武威市市志编纂委员会，武威市人民政府办公室 . 武威金石录［M］. 兰州：兰州大学出版社，2001.

［93］顾燮光 . 梦碧簃石言［M］. 沈阳：辽宁教育出版社，2001.

[94] 陈圣驹．顺溪陈氏宗祠碑林集［M］．平阳：水头汇文排版社，2001.

[95] 骆承烈．石头上的儒家文献——曲阜碑文录［M］．济南：齐鲁书社，2001.

[96] 李钢，太原晋祠博物馆．晋祠碑碣［M］．太原：山西人民出版社，2001.

[97] 张晋平．晋中碑刻选粹［M］．太原：山西古籍出版社，2001.

[98] 王友怀，王西平，张进忠．澄城碑石［M］．西安：三秦出版社，2001.

[99] 吴景山．西北民族碑文［M］．兰州：甘肃人民出版社，2001.

[100] 谭棣华，曹腾騑，洗剑民．广东碑刻集［M］．广州：广东高等教育出版社，2001.

[101] 郭建芬．碑刻造像［M］．济南：山东友谊出版社，2002.

[102] 粘良图．晋江碑刻选［M］．厦门：厦门大学出版社，2002.

[103] 薛仰敬，中国人民政治协商会议兰州市委员会文史资料和学习委员会．兰州古今碑刻［M］．兰州：兰州大学出版社，2002.

[104] 吴光田，李强．邯郸碑刻［M］．天津：天津人民出版社，2002.

[105] 金柏东．温州历代碑刻集［M］．上海：上海社会科学院出版社，2002.

[106] 肖纪龙，韩永．北京石刻撷英［M］．北京：中国书店，2002.

[107] 王晶辰．辽宁碑志［M］．沈阳：辽宁人民出版社，2002.

[108] 侯璐．保定名碑［M］．石家庄：河北美术出版社，2002.

[109] 孙凤岐，贵阳市文物保护委员会，贵阳市文化局．贵阳阳明祠·阳明洞碑刻拓片集［M］．贵阳：贵州人民出版社，2002.

[110] 薛仰敬．兰州历代碑刻［M］．兰州：兰州大学出版社，2002.

[111] 冯俊杰，王福才，延保全，等．山西戏曲碑刻辑考［M］．北京：中华书局，2002.

[112] 河北省唐山市政协文史资料委员会．唐山碑刻选介（1—2 辑）［M］．唐山：新苑印务有限公司，2003—2004.

[113] 程凰堂，王义印．濮阳碑刻墓志［M］．郑州：中州古籍出版社，2003.

[114] 陕西省古籍整理办公室，咸阳市文物考古研究所．咸阳碑刻［M］．西安：三秦出版社，2003.

[115] 中共石景山区委宣传部，石景山区档案局（馆），石景山文化委员会，等．北京市石景山区历代碑志选［M］．北京：同心出版社，2003.

[116] 王汝雕．山西地震碑文集［M］．太原：北岳文艺出版社，2003.

[117] 政协北京市门头沟区文史资料委员会．京西碑石纪事［M］．香港：香港银河

出版社，2003.

［118］董晓萍，［法］蓝克利．不灌而治——山西四社五村水利文献与民俗［M］．北京：中华书局，2003.

［119］白尔恒，［法］蓝克利，［法］魏丕信．沟洫佚闻杂录［M］．北京：中华书局，2003.

［120］秦建明，［法］吕敏．尧山圣母庙与神社［M］．北京：中华书局，2003.

［121］黄竹三，冯俊杰．洪洞介休水利碑刻辑录［M］．北京：中华书局，2003.

［122］康兰英．榆林碑石——陕西金石文献汇集［M］．西安：三秦出版社，2003.

［123］李慧，曹发展．咸阳碑刻——陕西金石文献汇集［M］．西安：三秦出版社，2003.

［124］张小军，余理民．福建杉洋村落碑铭［M］．香港：华南研究出版社，2003.

［125］吕荣哲，潘英南．南安碑刻［M］．北京：作家出版社，2003.

［126］王晓宁．恩施自治州碑刻大观［M］．北京：新华出版社，2004.

［127］柴志光，潘明权．上海佛教碑刻文献集［M］．上海：上海古籍出版社，2004.

［128］新郑市文物管理局．新郑碑刻文集［M］．香港：香港国际出版社，2004.

［129］郭建设，索全星．山阳石刻艺术［M］．郑州：河南美术出版社，2004.

［130］吴广隆，秦海轩．三晋石刻总目·晋城市卷［M］．太原：山西古籍出版社，2004.

［131］杨明珠．司马光茔祠碑志：图录与校释［M］．北京：文物出版社，2004.

［132］曲阜孔子博物院．曲阜碑刻精选［M］．扬州：广陵书社，2004.

［133］赵世瑜．北京东岳庙与北京泰山信仰碑刻辑录［M］．中国书店，2004.

［134］王树新，《高平金石志》编纂委员会．高平金石志［M］．北京：中华书局，2004.

［135］王晓宁．恩施自治州碑刻大观［M］．北京：新华出版社，2004.

［136］龙显昭．巴蜀佛教碑文集成［M］．成都：巴蜀书社，2004.

［137］张方玉，楚雄彝族自治州档案局．楚雄历代碑刻［M］．昆明：云南民族出版社，2005.

［138］吴敏霞，刘兆鹤．户县碑刻［M］．西安：三秦出版社，2005.

［139］张正明，［英］科大卫．明清山西碑刻资料选［M］．太原：山西人民出版社，2005.

［140］杨卫东，黄涿生，涿州市文物保管所．涿州贞石录［M］．北京：北京燕山出

版社，2005.

[141] 秦华南，王奔春 . 石钟山金石录 [M]. 南昌：江西高校出版社，2005.

[142] 莎日娜 . 蒙古学金石文编题录 [M]. 呼和浩特：内蒙古大学出版社，2005.

[143] 郭培育，郭培智 . 洛阳出土石刻时地记 [M]. 郑州：大象出版社，2005.

[144] 吴文良，吴幼雄 . 泉州宗教石刻（增订本）[M]. 北京：科学出版社，2005.

[145] 曾超 . 三峡国宝研究：白鹤梁题刻汇录与考索 [M]. 北京：中国文史出版社，2005.

[146] 张林堂 . 响堂山石窟碑刻题记总录 [M]. 北京：外文出版社，2005.

[147] 徐荣旋 . 雅安新出土汉碑二种 [M]. 成都：巴蜀书社，2005.

[148] 王国平 . 西湖碑刻 [M]. 杭州：杭州出版社，2005.

[149] 上海图书馆 . 上海图书馆藏善本碑帖 [M]. 上海：上海古籍出版社，2005.

[150] 刘培桂 . 孟子林庙历代石刻集 [M]. 济南：齐鲁书社，2005.

[151]《肇庆星湖石刻全录》编委会 . 肇庆星湖石刻全录 [M]. 北京：红旗出版社，2005.

[152] 刘卫东 . 新日下访碑录 [M]. 北京：北京燕山出版社，2006.

[153] 郑祖荣，周恩福 . 宜良碑刻 [M]. 昆明：云南民族出版社，2006.

[154] 龚烈沸 . 宁波现存碑刻碑文所见录 [M]. 宁波：宁波出版社，2006.

[155] 冼剑民，陈鸿钧 . 广州碑刻集 [M]. 广州：广东高等教育出版社，2006.

[156] 孙培森 . 济南园林碑刻 [M]. 济南：济南出版社，2006.

[157] 朱传东 . 趵突泉碑刻 [M]. 济南：济南出版社，2006.

[158] 吴明哲 . 温州历代碑刻二集 [M]. 上海：上海社会科学院出版社，2006.

[159] 皮福生 . 吉林碑刻考录 [M]. 长春：吉林文史出版社，2006.

[160] 余华青，张廷皓，陕西省社会科学院，等 . 陕西碑石精华 [M]. 西安：三秦出版社，2006.

[161] 罗宏才 . 探寻碑林名碑 [M]. 西安：三秦出版社，2006.

[162] 杜斗城，王亨通 . 炳灵寺石窟内容总录 [M]. 兰州：兰州大学出版社，2006.

[163] 永州市文化局，永州市文物管理处 . 永州石刻拾萃 [M]. 长沙：湖南人民出版社，2006.

[164] 史云征，史磊，柏乡县人民政府 . 河北柏乡金石录 [M]. 北京：文物出版社，2006.

[165] 张强 . 隆昌石牌坊 [M]. 成都：四川美术出版社，2006.

［166］刘兆英，曹永斌．药王山碑刻造像大全［M］．西安：世界图书出版西安公司，2006.

［167］王鹏善，孝陵博物馆．明孝陵碑刻［M］．扬州：广陵书社，2006.

［168］谭世宝．金石铭刻的澳门史——明清澳门庙宇碑刻钟铭集录研究［M］．广州：广东人民出版社，2006.

［169］四川凉山彝族自治州博物馆．西昌地震碑林［M］．北京：文物出版社，2006.

［170］泰山市文物局．泰山石刻大全［M］．济南：齐鲁书社，2006.

［171］李志贤．秦汉碑刻校勘图鉴［M］．北京：文物出版社，2007.

［172］姚天国．武当山碑刻鉴赏［M］．北京：北京美术摄影出版社，2007.

［173］嘉兴文化广电新闻出版局．嘉兴历代碑刻集［M］．北京：群言出版社，2007.

［174］张正明，［英］科大卫，王勇红．明清山西碑刻资料选（续一）［M］．太原：山西古籍出版社，2007.

［175］银川美术馆．宁夏历代碑刻集［M］．银川：宁夏人民出版社，2007.

［176］张津梁，延风．兰州历史文化：书画碑刻［M］．兰州：甘肃人民出版社，2007.

［177］彭福荣．乌江流域民族地区历代碑刻选辑［M］．重庆：重庆出版社，2007.

［178］蓬莱市历史文化研究会，张咏强．蓬莱金石录［M］．济南：黄河出版社，2007.

［179］张子刚．从江文史资料（第 7 辑）：从江石刻资料汇编［M］．政协从江县文史学习委员会、从江县文化体育广播电视局，2007.

［180］南靖县地方志编纂委员会．南靖石刻集［M］．福州：海潮摄影艺术出版社，2007.

［181］俞苗荣，龚天力．绍兴图书馆馆藏地方碑拓选［M］．杭州：西泠印社出版社，2007.

［182］崔世浩．辽南碑刻［M］．大连：大连出版社，2007.

［183］强英良．鲁迅藏汉碑影［M］．北京：学苑出版社，2007.

［184］《南海神庙历史文化丛书》编委会．南海神庙的碑刻、匾额拓片集［M］．广州：广州出版社，2007.

［185］常熟市碑刻博物馆．常熟碑刻集［M］．上海：上海辞书出版社，2007.

［186］中国人民政治协商会议北京市怀柔区委员会文史资料委员会．怀柔碑刻选［M］．政协北京怀柔区委，2007.

［187］西安碑林博物馆．西安碑林博物馆新藏墓志汇编［M］．北京：线装书局，2007

［188］吴亚魁．江南道教碑记资料集［M］．上海：上海辞书出版社，2007.

［189］李金龙，孙兴亚．北京会馆资料集成［M］．北京：学苑出版社，2007.

［190］嘉兴南湖革命纪念馆．南湖烟雨楼碑刻［M］．上海：上海辞书出版社，2007.

［191］王书珍．迁西石刻［M］．天津：百花文艺出版社，2007.

［192］嘉兴南湖革命纪念馆．南湖揽秀园碑刻［M］．北京：群言出版社，2008.

［193］贾志军．沁水碑刻搜编［M］．太原：山西人民出版社，2008.

［194］张梦新．长兴茶文化碑刻集［M］．杭州：西泠印社出版社，2008.

［195］焦知云．荆门碑刻［M］．北京：中国文史出版社，2008.

［196］邓本章．中原文化大典·文物典·碑刻墓志［M］．郑州：中州古籍出版社，2008.

［197］毛远明．汉魏六朝碑刻校注［M］．北京：线装书局，2008.

［198］邓群，盘福东．瑶族文明发展历程［M］．南宁：广西人民出版社，2008.

［199］广州市地方志办公室．南海神庙文献汇辑［M］．广州：广州出版社，2008.

［200］李仲伟，林子雄，崔志民．广州寺庵碑铭集［M］．广州：广东人民出版社，2008.

［201］王韦．明孝陵石刻卷［M］．南京：东南大学出版社，2008.

［202］云桂荣．云居寺贞石录［M］．北京：北京燕山出版社，2008.

［203］田国福．河间金石遗录［M］．石家庄：河北教育出版社，2008.

［204］章国庆．天一阁明州碑林集录［M］．上海：上海古籍出版社，2008.

［205］周欣平，柏克莱加州大学东亚图书馆．柏克莱加州大学东亚图书馆藏碑帖［M］．上海：上海古籍出版社，2008.

［206］［清］方若，王壮弘．增补校碑随笔［M］．上海：上海书店出版社，2008.

［207］刘耀庭．鞍山碑志［M］．沈阳：沈阳出版社，2008.

［208］李国富，王汝雕，张宝年．洪洞金石录［M］．太原：山西古籍出版社，2008.

［209］赵家华．保山碑刻［M］．昆明：云南美术出版社，2008.

［210］刘泽民，李玉明．三晋石刻大全［M］．太原：三晋出版社，2009-2018.

［211］涪溪文物管理处．湖湘碑刻（二）涪溪卷［M］．长沙：湖南美术出版社，2009.

［212］张正明，［英］科大卫，王勇红．明清山西碑刻资料选（续二）［M］．太原：山西经济出版社，2009.

［213］刘刚．湖湘碑刻（一）［M］．长沙：湖南美术出版社，2009.

［214］谌小灵．东莞市博物馆藏碑刻［M］．北京：文物出版社，2009.

［215］河北省文物局长城资源调查队．河北省明代长城碑刻辑录［M］．北京：科学出版社，2009.

［216］王顺庆．分水访碑录［M］．杭州：浙江大学出版社，2009.

［217］广西壮族自治区编写组，《中国少数民族社会历史调查资料丛刊》修订编辑委员会．广西少数民族地区碑文契约资料集［M］．北京：民族出版社，2009.

［218］范和平．平鲁石刻图志［M］．太原：三晋出版社，2009.

［219］邓庆平．蔚县碑铭辑录［M］．桂林：广西师范大学出版社，2009.

［220］周凤琼．玉溪碑刻选集［M］．昆明：云南人民出版社，2009.

［221］刘凤翥，唐彩兰，青格勒．辽上京地区出土的辽代碑刻汇辑［M］，北京：社会科学文献出版社，2009.

［222］章国庆．甬城现存历代碑碣志［M］．宁波：宁波出版社，2009.

［223］汪楷．陇西金石录［M］．兰州：甘肃人民出版社，2010.

［224］秦明．蓬莱宿约——故宫藏黄易汉魏碑刻特集［M］．北京：紫禁城出版社，2010.

［225］宁夏固原博物馆．固原历代碑刻选编［M］．银川：宁夏人民出版社，2010.

［226］《中国碑刻全集》编委会．中国碑刻全集［M］．北京：人民美术出版社，2010.

［227］国务院三峡工程建设委员会办公室，国家文物局．三峡湖北段沿江石刻［M］．北京：科学出版社，2010.

［228］李龙文．兰州碑林藏甘肃古代碑刻拓片菁华［M］．兰州：甘肃人民美术出版社，2010.

［229］王国振，胡永杰．石刻拓片掠影［M］．北京：人民出版社，2010.

［230］吴晓煜．中国煤炭碑刻［M］．北京：煤炭工业出版社，2010.

［231］黄真真．清代泉州海商碑刻资料辑述［J］．中国社会经济史研究，2010（3）.

［232］张淑芳，赵润琴，田怀清．大理丛书：金石篇［M］．昆明：云南民族出版社，2010.

［233］邵泽水．孟府孟庙碑文楹联集萃［M］．北京：中国社会出版社，2010.

［234］郑建芳．孟府孟庙文物珍藏［M］．北京：中国社会出版社，2010.

［235］白庚胜，郭大烈，杨林军．丽江历代碑刻辑录与研究［M］．昆明：云南民族

出版社，2011.

［236］文物出版社．凉山历史碑刻注评［M］．北京：文物出版社，2011.

［237］蔡美彪．八思巴字碑刻文物集释［M］．北京：中国社会科学出版社，2011.

［238］南京市文化广电新闻出版局（文物局）．南京历代碑刻集成［M］．上海：上海书画出版社，2011.

［239］刘金锋，晋城市旅游文物局．晋城文物通览·碑刻卷［M］．太原：山西经济出版社，2011.

［240］［清］阮元．广东通志·金石略［M］．广州：广东人民出版社，2011.

［241］叶树望．姚江碑碣［M］．杭州：浙江古籍出版社，2011.

［242］贾振林．文化安丰［M］．郑州：大象出版社，2011.

［243］何丙仲．厦门石刻撷珍［M］．厦门：厦门大学出版社，2011.

［244］范福生．满城历代碑石刻辑录［M］．石家庄：河北教育出版社，2011.

［245］西安市长安博物馆．长安新出墓志［M］．北京：文物出版社，2011.

［246］董晓萍，［法］吕敏．北京内城寺庙碑刻志［M］．北京：国家图书馆出版社，2011.

［247］张梦新，任平．湖州历代碑铭录考［M］．杭州：浙江大学出版社，2011.

［248］陈建平．常熟市碑刻博物馆碑拓精粹［M］．上海：上海辞书出版社，2011.

［249］刘凤人，廖怀志，李建国．依兰古今碑刻［M］．北京：中国文史出版社，2011.

［250］张建华，陶继明，嘉定区地方志办公室，等．嘉定碑刻集［M］．上海：上海古籍出版社，2012.

［251］何兆明．顺德碑刻集［M］．广州：广东人民出版社，2012.

［252］李长青．海南现存金石铭文研究［M］．北京：中国社会出版社，2012.

［253］施蛰存，刘凌，刘效礼．北山金石录［M］．上海：华东师范大学出版社，2012.

［254］曹飞．山西清代神庙戏碑辑考［M］．太原：三晋出版社，2012.

［255］中国先秦史学会，《析城山文化丛书》编委会．阳城汤庙碑拓文选［M］．北京：文物出版社，2012.

［256］王尧．王尧藏学文集（卷 2）：吐蕃金石录·藏文碑刻考释［M］．北京：中国藏学出版社，2012.

［257］［清］潘时彤，李景焉，卿三祥．昭烈忠武陵庙志校注［M］．成都：四川科

学技术出版社，2012.

［258］王兴，李亚．邯郸运河碑刻［M］．石家庄：河北美术出版社，2012.

［259］章国庆．宁波历代碑碣墓志汇编［M］．上海：上海古籍出版社，2012.

［260］北京石刻艺术博物馆．新日下访碑录［M］．北京：北京燕山出版社，2013—2018.

［261］雷州历史文化丛书编委会，莫廉，吴史文，等．雷州碑刻［M］．广州：岭南美术出版社，广东人民出版社，2013.

［262］萧霁虹．云南道教碑刻辑录［M］．北京：中国社会科学出版社，2013.

［263］张世科．河南碑刻类编［M］．郑州：大象出版社，2013.

［264］黎志添，李静．广州府道教庙宇碑刻集释［M］．北京：中华书局，2013.

［265］陕西省古籍整理办公室，魏叔刚，堂斌，陈晓琴．大荔碑刻［M］．西安：陕西人民出版社，2013.

［266］陕西省古籍整理办公室，刘兰芳，刘秉阳．富平碑刻［M］．西安：三秦出版社，2013.

［267］安喜萍．卫辉历代碑刻［M］．郑州：中州古籍出版社，2013.

［268］陕西省古籍整理办公室．药王山碑刻［M］．西安：三秦出版社，2013.

［269］赵卫东，王予幻，秦国帅．山东道教碑刻集·博山卷［M］．济南：齐鲁书社，2013.

［270］《山东石刻分类全集》编辑委员会．山东石刻分类全集［M］．青岛：青岛出版社；济南：山东文化音像出版社，2013.

［271］姚敦屏．天柱县物质、非物质文化遗产丛书：天柱碑刻集［M］．天柱县文体广电旅游局，2013.

［272］林欢．宋代古器物学笔记材料辑录［M］．上海：上海人民出版社，2013.

［273］道坚法师．佛国寻踪——南川金佛山佛教遗址碑拓辑录［M］．成都：四川大学出版社，2013.

［274］萧用桁．石上春秋——泰和古碑存［M］．南昌：江西人民出版社，2013.

［275］蒋文光等．隋代碑志系列［M］．沈阳：辽宁美术出版社，2013.

［276］大理白族自治州博物馆．大理白族自治州博物馆馆藏文物精粹［M］．昆明：云南人民出版社，2013.

［277］魏小虎．鉴宝碑拓［M］．杭州：浙江摄影出版社，2013.

［278］樊英民．兖州历代碑刻录考［M］．济南：齐鲁书社，2013.

［279］窦启荣．京江遗珠［M］．镇江：江苏大学出版社，2013.

［280］镇江北固山风景区．北固山碑文选［M］．镇江：江苏大学出版社，2013.

［281］冀金刚，赵福寿．邢台开元寺金石志［M］．北京：北京图书馆出版社，2013.

［282］韩理洲等．全三国两晋南北朝文补遗［M］．西安：三秦出版社，2013.

［283］曾江，林展飞．闽侯历代碑刻［M］．福州：福建美术出版社，2013.

［284］樊秋宝．泽州碑刻大全［M］．北京：中华书局，2013.

［285］孙熙汝．妙乐寺碑刻［M］．郑州：河南人民出版社，2013.

［286］戴良佐．西域碑铭录［M］．乌鲁木齐：新疆人民出版社，2013

［287］焦知云．荆门碑刻拓片选集［M］．香港：中国文化出版社，2013.

［288］胡勇．徽州唐模［M］．合肥：安徽美术出版社，2013.

［289］高金和．鹤庆龙华十八寺碑刻辑录［M］．昆明：云南民族出版社，2013.

［290］张智全．庆阳金石碑铭菁华［M］．兰州：甘肃文化出版社，2013.

［291］吴振锋．字里千秋［M］．西安：陕西师范大学出版社，2013.

［292］应征．镌石印痕［M］．北京：中国书店，2013.

［293］胡海帆，汤燕，陶城．北京大学图书馆藏历代墓志拓片目录［M］．上海：上海古籍出版社，2013.

［294］安兆东．东镇沂山碑拓集锦［M］．济南：齐鲁书社，2013.

［295］许檀．清代河南、山东等省商人会馆碑刻资料选辑［M］．天津：天津古籍出版社，2013.

［296］杜维荣．常熟佛教寺院历代碑刻选辑［M］．常熟：常熟佛教协会，2013.

［297］常熟市碑刻博物馆．江南言子故里碑刻集（碑碣卷）［M］．上海：上海辞书出版社，2013.

［298］王大方，张文芳．草原金石录［M］．北京：文物出版社，2013.

［299］张燕．陕西药王山碑刻艺术总集［M］．上海：上海辞书出版社，2013.

［300］东莞市文化广电新闻出版局．东莞历代碑刻选集［M］．上海：上海古籍出版社，2014.

［301］吴敏霞．秦岭碑刻经眼录［M］．西安：三秦出版社，2014.

［302］黄兆辉，张菽晖．南海神庙碑刻集［M］．广州：广东人民出版社，2014.

［303］陈国强．黄帝陵碑刻［M］．西安：陕西人民出版社，2014.

［304］潘明权，柴志光．上海道教碑刻资料集［M］．上海：复旦大学出版社，2014.

［305］李树业．祥云碑刻［M］．昆明：云南人民出版社，2014.

［306］通海县人民政府．通海历代碑刻集［M］．昆明：云南美术出版社，2014.

［307］运城市河东博物馆．河东碑刻精选［M］．北京：文物出版社，2014.

［308］陆雪梅．停云留翰——文徵明之碑刻拓片特展［M］．苏州：苏州大学出版社，2014.

［309］吴敏霞．长安碑刻［M］．西安：陕西人民出版社，2014.

［310］景茂礼，刘秋根．灵石碑刻全集［M］．保定：河北大学出版社，2014.

［311］姚伟宏．昆山碑刻辑存［M］．上海：上海书店，2014.

［312］长清区图书馆．孝堂山郭氏墓石祠石刻画像图解及碑刻文［M］．不详，2014.

［313］中国人民政治协商会议甘肃省华池县委员会．华池金石志［M］．兰州：甘肃人民出版社，2014.

［314］鹰潭市博物馆．鹰潭市博物馆文物藏品［M］．南昌：江西美术出版社，2014.

［315］郭宏涛，周剑曙．偃师碑志选粹［M］．郑州：中州古籍出版社，2014.

［316］焦山碑刻博物馆．焦山碑林典藏精品图录［M］．北京：文物出版社，2014.

［317］杨海山．京郊清代墓碑［M］．北京：学苑出版社，2014.

［318］中国人民政治协商会议云南省晋宁县委员会．晋宁文史资料选辑（第十七辑）．文物专辑［M］．昆明：云南人民出版社，2014.

［319］冯家红．江南贡院碑刻［M］．上海：文汇出版社，2014.

［320］京族字喃文化传承研究中心．京族社会历史铭刻文书文献汇编［M］．南宁：广西人民出版社，2014.

［321］杜海军．广西石刻总集辑校［M］．北京：社会科学文献出版社，2014.

［322］烟台市莱山区博物馆．莱山馆藏历代碑刻拓片精选［M］．济南：山东友谊出版社，2014.

［323］马军山．游苍岩诗［M］．北京：中国文史出版社，2014.

［324］吴志华，吴志标．处州金石［M］．杭州：浙江古籍出版社，2014.

［325］晁会元．新编龙门百品——白河书斋藏帖［M］．郑州：中州古籍出版社，2014.

［326］陈立献，王焕民，孙陈清．泉郡碑刻百篇译注［M］．北京：中国文联出版社，2014.

［327］吴明哲．温州金石集萃［M］．北京：中国民族摄影艺术出版社，2014.

［328］扈耕田，张记．洛阳老君山历史文献辑注［M］．郑州：中州古籍出版社，2014.

［329］政协新泰市委员会．新泰石刻集萃［M］．北京：北京燕山出版社，2014.

［330］马军山．井陉碑刻精华［M］．北京：中国文史出版社，2014.

［331］李文，李爽．河东地区书院碑刻辑考［M］．太原：山西人民出版社，2014.

［332］［清］孙诒让．东瓯金石志［M］．北京：中华书局，2014.

［333］道坚法师．佛在南州——綦江古剑山佛教遗址碑拓辑录［M］．成都：四川大学出版社，2014.

［334］吴敏霞等．秦岭碑刻经眼录［M］．西安：三秦出版社，2014.

［335］陕西省公祭黄帝陵工作委员会办公室．黄帝陵碑刻［M］．西安：陕西人民出版社，2014.

［336］潘明权，柴志光．上海佛教碑刻资料集［M］．上海：复旦大学出版社，2014.

［337］唐凌，熊昌锟．广西商业会馆系统碑刻资料集［M］．桂林：广西师范大学出版社，2014.

［338］浦东新区档案馆，浦东新区党史地方志办公室．浦东碑刻资料选辑［M］．上海：上海古籍出版社，2015.

［339］安成祥．石上历史［M］．贵阳：贵州民族出版社，2015.

［340］詹文宏，李保平，邓子平．燕赵碑刻（先秦秦汉魏晋南北朝卷）［M］．天津：天津人民出版社，2015.

［341］刘志伟，邓永飞．广西恭城碑刻集［M］．广州：广东人民出版社，2015.

［342］薛锋，储佩成．齐梁文化研究丛书：常州齐梁文化遗存（修订本）［M］．上海：上海古籍出版社，2015.

［343］道坚法师．九龙佛缘——九龙坡区佛教遗址碑拓辑录［M］．成都：四川大学出版社，2015.

［344］杜建录．党项西夏碑石整理研究［M］．上海：上海古籍出版社，2015.

［345］鲁卫东．永顺土司金石录［M］．长沙：岳麓书社，2015.

［346］何烨，陈季君，刘世野．播州土司文化遗存图释［M］．北京：中央民族大学出版社，2015.

［347］渝北区文物管理所．渝北古韵［M］．重庆：重庆大学出版社，2015.

［348］杨林军．纳西族地区历代碑刻辑录与研究［M］．昆明：云南人民出版社，2015.

［349］［宋］陈思．宝刻丛编［M］．北京：中华书局，2015.

［350］李春敏．洛阳明清碑志（偃师卷）［M］．郑州：中州古籍出版社，2015.

［351］张异宾，柯君恒．南京大学珍藏金石拓本（一）［M］．北京：科学出版社，2015.

［352］胡玉冰，韩超，邵敏，等．陕甘地方志中宁夏史料辑校（全二册）［M］．上海：上海古籍出版社，2015.

［353］济南市府学文庙管理处．济南府学文庙现存碑刻文献［M］．济南：山东人民出版社，2015.

［354］中国文物研究所等．新中国出土墓志·陕西（叁）［M］．北京：文物出版社，2015.

［355］徐文平．浙南摩崖石刻研究［M］．杭州：浙江大学出版社，2015.

［356］王川．峄山碑刻集［M］．济南：齐鲁书社，2016.

［357］戴建兵，孙文阁．河北府县乡土碑刻辑录［M］．天津：天津古籍出版社，2016.

［358］张银轩．长寿区碑刻拓片选［M］．重庆：重庆大学出版社，2016.

［359］东莞市袁崇焕纪念园．掇碑撷菁——东莞市袁崇焕纪念园藏东莞碑刻拓片选［M］．广州：广东人民出版社，2016.

［360］王兴亚．清代河南碑刻资料［M］．北京：商务印书馆，2016.

［361］罗之勇，梅祖恺，银书豪．罗城仫佬族自治县碑刻族谱辑录［M］．南宁：广西人民出版社，2016.

［362］车文明，王福才．中国戏曲文物志·戏曲碑刻卷［M］．太原：三晋出版社，2016.

［363］政协天柱县第十三届委员会．清水江文书·天柱古碑刻考释［M］．贵阳：贵州大学出版社，2016.

［364］许金顶，李玉清．集美寻珍（3）：历代碑刻拓片荟萃［M］．南京：河海大学出版社，2016.

［365］张智全，吴景山．白银金石校释［M］．兰州：甘肃文化出版社，2016.

［366］李全中．泾川金石校释［M］．兰州：甘肃文化出版社，2016.

［367］张先清，董思思．太姥石刻文书［M］．厦门：厦门大学出版社，2016.

［368］李怀仁，摆小龙，马一宝．西吉县文物志［M］．银川：宁夏人民出版社，2016.

［369］潍坊市博物馆．潍坊市博物馆馆藏选粹（综合卷）［M］．北京：文物出版社，2016.

［370］李明晓.两汉魏晋南北朝石刻法律文献整理与研究［M］，北京：人民出版社，2016.

［371］安亚伟.洛阳明清碑志（新安卷）［M］.郑州：中州古籍出版社，2016.

［372］大理白族自治州地方志编纂委员会.祥云金石［M］.昆明：云南民族出版社，2016.

［373］贾穗南.宋城怀古·史海帆影（续卷）［M］.广州：暨南大学出版社，2016.

［374］晋华.沧海遗珍［M］.太原：三晋出版社，2016.

［375］戴建兵.隆尧碑志辑要［M］.天津：天津人民美术出版社，2016.

［376］高旭红，陈鸿钧.广府金石录［M］.广州：广东人民出版社，2016.

［377］吴伟民.松阳金石志［M］.北京：中国文史出版社，2016.

［378］李雪梅.南龛石刻赏析［M］.北京：中国文史出版社，2016.

［379］萧用桁.石上春秋［M］.南昌：江西人民出版社，2016.

［380］王蒙.金石萃珍［M］.北京：人民文学出版社，2016.

［381］周恩福.宜良碑刻·增补本（全二册）［M］.昆明：云南大学出版社，2016.

［382］太仓博物馆.太仓历代碑刻［M］.北京：文物出版社，2016.

［383］［清］崔弼，闫晓青.波罗外纪［M］.广州：广东人民出版社，2017.

［384］高旭红.越秀碑刻［M］.广州：广东人民出版社，2017.

［385］张乃清.上海市闵行区碑刻资料集［M］.中西书局，2017.

［386］刘晓标.辽河碑林碑刻选［M］.北京：文物出版社，2017.

［387］广州市黄埔区文化广电新闻出版局.黄埔碑刻匾额精选［M］.广州：华南理工大学出版社，2017.

［388］张江裁，许道龄.北平庙宇碑刻目录［M］.北京：知识产权出版社，2017.

［389］赵敏，王伟.大理洱源县碑刻辑录［M］.昆明：云南大学出版社，2017.

［390］王元林，胥雪松.番禺区现存碑刻集［M］.广州：广东旅游出版社，2017.

［391］［法］吕敏，鞠熙，关笑昌，等.北京内城寺庙碑刻志：第四卷［M］.北京：国家图书馆出版社，2017.

［392］房山区文物保护所.房山四十二章经拓片释文［M］.北京：北京联合出版公司，2017.

［393］辛茂顺，张永强.蓬莱金石书法家集粹［M］.杭州：西泠印社出版社，2017.

［394］山西省政协文史和学习委员会.明清山西商人会馆史料［M］.北京：中国文史出版社，2017.

[395] 仲威．善本碑帖过眼录（续编）[M]．北京：文物出版社，2017.

[396] 饶宗颐．冰炭集[M]．广州：花城出版社，2017.

[397] 郑炳林，马振颖．舟曲金石叙录[M]．兰州：甘肃文化出版社，2017.

[398] 吴志华，吴志标．处州金石[M]．杭州：浙江古籍出版社，2017.

[399] 吴张青．精缮碑帖：郭虚己墓志铭[M]．杭州：西泠印社出版社，2017.

[400] 梅应魁．潏水园片石集[M]．北京：团结出版社，2017.

[401] 鹿邑县老子文化研发中心．老子故里古刻碑[M]．北京：线装书局，2017.

[402] 沈天鹰．洛阳民国碑刻[M]．郑州：中州古籍出版社，2017.

[403] 吉炳德，梅利霞，焦建甫．扣马[M]．郑州：中州古籍出版社，2017.

[404] 杨庆昌，郭德森，徐贵宏．营口碑志补遗[M]．南京：江苏凤凰美术出版社，2017.

[405] 政协山东省冠县委员会．冠县碑文大观[M]．北京：中国文史出版社，2017.

[406] 朱巍．太仓历代碑刻[M]．北京：文物出版社，2017.

[407] 訾士勇．季子庙挂剑台碑刻[M]．扬州：广陵书社，2017.

[408] 湖北省文物局．武当山遇真宫遗址[M]．北京：科学出版社，2017.

[409] 章红梅．五代石刻校注[M]．南京：凤凰出版社，2017.

[410] 陈颖．常熟儒学碑刻集[M]．苏州：苏州大学出版社，2017.

[411] 程立中．亳州旧志所录碑刻文献考述[M]．合肥：黄山书社，2017.

[412] 姚钧．贵德县志稿[M]．西宁：青海人民出版社，2017.

[413] 张次溪，许道龄．北平庙宇通检[M]．北京：北京出版社，2017.

[414] 阎铁成．郑州古代碑刻[M]．郑州：河南人民出版社，2017.

[415] 道坚法师．巴国佛踪——巴南区佛教遗址碑拓辑录（下）[M]．成都：四川大学出版社，2018.

[416] 高健斌．闽安石刻调查[M]．福州：福建教育出版社，2018.

[417] 李奕青．原石拓本比对——刘根造像碑[M]．郑州：河南美术出版社，2018.

[418] [清]叶封．嵩阳石刻集记[M]．北京：中国书店，2018.

[419] 黄淼章，湛汝松，胡继芳．湛若水史迹寻踪[M]．广州：广州出版社，2018.

[420] 薛晓源，刘波．北魏密云太守霍扬碑[M]．北京：商务印书馆，2018.

[421] 艺文类聚金石书画馆．礼器碑[M]．杭州：浙江人民美术出版社，2018.

[422] 袁志鸿．北京东岳庙志[M]．北京：宗教文化出版社，2018.

[423] 定州市旅游文物局．定州碑刻[M]．北京：文物出版社，2018.

［424］陈钝之 . 历代名家碑帖经典：张迁碑［M］. 合肥：安徽美术出版社，2018.

［425］［明］吴廷 . 馀清斋法帖［M］. 北京：外语教学与研究出版社，2018.

［426］杨亦武 . 房山碑刻通志（卷一、卷四）［M］. 北京：社会科学文献出版社，2018.

［427］陈贺周 . 茶山历代碑刻［M］. 北京 / 西安：世界图书出版公司，2018.

［428］王维亚 . 绝代风华：古长安经典碑刻精选述说［M］. 西安：西安出版社，2018.

［429］袁旭临 . 袁旭临书碑刻选辑［M］. 太原：山西人民出版社，2018.

［430］［清］戴咸弼，［清］孙诒让 . 清末民初文献丛刊：东瓯金石志［M］. 北京：朝华出版社，2018.

［431］刘智 . 龙多山碑刻选［M］. 重庆：重庆出版社，2018.

［432］马小琴，马忠，桑杰加 . 青海世居少数民族金石录［M］. 西宁：青海人民出版社，2018.

［433］腾冲市文化广播电视体育局 . 腾冲石刻［M］. 昆明：云南民族出版社，2018.

［434］张永强 . 永宣金石——古代碑帖拓本选粹［M］. 杭州：西泠印社出版社，2018.

［435］杨朝明 . 曲阜儒家碑刻文献辑录［M］. 济南：齐鲁书社，2018.

［436］王蒙 . 金石萃珍——平凉历代碑刻金文选［M］. 北京：人民文学出版社，2018.

［437］绍兴市档案局（馆），会稽金石博物馆 . 宋代墓志［M］. 杭州：西泠印社出版社，2018.

［438］［清］王维德 . 林屋民风［M］. 上海：上海古籍出版社，2018.

［439］刘天琪 . 西周金文精选［M］. 南京：江苏美术出版社，2018.

［440］黄宪之 . 张猛龙碑刻拓对勘［M］. 北京：文物出版社，2018.

［441］张明 . 河北隆尧石刻［M］. 北京：科学出版社，2018.

［442］凭祥市博物馆 . 凭祥石刻集锦［M］. 南宁：广西科学技术出版社，2018.

［443］薛晓源，刘波 . 魏元景造像碑：中国名碑精拓未刊本精选［M］. 北京：商务印书馆，2018.

［444］北京市朝阳区图书馆 . 北京市朝阳区图书馆藏石刻拓片汇编［M］. 北京：中国书店，2018.

［445］成都武侯祠博物馆 . 墨石藏珍——成都武侯祠现存碑刻［M］. 北京：科学出

版社，2018.

［446］张博．洛阳明清碑志［M］．郑州：中州古籍出版社，2018.

［447］李本侹．《宸奎阁碑铭》考释［M］．宁波：宁波出版社，2018.

［448］谈建成，曾超，李良品．西南地区土司法治文献选编［M］．重庆：西南师范大学出版社，2018.

［449］陈再阳．摩崖碑刻［M］．南昌：江西人民出版社，2018.

［450］薛晓源．唐于孝显碑［M］．北京：商务印书馆，2018.

［451］湖北省十堰市档案局．武当山碑刻档案选录［M］．武汉：湖北人民出版社，2018.

［452］邵洪生．宕昌金石录［M］．兰州：甘肃民族出版社，2018.

［453］定州市旅游文物局．中山王汉墓出土黄肠石题刻精拓百品［M］．北京：文物出版社，2018.

［454］王汝丰．北京会馆碑刻文录［M］．北京：北京燕山出版社，2018.

［455］刘喜海，王家葵．金石苑［M］．成都：巴蜀书社，2018.

［456］黄正发，黄正良，盛代昌．弥渡古代碑刻辑释［M］．昆明：云南科技出版社，2018.

［457］余丽萍．大理古代水利碑文辑释［M］．昆明：云南科技出版社，2018.

［458］［清］崔弼．波罗外纪［M］．广州：华南理工大学出版社，2018.

［459］吴滔，于薇．湖南江永碑刻集初编［M］．广州：广东人民出版社，2019.

［460］朱云生，段冰．南滇碑拓匾额集萃［M］．昆明：云南美术出版社，2019.

［461］上海图书馆．礼器碑并阴［M］．上海：上海古籍出版社，2019.

［462］［清］钱泳．汉碑大观［M］．郑州：中州古籍出版社，2019.

［463］金墨．汉隶名品［M］．合肥：安徽美术出版社，2019.

［464］［唐］褚遂良．顾随临同州圣教序碑［M］．天津：南开大学出版社，2019.

［465］深圳市宝安区文体旅游局．宝安碑刻［M］．郑州：中州古籍出版社，2019.

［466］上海图书馆．旧拓魏志五种［M］．上海：上海古籍出版社，2019.

［467］上海图书馆．唐俭碑［M］．上海：上海古籍出版社，2019.

［468］李彬，郑建芳，侯新建．孟庙　孟府　孟林碑刻集［M］．济南：齐鲁书社，2019.

［469］开封市延庆观繁塔文物管理所．开封繁塔经藏［M］．郑州：中州古籍出版社，2019.

[470] 滕州市汉画像石馆 . 滕州历代石刻 [M]. 北京：中华书局，2019.

[471] 周钟麟 . 魏碑大观 [M]. 郑州：中州古籍出版社，2019.

[472] 李瑞清 . 李瑞清临礼器碑 [M]. 天津：南开大学出版社，2019.

[473] 南山书画 . 欧阳询九成宫醴泉铭 [M]. 杭州：浙江摄影出版社，2019.

[474] 南山书画 . 怀仁集王羲之圣教序 [M]. 杭州：浙江摄影出版社，2019.

[475] [清] 端方 . 陶斋臧石记 [M]. 北京：朝华出版社，2019.

[476] 张韬 . 礼器碑 [M]. 沈阳：辽宁教育出版社，2019.

[477] [唐] 欧阳询，[清] 黄自元 . 黄自元临九成宫醴泉铭（节选）[M]. 天津：南开大学出版社，2019.

三、族谱

[1] 罗香林 . 客家史料汇篇 [M]. 香港：中国学社，1965.

[2] 庄为玑，王连茂 . 闽台关系族谱资料选编 [M]. 福州：福建人民出版社，1984.

[3] 李林 . 满族家谱选编 [M]. 沈阳：辽宁民族出版社，1988.

[4] 许嘉谟，高志彬 . 台湾文献类编：台湾关系族谱丛书 [M]. 台北：龙文出版社股份有限公司，1993.

[5] 张海瀛，武新立，林万清 . 中华族谱集成 [M]. 成都：巴蜀书社，1995.

[6] 国家档案局二处，南开大学历史系，中国社会科学院历史所图书馆 . 中国家谱综合目录 [M]. 北京：中华书局，1997.

[7] 庄为玑，郑山玉 . 泉州谱牒华侨史料与研究 [M]. 北京：中国华侨出版社，1998.

[8] 北京图书馆 . 北京图书馆藏家谱丛刊 [M]. 北京：北京图书馆出版社，2000—2018.

[9] 中国国家图书馆 . 族姓史料丛编 [M]. 北京：中华全国图书馆文献缩微复制中心，2000.

[10] 李全中 . 成都东山客家氏族志 [M]. 成都：四川人民出版社，2001.

[11] 国家图书馆分馆 . 中国国家图书馆藏早期稀见家谱丛刊 [M]. 北京：线装书局，2002.

[12] 湖南省图书馆 . 湖南名人家谱丛刊 [M]. 北京：中共中央党校出版社，2002.

[13] 吴丕清，马祥学 . 河北回族家谱选编 [M]. 石家庄：河北人民出版社，2006.

[14] 江源 . 婺州家谱总汇 [M]. 北京：中国戏剧出版社，2007.

[15] 上海图书馆，王鹤鸣 . 中国家谱总目 [M]. 上海：上海古籍出版社，2008.

[16] 杨世钰，赵寅松 . 大理丛书・族谱篇 [M]. 昆明：云南民族出版社，2009.

[17] 陈支平 . 闽台族谱汇刊 [M]. 桂林：广西师范大学出版社，2009.

[18] 福建省少数民族古籍丛书编委会 . 福建省少数民族古籍丛书・畲族卷——家族谱牒 [M]. 福州：海风出版社，2011.

[19] 许同莘等 . 无锡文库（第三辑）：华氏谱略 [M]. 南京：凤凰出版社，2012.

[20] 常建华，王强 . 中国珍稀家谱丛刊：稀见姓氏家谱（1—2 辑）[M]. 南京：凤凰出版社，2013—2016.

[21] 王强 . 中国珍稀家谱丛刊：明代家谱（1—2 辑）[M]. 南京：凤凰出版社，2013—2017.

[22] 黄灵庚，陶诚华 . 金华宗谱文献集成 [M]. 上海：上海古籍出版社，2013.

[23] 上海图书馆 . 中国家谱资料选编 [M]. 上海：上海古籍出版社，2013.

[24] 萧庆伟，邓文金，施榆生 . 闽南涉台族谱汇编 [M]. 福州：福建人民出版社，2014.

[25]《泰州文献》编纂委员会 . 泰州文献（第三辑）：21—23 [M]. 南京：凤凰出版社，2014.

[26] 梁乐章 . 民国梁氏家谱 [M]. 桂林：广西师范大学出版社，2014.

[27] [清] 梁颖龢 . 光绪梁氏家谱 [M]. 桂林：广西师范大学出版社，2014.

[28] [清] 方菁莪 . 南海丹桂方谱 [M]. 桂林：广西师范大学出版社，2014.

[29] [明] 程昌 . 窦山公家议校注 [M]. 合肥：黄山书社，2014.

[30] [清] 庞越樵 . 庞氏族谱 [M]. 桂林：广西师范大学出版社，2015.

[31] 区桥之 . 桥之自辑家谱 [M]. 桂林：广西师范大学出版社，2015.

[32] 潘孝云 . 潘世德堂族谱 [M]. 桂林：广西师范大学出版社，2015.

[33] [清] 霍绍远，[清] 霍熙 . 石头霍氏族谱 [M]. 桂林：广西师范大学出版社，2015.

[34] [清] 潘斯濂，[清] 潘斯澜 . 潘氏家乘 [M]. 桂林：广西师范大学出版社，2015.

[35] 何晓芳 . 清代满族家谱选辑 [M]. 沈阳：辽宁民族出版社，2016.

[36] 上海图书馆 . 上海图书馆藏珍稀家谱丛刊 1—2 辑 [M]. 上海：上海科学技术文献出版社 .2016—2017.

［37］罗之勇，梅祖恺，银书豪．罗城仫佬族自治县碑刻族谱辑录［M］．南宁：广西人民出版社，2016.

［38］王强．中国珍稀家谱丛刊：钞稿本家谱［M］．南京：凤凰出版社，2016.

［39］［清］李天俞．李土司家谱三种［M］．西宁：青海人民出版社，2016.

［40］普学旺，谢沫华．云南少数民族古籍珍本集成（第 29—30 卷）［M］．昆明：云南人民出版社，2016.

［41］钱基博，傅宏星．谱牒汇编［M］．武汉：华中师范大学出版社，2016.

［42］［清］方传理．桐城桂林方氏家谱［M］．安徽师范大学出版社，2016.

［43］常建华，王强．中国珍稀家谱丛刊：彩绘宗谱［M］．南京：凤凰出版社，2016.

［44］丽江木氏．木氏宗谱（美藏本）［M］．重庆：西南师范大学出版社 .2016.

［45］钟河林．老族谱——海峡两岸民间遗存家族文献［M］．北京：九州出版社，2017.

［46］钱廷珍，钱廷平．盘州钱氏族谱（仓祖云贵川支系）［M］．盘州钱氏族谱编撰委员会，2017.

［47］王强．中国珍稀家谱丛刊：福州族谱丛刊［M］．南京：凤凰出版社，2017.

［48］［清］林光铨．西河九龙族谱［M］．扬州：广陵书社，2017.

［49］吕萍，何晓芳，张德玉．佛满洲家谱精选［M］．北京：人民出版社，2017.

［50］山西省社会科学院家谱资料研究中心．山西省社会科学院家谱资料研究中心藏家谱系列丛书：历代姓氏文献丛刊［M］．北京：北京燕山出版社，2017.

［51］王国平．杭州文献集成（第 31—32 册）［M］．杭州：浙江古籍出版社，2017.

［52］金生杨，王强．中国珍稀家谱丛刊：四川家谱［M］．成都：巴蜀书社，2017.

［53］苗仪，黄玉美．韶关族谱家训家规集萃［M］．广州：暨南大学出版社，2018.

［54］徐云．见证侨史——华侨华人民间文献图文集［M］．广州：暨南大学出版社，2018.

［55］上海图书馆．董氏族谱［M］．上海：上海科学技术文献出版社，2018.

［56］饶锷，陈贤武．潮汕文库文献系列潮安饶氏家谱［M］．广州：暨南大学出版社 .2018.

［57］［清］黎斯允，［清］郭玉俦．西樵历史文化文献丛书：黎氏家谱简村郭氏族谱［M］．桂林：广西师范大学出版社，2018.

［58］黄志繁，罗伟谟．江西地方珍稀文献丛刊·上犹卷［M］．南昌：江西高校出版社，2018.

［59］余伯成．余氏善本宗谱集成（1—3 辑）［M］．成都：四川大学出版社，2018.

［60］上海图书馆 .［松江］徐氏族谱［M］. 上海：上海科学技术文献出版社，2018.

［61］上海图书馆 . 荆林聂氏续修衡山族谱［M］. 上海：上海科学技术文献出版社，2018.

［62］上海图书馆 . 毛氏宗谱［M］. 上海：上海科学技术文献出版社，2018.

［63］上海图书馆 .［松江］董氏族谱［M］. 上海：上海科学技术文献出版社，2018.

［64］上海图书馆 . 东管乡沈郎桥叶氏宗谱［M］. 上海：上海科学技术文献出版社，2018.

［65］上海图书馆 .［武进］龙溪盛氏宗谱［M］. 上海：上海科学技术文献出版社，2018.

［66］上海图书馆 .［无锡］锡山秦氏宗谱［M］. 上海：上海科学技术文献出版社，2018.

［67］上海图书馆 .［寿县］寿州孙氏支谱［M］. 上海：上海科学技术文献出版社，2018.

［68］上海图书馆 .［绩溪］上川明经胡氏宗谱［M］. 上海：上海科学技术文献出版社，2018.

［69］上海图书馆 .［苏州］大阜潘氏支谱［M］. 上海：上海科学技术文献出版社，2018.

［70］张先清 . 太姥族谱文献［M］. 厦门：厦门大学出版社，2019.

［71］李吉 . 中国族谱丛刊［M］. 郑州：中州古籍出版社，2019.

［72］［清］成荣泰 . 吉林成氏家谱［M］. 郑州：中州古籍出版社，2019.

四、戏曲文献

［1］李景汉，张世文 . 定县秧歌选［M］. 北京：中华平民教育促进会，1933.

［2］［日］田仲一成 . 清代地方剧资料集［M］. 东京：东京大学东洋文化研究所附属东洋学文献中心，1968.

［3］段平 . 河西宝卷选［M］. 兰州：兰州大学出版社，1988.

［4］蔡毅 . 中国古典戏曲序跋汇编［M］. 济南：齐鲁书社，1989.

［5］杨家骆 . 敦煌变文［M］. 台北：世界书局，1989.

［6］方步和 . 河西宝卷真本校注研究［M］. 兰州：兰州大学出版社，1992.

［7］龙彼得，泉州地方戏曲研究社 . 明刊闽南戏曲弦管选本三种［M］. 北京：中国戏剧出版社，1995.

［8］杨孟衡 . 上党古赛写卷十四种笺注［M］. 台北：财团法人施合郑民俗文化基金会，2000.

［9］Sidney D.Gamble.*Chinese Village Plays from the Ting Hsien Region*（*Yang Ke Hsuan*）［J］.Monthly Labor Review，2004，127(11)：24—30.

五、宗教文献

［1］苏海涵 . 庄林续道藏［M］. 台北：成文出版社，1975.

［2］萧天石 . 证道一贯真机［M］. 台北：自由出版社，1984.

［3］萧一山 . 近代秘密社会史料［M］. 长沙：岳麓书社，1986.

［4］王秋桂，李丰楙 . 中国民间信仰资料汇编［M］. 台北：台湾学生书局，1989.

［5］胡静道 . 藏外道书［M］. 成都：巴蜀书社，1992—1994.

［6］［梁］陶弘景 . 道藏辑要（缩印本）［M］. 成都：巴蜀书社，1995.

［7］王见川，林万传 . 明清民间宗教经卷文献［M］. 台北：新文丰出版公司，1999.

［8］王秋桂 . 中国传统诀罡密谱汇编［M］. 台北：南天书局，1999.

［9］丁福保 . 道藏精华录［M］. 北京：北京图书馆出版社，2005.

［10］中国社会科学院，天津市社会科学院 . 中国宗教历史文献集成［M］. 合肥：黄山书社，2005.

［11］王见川，车锡伦，宋军，等 . 明清民间宗教经卷文献续编［M］. 台北：新文丰出版社，2006.

［12］王秋桂 . 中国传统科仪本汇编［M］. 台北：新文丰出版社，2008.

［13］王见川 . 中国民间信仰民间文化资料汇编［M］. 台北：博扬文化事业有限公司，2011.

［14］何建明 . 中国地方志佛道教文献汇纂［M］. 北京：国家图书馆出版社，2013.

［15］张继禹 . 中华道藏［M］. 北京：华夏出版社，2014.

［16］［明］张宇初，郑同 . 道藏：正统道藏万历续道藏合刊［M］. 北京：九州出版社，2015.

［17］径山藏编委会 . 径山藏［M］. 北京：国家图书馆，2006.

附录十：民间历史文献整理研究辅助学科参考文献目录①

一、纸张

［1］王菊华．中国古代造纸工程技术史［M］．太原：山西教育出版社，2006.

［2］潘吉星．中国造纸史［M］．上海：上海人民出版社，2009.

［3］刘仁庆．中国古纸谱［M］．北京：知识产权出版社，2009.

［4］田洪生．纸鉴——中国古代书画、文献用纸鉴赏［M］．太原：山西古籍出版社，2012.

二、印刷（雕版与活字）

［1］钱存训，郑如斯．中国纸和印刷文化史［M］．桂林：广西师范大学出版社，2004.

［2］钱存训．书于竹帛——中国古代的文字记录［M］．上海：上海书店出版社，2006.

［3］张秀民，韩琦．中国印刷史（插图珍藏增订版）［M］．杭州：浙江古籍出版社，2006.

［4］国家图书馆古籍馆．清代版刻牌记图录［M］．北京：学苑出版社，2007.

［5］辛德勇．中国印刷史研究［M］．上海：生活·读书·新知三联书店，2016.

三、文献保护

［1］刘家真．文献保护学［M］．武汉：武汉大学出版社，1990.

［2］杜伟生．中国古籍修复与装裱技术图解［M］．北京：北京图书馆出版社，2003.

［3］张承志．文物保藏学原理［M］．北京：北京科学技术出版社，2003.

［4］刘家真．文献遗产保护［M］．北京：高等教育出版社，2005.

① 收录规则：以辅助民间历史文献整理和研究为目的，收录纸张、文献保护、文字、词语等学科下与民间历史文献较为相关的学术研究成果。因研究角度、研究内容不同，该目录对研究者而言仍存在一定的局限性，仅供参考。

［5］中华人民共和国文化部．古籍定级标准（WH/T20—2006）［M］．北京：国家图书馆出版社，2007.

［6］林明，周旖，张靖．文献保护与修复［M］．广州：中山大学出版社，2012.

［7］浙江省古籍保护中心．浙江省古籍普查手册［M］．北京：国家图书馆出版社，2012.

四、保存与流传

［1］刘道胜．明清徽州宗族的“公匣”制度［J］．中国农史，2008，27（1）：95-107.

［2］刘道胜．公匣制度与明清徽州民间文书的保存［J］．图书馆杂志，2009（2）：71-75.

［3］赵懿梅．徽州宗族公匣制度的活态传承——基于祁门黄龙口汪氏宗族的个案调查与研究［J］．中国农史，2014（3）：124-134.

五、文字与记号

（一）草书、行书

［1］范韧庵，李志贤．中国行书大字典［M］．上海：上海书画出版社，1990.

［2］李志贤，蔡锦宝，张景春．中国草书大字典［M］．上海：上海书画出版社，1994.

［3］［日］伏见冲敬．书法大字典［M］．北京：华夏出版社，2001.

［4］［日］伏见冲敬，王昌恩．角川书道字典［M］．北京：华夏出版社，2001.

［5］上海画报出版社．智永真草千字文［M］．上海：上海画报出版社，2005.

［6］洪钧陶．草字编（新编）［M］．北京：文物出版社，2006.

［7］日本二玄社．大书源［M］．东京：日本二玄社，2007.

［8］陈振濂．中国草书大字典［M］．杭州：浙江古籍出版社，2008.

［9］刘恒．中国书法史：清代卷［M］．南京：江苏教育出版社，2009.

［10］二玄社编辑部．新书源［M］．东京：日本二玄社，2009.

［11］孙宝文．行书实用字典［M］．上海：上海辞书出版社，2010.

［12］［清］石梁．草字汇［M］．武汉：湖北美术出版社，2013.

［13］中国书法网：http：//www.freehead.com/

（二）手写体与印刷体

［1］王立军.宋代雕版楷书构形系统研究［M］.上海：上海教育出版社，2003.

（三）正体字与异体字、俗体字、别字、土俗字

1. 明清时期辞书

［1］［明］梅膺祚，［清］吴任臣.字汇；字汇补［M］.上海：上海辞书出版社，1991.

［2］［明］乐韶凤，［明］宋濂.洪武正韵［M］//《四库全书存目丛书》编委会.《四库全书存目丛书》：第207册.济南：齐鲁书社，1995.

［3］［明］张自烈，［清］廖文英.正字通［M］.北京：中国工人出版社，1996.

［4］［清］陈廷敬，［清］张玉书.康熙字典（修订版）［M］.北京：社会科学文献出版社，2008.

2. 现代辞书

［1］罗振玉.碑别字补［M］.刻本.浙江：上虞罗振玉，1901（清光绪二十七年）.

［2］刘复，李家瑞.宋元以来俗字谱［M］.北京：文字改革出版社，1957.

［3］潘重规.敦煌俗字谱［M］.台北：石门图书公司，1978.

［4］秦公.碑别字新编［M］.北京：文物出版社，1985.

［5］傅永和.简繁正异辨析字典［M］.沈阳：辽宁教育出版社，1992.

［6］厉兵，魏励.简化字、繁体字、异体字辨析字典［M］.成都：四川人民出版社，1993.

［7］秦公，刘大新.广碑别字［M］.北京：国际文化出版公司，1995.

［8］张涌泉.汉语俗字丛考［M］.北京：中华书局，2000.

［9］陈五云.从新视角看汉字：俗文字学［M］.郑州：河南人民出版社，2000.

［10］罗振鋆.碑别字［M］//《续修四库全书》编委会.续修四库全书：第243册.上海：上海古籍出版社，2002.

［11］黄征.敦煌俗字典［M］.上海：上海教育出版社，2005.

［12］汉语大字典编辑委员会.汉语大字典（第二版九卷本）［M］.成都：四川辞书出版社；武汉：崇文书局，2010.

［13］张涌泉.汉语俗字研究［M］.北京：商务印书馆，2010.

［14］臧克和．汉魏六朝隋唐五代字形表［M］．广州：南方日报出版社，2011.

［15］方孝坤．徽州文书俗字研究［M］．北京：人民出版社，2012.

［16］罗振玉，罗继祖．流沙坠简外七种［M］// 罗振玉，罗继祖．罗振玉学术论著集：第二集．上海：上海古籍出版社，2013.

［17］毛远明．汉魏六朝碑刻异体字典［M］．北京：中华书局，2014.

［18］黄征．地方文献整理中的杂字问题［M］// 吴佩林，蔡东洲．《地方档案与文献研究》：第一辑．北京：社会科学文献出版社，2014.

［19］张涌泉．敦煌俗字研究（第二版）［M］．上海：上海教育出版社，2015.

［20］台湾“教育部”．《异体字字典》网络版：http：//dict.variants.moe.edu.tw/.

（四）避讳

［1］王彦坤．历代避讳字汇典［M］．郑州：中州古籍出版社，1997；北京：中华书局，2009.

［2］王建．史讳辞典［M］．东京：汲古书院，1997；上海：上海古籍出版社，2011.

［3］李德清．中国历史地名避讳考［M］．上海：华东师范大学出版社，2002.

［4］陈垣．史讳举例［M］．北京：中华书局，2012.

（五）书写体例（抬头、空格等）

［1］阿风．宋以来中国土地买卖文书书写格式的变迁与地域差异［C］// 明清契约文书与历史研究国际学术研讨会论文汇编．黄山，2013.

［2］吴才茂．明代以来清水江文书书写格式的变化与民众习惯的变迁［J］．西南大学学报（社会科学版），2016，42（4）：179-188.

（六）印章与篆字

1. 汉字篆字

［1］罗福颐．汉印文字征［M］．北京：文物出版社，1978.

［2］刘江．篆刻常用反字字典［M］．杭州：西泠印社出版社，2005.

［3］陈天银．中国篆刻大字典［M］．贵阳：贵州教育出版社，2008.

［4］［清］王筠．文字蒙求［M］．北京：中华书局，2012.

［5］［汉］许慎，［宋］徐铉．说文解字（附音序、笔画检字）［M］．北京：中华书局，2013.

2. 满文篆字

［1］满文字母篆书一览表［J］. 满语研究 .1986（1）：80-83.

［2］关世沅 . 关于满文篆书［J］. 满族研究，1986（3）：75-76.

［3］汪玉明 . 满文篆字研究（上）［M］// 中国民族古文字研究会 . 中国民族古文字研究：第 2 辑 . 天津：天津古籍出版社，1993：288-290.

［4］金毅，张鹏 . 亟待发掘整理的民族文化瑰宝——清代满文篆字应用情况的调研报告［J］. 满语研究，1998(2)：120-125.

［4］金毅，齐雅香 . 不断完善广泛应用 (上) ——清代满文篆字应用情况的再调研［J］. 满语研究，1999（2）：77-79.

［5］金毅，张鹏 . 不断完善广泛应用 (下)——清代满文篆字应用情况的再调研［J］. 满语研究，2000（2）：34-46.

3. 印章

［1］罗福颐，王人聪 . 印章概述［M］. 香港：中华书局香港分局，1973.

［2］方介堪，张如元 . 玺印文综［M］. 上海：上海书店出版社，1989.

［3］伍跃 . 官印与文书行政［C］// 周绍泉，赵华富 .1998 国际徽学学术讨论会论文集 . 合肥：安徽大学出版社，2000：332-358.

［4］王人聪 . 古玺印与古文字论集［C］. 香港：香港中文大学文物馆，2000.

［5］沈沉 . 民国印信集存［M］. 哈尔滨：黑龙江美术出版社，2001.

［6］康殷，任兆凤 . 印典［M］. 北京：中国友谊出版公司，2002.

［7］叶其峰 . 古玺印通论［M］. 北京：紫禁城出版社，2003.

［8］王廷洽 . 中国古代印章史［M］. 上海：上海人民出版社，2006.

［9］［日］片冈一忠 . 中国官印制度研究［M］. 东京：东方书店，2008.

［10］庄吉发 . 清国时代官署印影集［M］. 台北：“中央图书馆”台湾分馆，2010.

［11］胡忠良 . 清代公务印章图说［M］. 桂林：广西师范大学出版社，2014.

［12］孔昭明 . 台湾文献史料丛刊 第 9 辑 190 清代台湾职官印录 台湾关系文献集零 合订本 [M]. 台北：台湾大通书局 .1987.

（七）花押

［1］［日］仁井田陞 . 花押及び略花押［C］// 日本古文书学会 .《日本古文书学论集 2》. 日本：吉川弘文馆，1987.

［2］［日］荻野三七彦 . 古文书における花押・画指—中国と日本［C］// 日本古

文书学会 .《日本古文书学论集 2》. 日本：吉川弘文馆，1987.

［3］杨森 . 敦煌社司文书画押符号及其相关问题［J］. 敦煌学辑刊，1999（1）：85-90.

［4］虞云国 . 宋元押字摭谈［J］. 中国典籍与文化，2008（3）：92-95.

［5］赵贞 . 归义军曹氏时期的鸟形押研究［J］. 敦煌学辑刊，2008（2）：10-28.

［6］任志强 . 宋以降契约的签押研究［J］. 河北法学，2009，27（11）：83-89.

［7］刘永华，温海波 . 签押为证：明清时期画押的源流、类型、文书形态与法律效力［J］. 文史，2017（1）：101-120.

（九）手模、指模、脚模

［1］［日］仁井田陞 . 唐宋法律文书の研究［M］. 东京：东京大学出版会，1983.

［2］［日］今堀诚二 . 中国封建社会の构成［M］. 日本：劲草书房，1991.

［3］阿风 . 明清时代妇女的地位与权利——以明清契约文书、诉讼档案为中心［M］. 北京：社会科学文献出版社，2009.

（十）苏州码

［1］王尔敏 . 中国传统记诵之学与诗韵口诀［J］//“中央研究院”近代史研究所集刊编辑委员会 .“中央研究院”近代史研究所集刊 .1994（23）：31-64.

［2］陈从周 . 旧式记账的数码及账册［A］// 陈从周 . 梓室余墨：陈从周随笔 . 北京：生活·读书·新知三联书店，1999：376-377.

［3］邱建立，李学昌 . 并不神秘的民间速记文字“花数”［J］. 华东师范大学学报（哲学社会科学版），2011，43（2）：56-64.

［4］蒋勤，曹树基 . 清代石仓农家账簿中数字的释读［J］. 社会科学辑刊，2016（5）：133-141.

六、语词

（一）近代汉语

1. 明清时期辞书

［1］［日］长泽规矩也 . 明清俗语辞书集成［M］. 上海：上海古籍出版社，1989.

2. 现代辞书

［1］蒋礼鸿 . 敦煌变文字义通释［M］. 北京：中华书局，1959.

［2］张相．诗词曲语辞汇释［M］．北京：中华书局，1977.

［3］高文达．近代汉语词典［M］．北京：知识出版社，1992.

［4］王锳．诗词曲语辞例释［M］．北京：中华书局，2005.

［5］张小艳．敦煌书仪语言研究［M］．北京：商务印书馆，2007.

［6］许少峰．近代汉语大词典［M］．北京：中华书局，2008.

［7］王锳．宋元明市语汇释［M］．北京：中华书局，2008.

［8］陆澹安．小说词语汇释［M］．上海：上海锦绣文章出版社，2009.

［9］陆澹安．戏曲词语汇释［M］．上海：上海锦绣文章出版社，2009.

［10］储小旵．徽州契约文书字词考校［D］．厦门：厦门大学，2009.

［11］黑维强．敦煌、吐鲁番社会经济文献词汇研究［M］．北京：民族出版社，2010.

［12］唐智燕，向熹．近代民间不动产买卖文契中的委婉语说略［J］．当代修辞学，2010（02）：92-95.

［13］汉语大词典编纂处．汉语大词典［M］．上海：上海辞书出版社，2011.

［14］唐智燕．论近代民间不动产买卖契约文书的语言风格［J］．当代修辞学，2012（02）：70—74.

［15］张小艳．敦煌社会经济文献词语论考［M］．上海：上海人民出版社，2013.

［16］唐智燕．《贵州苗族林业契约文书汇编》误释俗字补正——兼论俗字研究对于民间写本文契开发利用的重要性［J］．原生态民族文化学刊，2013，5（04）：36-40.

［17］唐智燕．《福建民间文书》文书标题用字补释［J］．中国农史，2013，32（06）：67-72.

［18］唐智燕．《石仓契约》俗字释读疏漏补正［J］．宁波大学学报（人文科学版），2013，26（06）：53-57.

［19］唐智燕．文字释读规范与清水江文书整理［J］．贵州民族大学学报（哲学社会科学版），2013（05）：100-103.

［20］刘云生．自贡盐业契约语汇辑释［M］．北京：法律出版社，2014.

［21］唐智燕．清水江文书疑难俗字例释（二）［J］．原生态民族文化学刊，2014，6（04）：46-52.

［22］唐智燕．清至民国年间福建民间文书货币名称解读［J］．中国农史，2014，33（06）：50-56.

［23］唐智燕．清水江文书疑难俗字例释（一）［J］．原生态民族文化学刊，2014，6（03）：25-30.

［24］唐智燕．论近代民间析产分关契约文书的语言特点［J］．毕节学院学报，2014，32（09）：6-10.

［25］唐智燕．《石仓契约》俗字校读十则［J］．宁波大学学报（人文科学版），2014，27（05）：7-11.

［26］唐智燕．清水江文书疑难俗字例释（三）——兼论民间文书标题的构拟问题［J］．原生态民族文化学刊，2015，7（01）：68-74.

［27］唐智燕．《石仓契约》俗字校读十五则［J］．宁波大学学报（人文科学版），2015，28（02）：12-18.

（二）百科性语词

［1］［日］长泽规矩也．和刻本类书集成［M］．上海：上海古籍出版社，1990.

［2］［日］酒井忠夫．中国日用类书集成［M］．东京：汲古书院，2005.

［3］中国社会科学院历史研究所文化室．明代通俗日用类书集刊［M］．重庆：西南师范大学出版社，2011；北京：东方出版社，2011.

（三）方言

1. 方言志、方言词典、方言地图

［1］周振鹤，游汝杰．方言与中国文化（修订本）［M］．上海：上海人民出版社，1986.

［2］［日］平田昌司．徽州方言研究［M］．东京：好文出版社，1998.

［3］许宝华，［日］宫田一郎．汉语方言大词典［M］．北京：中华书局，1999.

［4］李荣．现代汉语方言大词典［M］．南京：江苏教育出版社，2002.

［5］李荣，赵日新．绩溪方言词典［M］．南京：江苏教育出版社，2003.

［6］孟庆惠．徽州方言［M］．合肥：安徽人民出版社，2005.

［7］江声皖．徽州方言探秘［M］．合肥：安徽人民出版社，2006.

［8］高永安．明清皖南方音研究［M］．北京：商务印书馆，2007.

［9］南江涛．汉语方言研究文献辑刊［M］．北京：国家图书馆出版社，2013.

（四）语词——度量衡

［1］国家计量总局．中国古代度量衡图集［M］．北京：文物出版社，1981.

［2］章有义．明清徽州土地关系研究［M］．北京：中国社会科学出版社，1984.

［3］章有义．近代徽州租佃关系案例研究［M］．北京：中国社会科学出版社，1988.

［4］江太新，苏金玉．论清代徽州地区的亩产［J］．中国经济史研究，1993（3）：36-61.

［5］章有义．明清及近代农业史论集［M］．北京：中国农业出版社，1997.

［6］郭松义．流行于民间的田土计量法［J］．江苏现代计量，2015（7）：50-53.

［7］贾晓阳，章毅．清代初期的徽州田价：《乾隆休宁黄氏置产簿》研究［J］．农业考古，2016（3）：62-68.

［8］丘光明．中国科学技术史·度量衡卷［M］．北京：科学出版社，2017.

［9］日本计量史学会．计量史研究［M］．东京：日本计量史学会，（年刊）．

［10］Hans Ulrich Vogel ed.Chinese，*Japanese and Western Research in Chinese Historical Metrology*：*A Classified Bibliography*（*1925—2002*）［D］.Germany：Tubingen，2004.

（五）语词——货币价格（词语与文物）

［1］马飞海．中国历代货币大系 //：新民主主义革命时期人民货币［M］．上海：上海人民出版社，1989.

［2］《中国钱币大辞典》编纂委员会．中国钱币大辞典清编·铜元卷［M］．北京：中华书局，2008.

（六）语词——官文书术语

［1］刘文杰．历史文书用语辞典：明·清·民国部分［M］．成都：四川人民出版社，1988.

［2］刘铮云．明清档案文书［M］．台北：政治大学人文中心，2012.

（七）语词——名物与图像、文物

［1］英国维多利亚阿伯特博物院，广州市文化局 .18—19 世纪羊城风物——英国维多利亚阿伯特博物院藏广州外销画［M］．上海：上海古籍出版社，2003.

［2］［日］中川忠英，方克，孙玄龄．清俗纪闻［M］．北京：中华书局，2006.

［3］王次澄，吴芳思，宋家钰，等．大英图书馆特藏中国清代外销画精华［M］．广州：广东人民出版社，2011.

（八）断句标点

［1］申斌.明代契尾所引官文书的结构、流程与标点［J］.徽学，2018（1）：212-225.

七、断代考证

［1］刘永华.宗教科仪书的断代问题［C］// 连晓鸣，庞学铨.汉学研究与中国社会科学的推进——国际学术研讨会论文集.北京：中国社会科学出版社，2012：423-431.

八、属地考证

［1］黄忠鑫.在政区与社区之间——明清都图里甲体系与徽州社会［D］.上海：复旦大学，2013.

［2］汪柏树.契约习惯语与民国徽州土地白契的县名考证［J］.黄山学院学报，2013，15（1）：1-6.

九、辨伪

［1］李义敏.明清契约文书辨伪八法［J］.文献，2018（2）：57-67.

十、人名

［1］国家图书馆.地方志人物传记资料丛刊［M］.北京：北京图书馆出版社，2007.

［2］清华大学图书馆，科技史暨古文献研究所清代缙绅录集成［M］.郑州：大象出版社，2008.

［3］冯立升.清代缙绅录集成［M］.郑州：大象出版社，2009.

十一、算学与会计

（一）珠算

［1］华印椿.中国珠算史稿［M］.北京：中国财政经济出版社，1987.

［2］余宁旺．中国珠算大全［M］．天津：天津科学技术出版社，1990.

（二）会计

［1］郭道扬．中国会计史稿［M］．北京：中国财政经济出版社，1982.

［2］中国会计学会会计史料编写组．中国会计史料选编［M］．北京：中国财政经济出版社，1989—1990.

［3］李孝林．中外会计史比较研究［M］．北京：科学技术文献出版社，1996.

［4］文硕．世界审计史（修订版）［M］．北京：企业管理出版社，1996.

［5］文硕．西方会计史［M］．北京：经济科学出版社，2012.

（三）其他算学

［1］吴文俊．中国数学史大系［M］．北京：北京师范大学出版社，1998—2000.